L'économie islamique

Mohamed NOURI

L'économie islamique

Une approche éthique

L'Harmattan

5-7, rue de l'École polytechnique, 75005 Paris

www.harmattan.fr

ISBN : 978-2-14-048480-3
EAN : 9782140484803

Sommaire

Je tiens à exprimer ma gratitude et ma reconnaissance à mon épouse Amel pour le soutien qu'elle m'a apporté pendant l'écriture de ce livre. Sa patience et sa compréhension, lorsque je passais des heures à écrire dans mon coin sans lui donner assez d'attention, ont été un moteur essentiel pour me permettre de réaliser ce projet.

Je voudrais également remercier mon ami Mokdad Issaad pour son aide précieuse dans la mise en page et la correction du contenu. Son expertise et sa diligence ont été inestimables pour moi, et je suis fier de dire que ce livre est aussi le fruit de notre collaboration.

Enfin, je tiens à remercier madame la professeure Christine Mengès-Le Pape pour le temps qu'elle a pu accorder pour écrire cette préface inspirante et sa contribution intellectuelle à ce livre.

À vous trois, je dédie ce livre. Vos contributions ont été essentielles pour sa réalisation, et je ne pourrais pas être plus reconnaissant.

Sincèrement,

Mohamed Nouri

Préface

De Mme Christine Mengès-Le Pape,
Professeur à l'université Toulouse Capitole, Président du colloque international du Centre Toulousain d'Histoire du Droit et des Idées Politiques (CTHDIP)

L'écriture d'une préface représente un exercice toujours heureux et multiforme. Et si ces quelques lignes veulent surtout exprimer – ce qui est le plus important – notre sincère et amicale estime à Monsieur Mohamed Nouri, elles seront l'occasion de rappeler l'ampleur de ses larges responsabilités et de sa production scientifique. L'auteur de ces conférences qui sont ici rassemblées sous le titre *L'ECONOMIE ISLAMIQUE : une approche éthique,* a été président du Conseil français de la finance islamique, professeur à l'Institut européen des sciences humaines de Paris. Spécialiste reconnu et consulté de l'économie et de la finance islamiques, invité par plusieurs universités françaises, Mohamed Nouri enseigne aussi à l'École supérieure des sciences économiques et commerciales de Tunis. Entre autres espaces de formation et de consultation, il a fondé l'Abrar Finance Consulting dont il est le directeur général.

Depuis l'été 2011 et jusqu'à aujourd'hui, Monsieur Mohamed Nouri a participé à chacun des colloques internationaux que le Centre d'Histoire du Droit et des Idées Politiques organise à Montauban et publie sous l'égide de la grande université de Toulouse et de sa faculté de droit. C'est donc un fort honneur que de pouvoir lui signifier notre reconnaissance et lui adresser nos remerciements très cordiaux pour ses contributions remarquables qui nous apprennent beaucoup tant par leur richesse que par la densité de leur érudition. Ces journées montalbanaises sont conçues pour poursuivre l'étude des principes juridiques et de leur finalité avec en arrière-plan les crises contemporaines devenues démesurées. La particularité de ces colloques est donc de reprendre l'une des traditions de la *disputatio* qui en Occident a pu opposer et parfois concilier théologiens et juristes. Dès 2011, aux lendemains de la crise dite des *subprimes*, ces sessions se sont tenues sur des thèmes qui restent d'une brûlante actualité : *L'économie « sans foi ni loi »* et *La dette face aux religions et au droit* en 2013. Des rencontres ont été ensuite consacrées à *La justice* en 2015, à *La réciprocité* en 2017, à *La loi de solidarité* en 2019 et à *La liberté* en 2022. Y sont traitées les dimensions à la fois juridiques et théologiques de ces notions fondamentales. Par ces rencontres universitaires, la volonté recherchée est de favoriser des débats confiants – enracinés dans le socle des pratiques universitaires – auxquels sont associés des chercheurs français ou étrangers et de hauts dignitaires du judaïsme, du christianisme et de l'islam, afin de partager une réflexion entre ces différents domaines du savoir. Dès le départ, ces entretiens montalbanais ont été marqués par une ouverture internationale, avec comme axe central les mondes intellectuels de la Méditerranée et de la *Mitteleuropa* dont l'histoire a été façonnée par un dialogue entre les cultures et les religions. Puis ces travaux se sont élargis aux lieux plus lointains de l'Afrique occidentale, de l'Amérique du Nord et de l'Asie qui ont apporté aux échanges de nouveaux paradigmes et une espérance renouvelée. L'atmosphère y reste imprégnée de respect mutuel et d'amitié, car l'urgence des temps fait prendre conscience de l'enjeu des discussions alors ouvertes contre l'injustice de ceux qui oublient que le droit a pour objet la bonté et l'équité – selon la maxime romaine – *jus est ars boni et aequi*, et comme préceptes : *honeste vivere, alterum non laedere, suum cuique tribuere*.

Maintenant rééditées dans ce livre, les interventions de Monsieur Mohamed Nouri – irriguées de finesse, de courtoisie souriante et d'érudition – témoignent de ses exceptionnelles qualités d'économiste et de son souci de porter ses études au-delà de la Tunisie, en France et ailleurs. Ses travaux scientifiques expriment son dévouement inlassable pour que l'économie et la finance – souvent maltraitées par des intérêts extrêmement particularistes et parfois malhonnêtes – puissent être traversées par une éthique consacrée à une finalité de justice. On perçoit dans ses écrits cette aspiration à promouvoir selon la formule aristotélicienne un art de vie en société, au service du bien commun.

Christine Mengès-Le Pape,

Résumé :

L'ampleur de la crise économique et financière qui sévit dans le monde ainsi que sa complexité, ont fait interpeller des disciplines diverses, non seulement l'économie, le droit, la sociologie, l'histoire, l'anthropologie et les sciences politiques, mais aussi la religion et la morale, ce qui a donné lieu aux approches éthiques de l'économie telle que celle de l'économie et de la finance islamique dans laquelle la morale ou l'éthique occupe une place centrale.

Cette approche s'inscrit dans cette tendance récente dans la science économique moderne qui voulait concilier cette science avec celle de la morale après un divorce forcé pendant plus de deux siècles environ.

Aujourd'hui, le coût de l'immoralité économique peut être appréhendé à travers divers indices tels que : l'accentuation des taux de pauvreté à l'échelle planétaire, la persistance du problème de la faim surtout dans les régions vulnérables, l'accroissement de la marginalité économique et sociale, la progression de la violence, de l'insécurité et de la criminalité, l'aggravation de la pollution, l'intensité des conflits et des guerres, la pérennité des dettes publiques, du chômage, des inégalités et des injustices, etc.

Face à cette immoralité accrue, l'économie morale constitue à cet effet une alternative pertinente à l'économie immorale produit du néolibéralisme farouche qui domine forcément la majorité des économies du monde.

L'économie islamique est d'essence, une économie morale de profondeur sociale. La bonne allocation des ressources dans une économie islamique doit passer par deux sortes de filtrage : le filtre éthique, celui de la morale et le filtre économique, celui des prix.

Le but de cet ouvrage est de discerner l'apport que peut présenter cette économie islamique et sa filière la finance islamique, à travers ses principes théoriques et ses mécanismes pratiques, à l'économie mondiale qui connait depuis des années des turbulences majeures liées principalement à un déficit éthique et moral qui ne cesse de plus en plus de s'agrandir. L'accent sera mis sur les fondements éthiques de cette économie et cette finance qui attire une bonne partie de l'attention mondiale, et ce à travers les différents thèmes abordés tels que : la justice, la solidarité, la réciprocité, la liberté économique socialement responsable et une économie basée sur les ressources et non pas sur la dette.

Mots clés : Mots clés : crise financière/ économie/ religion/ moralité/ éthique/ économie islamique/ immoralité économique/ solidarité/ réciprocité/ liberté économique/

Abstract :

The extent of the economic and financial crisis that is raging in the world as well as its complexity, have called into question various disciplines, not only economics, law, sociology, history, anthropology and political science, but also religion and morality, which gave rise to ethical approaches to economics such as that of Islamic economics and finance in which morality or ethics occupy a central place.

This approach is part of this recent trend in modern economic science which wanted to reconcile this science with that of morality after a forced divorce for more than two centuries or so. Today, the cost of economic immorality can be apprehended through various indices

such as: the accentuation of poverty rates on a planetary scale, the persistence of the problem of hunger, especially in vulnerable regions, the increase economic and social marginality, the increase in violence, insecurity and crime, the worsening of pollution, the intensity of conflicts and wars, the sustainability of public debts, unemployment, inequalities and injustice, etc.

Faced with this increased immorality, the moral economy constitutes for this purpose a relevant alternative to the immoral economy produced by fierce neoliberalism which necessarily dominates the majority of the economies of the world.

The Islamic economy is essentially a moral economy of social depth. The proper allocation of resources in an Islamic economy must pass through two kinds of filtering: the ethical filter, that of morals and the economic filter, that of prices.

The purpose of this work is to discern the contribution that this Islamic economy and its Islamic finance sector can present, through its theoretical principles and its practical mechanisms, to the world economy which has been experiencing major turbulence for years mainly linked to an ever-widening ethical and moral deficit. Emphasis will be placed on the ethical foundations of this economy and this finance which attracts a good part of the world's attention, and this through the various themes addressed such as: justice, solidarity, reciprocity, economic freedom socially responsible and an economy based on resources and not on debt.

Key words: financial crisis/ economics/ religion / morality/ ethics/ Islamic economics/ economic immorality/ solidarity/ reciprocity/economic freedom/

Introduction

Les écrits en langue française sur « l'économie et la finance islamique » ne sont pas très abondants par comparaison à ce qu'existe en d'autres langues, en particulier l'anglais ou l'arabe. Cela dit, à part l'effort fourni en matière de traduction de certaines œuvres de référence[1], les ouvrages français en la matière, ne commencent à surgir qu'après le déclenchement de la crise financière de 2008 dont les retombées économiques étaient atroces sur toutes les économies de la planète.

En effet, l'ampleur de la crise et la complexité de ses racines, ont fait interpeller des disciplines diverses, non seulement l'économie, le droit, la sociologie, l'histoire, mais aussi la religion et la morale, ce qui a donné lieu aux approches éthiques de l'économie telle que la finance islamique dans laquelle la morale ou l'éthique occupe une place centrale.

Dans cette optique, une mouvance particulière est apparue dans la sphère de l'économie conventionnelle faisant appel à la finance islamique dans une perspective de recherche de nouvelles pistes de solution pour sortir de cette épouvantable crise[2].

Parallèlement aux nombreux articles et travaux de recherche académique, mémoires et thèses universitaires, des séminaires et des colloques spécialisés ont été organisés par des associations et des

---

[1] Il s'agit principalement de l'œuvre pionnière de Muhammad Baqer Al-Sadr : Notre économie 1976 traduit par Abbas Ahmad al Bostani – éditions de la cité du savoir-Paris-1999.

[2] Dans cette direction des ouvrages ont été publiés juste au moment de la crise de 2008. Nous pouvons citer à titre d'exemple : la finance islamique : une solution à la crise ? De Elyès Jouini et Olivier Pastré ; Editions Economica 2009 ; la finance islamique : une illustration de la finance éthique de Francois Gueranger ; Editions Dunod, 2009.

laboratoires de recherche universitaires, ayant les mêmes préoccupations à savoir l'analyse de la crise ainsi que l'étude de ses causes et de ses répercussions.

Dans cette dynamique, le présent ouvrage est le fruit de quelques contributions qui ont été présentées aux colloques du Centre Toulousain d'Histoire du Droit et des Idées Politiques (CTHDIP) de l'université de Toulouse – Montauban, qui se déroulent périodiquement depuis 2009 tous les deux ans, et dont les thématiques soulevées portaient sur des questions liées aux conséquences de la crise telles que : la dette, la réciprocité, la solidarité, la justice, la liberté, etc.

L'ouvrage est un recueil de ces contributions qui ont été présentées aux travaux de ces colloques entre 2011 et 2022. Le point commun de ces thèmes s'articule autour d'une approche éthique de l'économie et de la finance islamique relatives aux problématiques assignées à chaque thème de ce colloque. Un préambule a été ajouté en guise d'introduction qui traite de la « Nécessité d'une approche éthique de l'économie et de la finance » et dans le but de développer le besoin réciproque entre l'économique et l'éthique qui constitue le cadre général des différents papiers qui ont été exposés.

Ainsi l'ouvrage comprend les thèmes suivants :

- Préambule : Nécessité d'une approche éthique de l'économie et de la finance
-Les principes de la finance islamique au service de l'économie mondiale
- L'économie islamique une économie fondée sur les ressources et pas sur la dette
- Le principe de justice économique et sociale en islam
- Une approche islamique de la réciprocité
- Le Takaful : un système de solidarité économique et sociale en islam

- La liberté économique entre théorie et pratique : nécessité d'une approche éthique

Espérant que ce travail contribuera à élucider l'idée de la nécessité d'une approche éthique de l'économie et de la finance dans un monde économique qui devient de plus en plus déboussolé, déstabilisé par les crises financières et pandémiques.

Chapitre 1

Préambule

Nécessité d'une approche éthique de l'économie :

1. **Éthique et économie : Un besoin réciproque :**

Le débat sur la relation entre l'éthique et l'économique n'est pas récent. Un débat aussi vieux que la science économique elle-même. En effet, depuis l'appel à « la vie bonne » d'Aristote, qui exprime une éthique économique et sociale vertueuse, le fondement éthique plonge ses racines chez les penseurs de l'Antiquité tant grecque que juive, chrétienne ou musulmane. La question de la place que doit occuper l'éthique ou la morale dans le champ économique est toujours objet de réflexion et de débat.

Dans la pensée économique moderne, l'économie et la morale relèveraient de deux ordres différents, comme le démontre André Comte Sponville, dans son ouvrage, « Le capitalisme est-il moral ? »3. Chacun de ces ordres répond à une cohérence propre. La morale se préoccupe du Bien et du Mal, l'économie de l'efficacité et de la performance. Existe-t-il un lien logique entre ces deux ordres ? Quelle sera la frontière à distinguer entre les deux ? La réponse a fait diviser les économistes en deux clans et un clivage se déclenche entre deux clans, le clan de l'économie positive et celui de l'économie normative. Quoi- qu'il en soit la relation entre l'éthique et l'économique existe et la question est toujours de savoir comment gérer cette relation et rétablir l'éthique dans l'économique pour revenir à la bonne vie prônée par Aristote.

Pour élucider cette question, un brossage rapide et condensé de la pensée économique en la matière semble nécessaire à fin d'appréhender ce besoin réciproque de rapprocher les deux champs l'un de l'autre dans le souci de concevoir les solutions adéquates aux problèmes économiques contemporains.

---

3 André Comte-Sponville : LE CAPITALISME EST-IL MORAL ? Albin Michel 2004.

A. La pensée libérale et la question morale :

La naissance de la science économique a été marquée par une sorte de mariage « spontané » avec la morale. Avec « la théorie des sentiments moraux » paru en 1759, Adam Smith, généralement reconnu comme le père de la pensée économique moderne dans le monde anglo-saxon, présentait une réflexion sur les principes moraux et philosophiques de l'économie, incarnant la foi dans les vertus du marché, un travail précurseur de ses œuvres ultérieures en l'occurrence son fameux ouvrage « recherches sur les causes et la nature de la richesse des nations » paru en 1776 dans lequel il développa sa théorie de « main invisible » qui repose sur la notion de la liberté économique, une valeur largement considérée comme le meilleur moyen d'accroître la prospérité de la société tout entière.

Cette notion de « liberté économique » traduit en quelque sorte cette réflexion morale chez Smith, puisqu'elle procure un moyen de réguler les dysfonctionnements et les imperfections du marché à travers cette main invisible qui se charge de l'harmonisation des intérêts collectifs et privés.

Mais ce qui est remarquable ce passage d'une économie morale à la « traditionnelle » à une nouvelle conception de la moralité économique chez Smith qualifiée souvent de morale « moderne » fondée exclusivement sur la recherche de l'intérêt personnel et la maximisation de l'utilité qui conduirait inévitablement à l'harmonisation des intérêts collectifs et privés.

Ce fut le début d'un clivage historique entre deux approches de l'économie : l'approche normative et l'approche positive. En effet un dilemme se pose entre l'économie comme science positive et l'économie comme discipline normative. Comme science positive, l'économie cherche simplement à expliquer les conséquences sociales des actions individuelles motivées par l'intérêt personnel. Toutefois, l'économie devient nécessairement normative dans les recommandations de politique publique que l'économiste est amené à faire. À l'époque d'Adam Smith, on considérait l'économie comme faisant partie des « sciences morales ». Les économistes d'aujourd'hui cherchent à éviter les choix moraux, mais ceux-ci se glissent inévitablement dans les questions de politique publique.

Ce dilemme fut le début d'un divorce poussé entre l'économie et la morale et la réflexion économique moderne -toute tendance confondue- libérale ou anti-libérale, se plonge durant les deux derniers siècles dans un immoralisme forcé appuyé par un mouvement général de « sécularisation » de l'économie. Une sécularisation qui avec le temps conduisait à une séparation structurelle et structurée des deux champs : celui de l'économie et celui de l'éthique ou de la morale.

La théorie économique libérale repose donc sur une conception de l'« individu » qui est dit « désaliéné » de toute morale. Il maximiserait sa satisfaction sans se soucier de la satisfaction d'autrui. La philosophie libérale voit d'ailleurs dans la concurrence pure et parfaite une pratique morale voir vertueuse qui, purifie l'économie de ses tendances amorales et autorise la réalisation du bien.

L'économie politique s'est ainsi « détachée » ou « émancipée » de la morale. La thèse est en réalité très ancienne ; elle a souvent été avancée en 1887, par Durkheim s'indignait du fait que : « l'économie politique se sépare radicalement de la morale ».4

Les classiques libéraux de Adam Smith, à Hume, à Ricardo ou à John Stuart Mill soutiennent cette thèse selon laquelle l'homme peut - en économie - négliger la moralité. L'individu - qui doit obéir à des règles de morale dans tous les domaines d'activité dans lesquels il est engagé - peut échapper à ces règles dans l'activité économique. Dans cette sphère particulière, il serait autorisé à suivre uniquement son

---

4 Emile DURKHEIM, Textes : 1. Eléments d'une théorie sociale, Les éditions de Minuit, p. 272 (paru initialement dans Revue Philosophique, 1887)

intérêt personnel, sans tenir compte ni des commandements de Dieu, ni des règles que dictent les sentiments moraux, ni de quelque autre ensemble de règles morales.

Toutefois le passage entre la conception traditionnelle de la morale et la conception utilitariste dite moderne demeure assez confus, puisque seront réunies à la fois des notions d'utilité, d'égoïsme, d'intérêt personnel avec des notions de justice, d'utilité sociale et d'intérêt commun.

Car d'une part selon Smith « l'activité économique est la seule activité de l'homme où il n'y a besoin que d'égoïsme : en poursuivant seulement leurs intérêts particuliers, les hommes y travaillent sans le vouloir un bien commun »5. Et d'autre part dans La Richesse des nations, Smith précise : « Dans le système simple et facile de la liberté naturelle ... tout homme, tant qu'il n'enfreint pas les lois de justice, demeure en pleine liberté de suivre la route que lui montre son intérêt »6.

Bref, deux approches de moralité économique coexistent dans la pensée classique libérale, car selon les tenants de cette doctrine et avec la transition de la société traditionnelle à la société moderne, un code moral nouveau tend à s'imposer en matière économique. Certaines règles de ce nouveau code sont communes avec l'ancien : respecter les contrats, s'abstenir de voler, éviter le dol. D'autres règles sont différentes. Ainsi, dans la morale « traditionnelle », prêter de l'argent à intérêt est mal vu et souvent réprouvé, mais l'esclavage ne l'est pas. Dans la morale moderne, le prêt à intérêt cesse d'être stigmatisé tandis que l'achat et la vente d'êtres humains devient un crime majeur. Il est clair donc qu'on n'échappe nullement à la moralité. C'est plutôt une « transition de la moralité traditionnelle à l'éthique utilitariste ».

---

5 https://www.cairn.info/revue-l-economie-politique-2001-3-page-76.htm
6 Extraits de « Recherches sur la nature et les causes de la richesse des nations » 1776, Chapitre 9.

Cette « éthique utilitariste » est une doctrine qui dicte des commandements et des interdictions, qui approuve certaines catégories d'actions et en désapprouve d'autres.

Avec le courant néoclassique le divorce entre l'économique et l'éthique s'établit, et la distinction entre le positif et le normatif, entre faits et valeurs se confirme. Le modèle éthique de la science économique néoclassique est axé sur « l'homo œconomicus », guidé par son intérêt personnel pour chercher à maximiser des satisfactions matérielles subjectives. Il cautionne l'égoïsme, valorise les quêtes matérielles et ignore les fondements éthiques. On atteint ainsi l'angle mort de l'éthique.

B. La pensée marxiste et la question morale :

Malgré sa démarche fondamentalement scientiste reposant sur une analyse dialectique des rapports sociaux qui élimine toute référence à la morale, Marx n'hésite pas à utiliser l'éthique et la morale pour condamner la nature inhumaine du capitalisme. Dans sa pensée philosophique, l'économique, lorsqu'elle n'a d'autre but que de produire pour produire, c'est-à-dire, lorsqu'elle ne poursuit pas d'autres objectifs que ceux purement économiques, peut devenir aisément une économie inhumaine.

C'est donc pour des raisons éthiques que Marx condamne le capitalisme, qui, à une certaine étape de son développement, la question de la justice sociale est bafouée. Dans cette optique, Marx considère que le système capitaliste ne saurait-ce qu'un facteur de déshumanisation, comme déni de la vie humaine (Sobel 2008).

Ainsi dans l'analyse marxiste des rapports sociaux, la dimension morale de l'économie se réduit à une « économie morale des pauvres ou de la foule », ce qui exprime « une vision traditionnelle des normes et des obligations sociales, des fonctions économiques appropriées occupées par les diverses parties de la communauté »7. Pour Marx, les normes morales qui définissent le contenu des concepts de justice sociale et des droits humains demeurent tributaires des rapports sociaux qui dépendent de la classe dominante qui exerce son hégémonie sur le plan des idées pour justifier et légitimer sa domination en faisant passer ses intérêts particuliers pour des intérêts universels.

Marx, comme aussi David Ricardo, a joué un rôle majeur pour séparer la théorie économique de son contenu moral et l'entourer d'une aura-scientiste, même lorsqu'il dénonçait le capitalisme pour sa brutalité et son égoïsme.

La dimension morale dans la pensée marxiste, est divisé par deux tendances assez paradoxales : d'une part une tendance qui insiste sur le côté scientifique de la science économique dans laquelle l'économique serait une théorie scientifique voire scientiste de l'histoire sociale, vidé de tout présupposé métaphysique, exempt de jugements évaluatifs et d'énoncés prescriptifs à caractère moral, qui n'a rien donc à voir avec la morale ou la religion. Cette religion largement rejetée dans les écrits marxistes est considérée comme étant l'opium des peuples et source de dégradation et de sous-développement. D'autre part une tendance selon laquelle l'économique se réduit à un combat humaniste contre les dangers du capitalisme et pour l'instauration des nouveaux rapports de force dans lesquels seraient abolis les rapports d'exploitation de l'homme par l'homme. C'est ce combat engagé, humaniste, mû par l'idéal d'une société plus humaine, plus juste et plus rationnelle qui détermine l'éthique économique du marxisme.

C. La pensée keynésienne et la question morale :

Selon J.M. Keynes, l'économie est par sa nature une science morale, non exacte, différente des sciences physiques. Elle fait appel à

7 Yvon Quiniou: la question morale dans le marxisme :Autres Temps no 68 - Année 2000 pp. 10-18

l'introspection et aux jugements de valeur »8. De ce fait, Keynes reproche aux économistes de son temps, séduits par les mathématiques, de trop recourir à des modèles trop formels loin de refléter la réalité complexe.

Keynes avait une conception explicite de la « société bonne » : celle-ci est caractérisée par la conjugaison de trois objectifs : efficacité économique, justice sociale et liberté individuelle. Ces trois objectifs restent tributaires de la réalisation du plein emploi l'axiome fondamental de sa théorie générale.

En dépit de ses convictions libérales, Keynes essaie de concilier liberté économique et justice sociale ce qui distingue sa conception particulière de la morale. IL considère que le niveau excessif des inégalités, l'autre péché mortel du capitalisme, à côté de sa tendance à engendrer un chômage massif, sont à l'origine de l'image immorale du capitalisme. Sa thèse centrale est que le marché ne s'autorégule pas : il n'assure pas le plein-emploi et l'intervention de l'État est nécessaire pour relancer l'économie dans les périodes de récession :

« Les deux vices marquants du monde économique où nous vivons sont le premier que le plein-emploi n'y est pas assuré, le second que la répartition de la fortune y est arbitraire et manque d'équité »9.

L'intervention de l'État est nécessaire, selon Keynes, à deux points de vue. D'un point de vue moral, d'une part, les effets de court terme d'une crise économique sur le bien-être de la population doivent être évités ; d'un point de vue économique, d'autre part, l'activité peut très bien ne pas revenir sur le long terme à son niveau d'avant la crise

---

8 J.M. Keynes : la théorie générale de l'emploi, de l'intérêt et de la monnaie. 1936. Traduit de l'anglais par Jean de Largentaye (1942) - 265 pages ; p.297.
9 Source précédente : p. 366.

– autrement dit, le risque ne peut être écarté que la dépression fasse irrémédiablement régresser l'économie10.

En vue d'atteindre ces objectifs socio-économiques, Keynes propose le passage du statut d'homo-œconomicus à celui d'homo-ethicus, ce qui permet de distinguer entre le capitalisme comme « technique d'organisation » de la production, qu'il juge raisonnablement efficace (à condition d'être débarrassé de ses deux vices marquants) et le capitalisme comme mode de vie, qu'il juge passablement exécrable11.

Les propos de Keynes semblent constituer une critique virulente du capitalisme en réfutant ses paradigmes fondamentaux. Ainsi l'hypothèse fondamentale de l'homo-œconomicus est remplacée par l'homo-ethicus, la main invisible ne fonctionnant plus au moment des crises, sera remplacée par « une main visible », le rôle de l'État qui doit veiller à la bonne allocation des ressources, la fixation des prix et la meilleure répartition de la richesse. La maximisation de l'utilité est substituée par la socialisation de l'investissement, qu'il considère comme le seul moyen d'assurer approximativement le plein emploi.

En dépit de ces propos, Keynes demeure toutefois aux yeux des économistes un libéral avec une connotation sociale. Certains le considèrent comme défendant d'une sorte de « socialisme libéral » qui reste toujours dans la logique du capitalisme.

D. La pensée néo- libérale et la question morale :

Le néolibéralisme est un courant de pensée économique et politique qui a émergé au XXe siècle, se présente comme étant la forme

10 Voir : Michel Herland : Concilier, liberté économique et justice sociale : Les solutions de Keynes- Cahiers d'Économie Politique - N : 30-31, 1998- pp. 281-310.
11 https://halshs.archives-ouvertes.fr/halshs-01779945/document

moderne du capitalisme. Ses fondateurs tentent de raviver les idées du libéralisme classique et s'opposent radicalement au keynésianisme et à l'interventionnisme. Rapidement ce courant de pensée économique s'est transformé en un mouvement idéologique et politique en s'appuyant sur une diversité de courants théoriques, dont le plus répandu est le monétarisme développé par F. Hayek et M. Friedman.

En matière de politique économique, le néolibéralisme repose sur des principes dogmatiques basés sur l'individualisme, la compétition et méprise l'action collective et l'autorité publique, puisqu'elles servent à instaurer des règles contraires à la liberté. L'économie n'a nul besoin de règles, car elle s'autorégule. Selon ses prédicateurs, les principes du marché libre et compétitif conduisent à l'ordre économique le plus efficient et rationnel. L'intérêt particulier produit le bien général, et la somme des égoïsmes, le bien commun. La doctrine néolibérale prône une réduction du rôle de l'État et le développement de celui du marché dans tous les domaines. Le rôle de l'État est uniquement d'instaurer la concurrence.

Dans l'idéologie néolibérale l'économie et la morale sont incompatibles. Les valeurs morales communément partagées telles que l'entraide, la réciprocité, la solidarité ou la justice sont déconsidérées en faveur de l'égoïsme, de l'individualisme, de la compétition, de la liberté individuelle. L'idéologie néolibérale sape les valeurs traditionnelles au nom de l'utilitarisme.

Sur le plan pratique, le néolibéralisme a connu son apogée avec les politiques de Margaret Thatcher (Royaume-Uni) et de Ronald Reagan (États-Unis) dans les années 1980, mais aussi continue à gouverner une bonne partie du monde via des instances internationales comme le Fonds Monétaire International (FMI), l'Organisation Mondiale du Commerce, la Banque Mondiale, et l'Union européenne.

Toutes ces instances prônent des politiques néolibérales et encouragent la financiarisation, la libéralisation des marchés de capitaux, le renforcement des politiques de concurrence (y compris la privatisation des entreprises publiques), l'ouverture au commerce international et aux investissements directs étrangers et l'adoption de politiques macroéconomiques non-accommodantes, avec des banques centrales indépendantes, dont la mission est de lutter contre l'inflation considérée comme l'ennemi absolu à combattre, quel qu'en soit le prix.

Le bilan des quatre décennies précédentes gouvernées par le néolibéralisme est décevant aussi bien pour les pays sous-développés que les pays développés. On reproche aux politiques néolibérales l'accroissement des inégalités sociales et de la précarité, la réduction de la souveraineté nationale, le frein au développement économique des pays les plus pauvres et la transformation de l'homme en marchandise. La financiarisation atroce de l'économie mondiale a conduit au déclenchement de la plus grande crise du siècle en 2008 avec ses retombées néfastes dans presque tous les pays du monde. Cette crise est considérée comme une crise morale du néolibéralisme.

Michel Camdessus, ancien Directeur Général du FMI ramène la crise financière de 2008 à l'impact de la révolution idéologique néolibérale des années 1970-80. Il considère la crise financière de 2008 comme une crise morale et parle d'une carence éthique qui a engendré une telle crise : « L'hérésie néolibérale a cherché à maximiser l'efficacité de la finance en se défaisant de toutes les contraintes publiques et de toute règle morale... Comme si à la porte des salles de marché, de conseil d'administration ou conseil de direction, il y avait un petit panneau : session en cours, conscience au vestiaire »12.

---

12 Patrick Juignet : Néolibéralisme - De l'idéologie néolibérale à la pratique du gouvernement Publication : 23 mars 2018 mis à jour : 30 septembre 2021 https://philosciences.com/philosophie-et-societe/ideologie-croyance-societe/151-ideologie-neoliberale?fbclid=IwAR12G87fxj5IU1LaJ6dg0UNEtDlO0JgZ5we7QxWnPNW8rkI43fG0FWFgbxY

2. La théorie de l'économie morale :

Avec les doctrines économiques qui avaient dominé la pensée économique occidentale depuis le mercantilisme au néolibéralisme, l'économie se réduit ainsi à une science utilitariste pure qui prévaut l'utilité individuelle à toute considération éthique et morale et l'approche de l'économie dans la pensée libérale dominante se vide de toute préoccupation éthique. Comme le souligne l'écrivain Gilles Lipovetsky : « l'Ere du vide »13 où nous nous trouvons est marquée, dit-il, par une « désertion généralisée des valeurs et des finalités sociales » et la perte même du sens avec l'avènement de l'hyper-individualisme caractérisé par la disparition des repères et des limites.

L'immoralité atteint de tels sommets dans l'univers économique et social que les plus chauds partisans du néolibéralisme se montrent parfois disposés, pour faire taire la critique, à accepter que des mesures soient prises en vue de rendre le système en possession d'état socialement et politiquement acceptable14. C'est ainsi qu'on assiste à l'apparition de nouveaux concepts tentant d'humaniser le capitalisme et de moraliser ses politiques économiques et sociales tels que : la responsabilité sociale des entreprises, l'investissement socialement responsable, le commerce équitable, le développement durable, etc. Tous ces concepts s'encadrent dans une nouvelle approche conciliant l'économie et la morale et rompant ainsi avec l'état de divorce forcé entre les deux sphères.

Nous aborderons dans ce qui suit d'abord la signification du concept de l'économie morale, ensuite, l'étendue de ses différents mécanismes, avant de s'interroger sur la question de savoir si on peut

---

13 Gilles Lipovetsky : l'Ere du vide, essai sur l'individualisme contemporain. Paris : Gallimard, 1983, coll. « les Essais ».
14 Henri Bartoli : Ethique et économie : médiation du politique, Economie Ethique N°6- UNESCO 2003 : https://unesdoc.unesco.org/ark:/48223/pf0000132145

parler d'une véritable théorie de l'économie morale ou s'agit-il simplement d'une approche toujours fidèle aux paradigmes libéraux.

A. Le concept de l'économie morale :

Le concept d'économie morale fait référence aux activités économiques vues à travers une lentille morale, et pas seulement matérielle

Initié par E. P. Thompson en 1963, un des « critiques les plus influents du capitalisme » du XXe siècle, puis repris par James SCOTT dans les années 1980, le concept s'est largement répandu notamment dans des domaines tels que l'économie , la sociologie et l' anthropologie liés à l'interaction entre les mœurs culturelles et l'activité économique ; et ce pour désigner un ensemble de pratiques et de valeurs politiques, infra-politiques et culturelles communautaires qui visent à la défense des intérêts de la communauté notamment sur le plan économique.

Au départ, ce concept renvoi à une vision traditionnelle des normes et des obligations sociales, des fonctions économiques appropriées par les diverses parties de la communauté - ce qui, pris ensemble, peut être considéré comme constituant l'économie morale des pauvres.15

Selon Thompson, l'économie morale repose sur quatre principes : l'affirmation d'un droit prioritaire de la communauté sur les ressources produites localement, l'existence d'un "juste prix", qui est celui qui permet à tous les membres de la communauté d'accéder aux subsistances, la légitimité d'un châtiment pour ceux qui tirent profit de la situation, la conviction d'agir en toute légalité.16 KOLM (2005))

---

15 https://fr.wikipedia.org/wiki/%C3%89conomie_morale#

16 Source précédente. Voir aussi: E.P. Thompson, «. The Moral economy of the English Crowd in the Eighteenth Century », in Past & Present, 50, 1971, p.76-136

écrit que « L'économie est une science morale et normative. Et cela a toujours été le cas. Une large part de l'économie est vouée à l'éthique, à l'éthique appliquée et souvent à l'éthique pure comme dans les questions de choix social, les théories de l'équité ou de la justice économique, ou les concepts d'inégalité et de pauvreté. L'économie est, en fait, presque la science sociale normative (à côté de l'éthique sociale et de la philosophie politique si tant est que cette dernière soit une science sociale) »17

Dans son livre de 1998 *Moral Economy*, John P. Powelson considère que dans une économie morale, avec la technologie d'aujourd'hui, personne ne devrait être pauvre. Il relie, ainsi, le concept d'« économie morale » à l'équilibre du pouvoir économique. Selon lui l'économie morale est celle dans laquelle il y a un équilibre entre l'interventionnisme et le libertarisme, entre facteurs économiques et normes éthiques au nom de la justice sociale. Powelson considère qu'une économie morale et une prospérité économique se renforcent mutuellement.

De son côté, Geoffrey Hodgson (2000) invite les économistes à équilibrer les tendances utilitaires avec les considérations morales en développant le concept d'économie morale dans les économies avancées contemporaines. Il décrit l'économie morale comme une économie qui « incarne des normes et des sentiments concernant les responsabilités et les droits des individus et des institutions par rapport aux autres ».18

Joseph Heath (2001) souligne dans son ouvrage « la société efficace » qu'un pays comme le Canada avait atteint le juste équilibre

17 https://tel.archives-ouvertes.fr/tel-00511366v1/document/ Kolm, 2005, p. 448
18 https://stringfixer.com/fr/Moral_economy

entre les besoins sociaux et la liberté économique, et qu'en tant que tel, il se rapproche d'une économie morale19.

L'économiste K. Boulding (2009) affirme que le bien-être de la planète, dont dépend entièrement la vie humaine, nécessite toute une économie terrestre qui ne peut être selon lui qu'une économie morale. Une telle économie morale est essentielle, souligne-t-il, si nous voulons éviter l'effondrement du système alors que notre « économie de croissance » dépasse la capacité limitée de la terre à recycler nos déchets, et que l'inventaire de la terre en matières premières et minéraux critiques est épuisé, face à la croissance de la population et de la richesse croissante au sein de ces populations20 . L'auteur appelle à une définition plus claire de l'économie morale qui aurait « les avantages substantiels d'une meilleure approche de l'activité et de la circulation économiques et d'une attention plus explicite et réfléchie à la valeur morale »21.

Mais ce n'est qu'avec Amartya SEN, économiste américain d'origine indienne, que le concept d'économie morale prenait de l'ampleur et s'inscrivait dans une nouvelle approche de la pensée économique moderne. Aujourd'hui ses travaux sont reconnus à l'échelle internationale et réputés pour avoir restauré la dimension éthique du débat économique et social ». Son ouvrage intitulé « L'économie est une science morale » regroupe deux essais publiés en 1990 et 1996, « La liberté individuelle, une responsabilité sociale » et « Responsabilité sociale et démocratie : l'impératif d'équité et le conservatisme financier ».

---

19 Heath, Joseph (2001). La société efficace : pourquoi le Canada est aussi proche de l'utopie que possible (1 éd.). Presse Viking. ISBN 0-670-89149-5
20 https://stringfixer.com/fr/Moral_economy
21 Idem

Dans ces essais, Sen affirme que l'économie et l'éthique sont indissociables, que l'éthique doit être replacée au cœur de l'économique.

Selon SEN, « La méthodologie de l'économie dite « positive » a pour effet non seulement d'éviter toute analyse normative en économie, mais aussi de passer sous silence toute sorte de considérations éthiques complexes qui influent sur le comportement humain réel et qui, du point de vue des économistes qui étudient ce comportement sont avant tout des questions de fait plutôt que des jugements normatifs. »22.

B. Les nouveaux mécanismes de l'économie morale :

Devant l'accentuation des crises économiques et financières d'une part, et l'extension du phénomène de désacralisation des valeurs et l'immoralisation à outrance durant les deux siècles derniers d'autre part, on assiste depuis la deuxième moitié du siècle dernier à des tentatives « d'éthisation » de l'économie à travers un corpus de modalités instaurant de nouveaux mécanismes incarnant les dimensions éthiques dans la sphère économique et financière tels que la responsabilité sociale de l'entreprise(RSE), l'investissement socialement responsable(ISR), mais aussi à travers des outils alternatifs proposées par les tenants de l'économie solidaire et du commerce équitable, transformant ainsi l'économie traditionnelle en une économie « plurielle » du fait de la coexistence et de la complémentarité de la sphère marchande et de la sphère non marchande, voire d'un tiers secteur.

Cette mouvance d'éthisation de la sphère économique s'inscrit dans une tentative d'humanisation du capitalisme par le néolibéralisme en commande et de reconfigurer l'économie de marché en vue de surmonter la crise profonde qui sévit le monde entier. Il s'agit, selon

22 Amartya Sen : l'économie est une science morale ; éditions la découverte, 1987, p. 10.

cette approche, d'une politique d'instrumentalisation par le néolibéralisme de l'éthique tout en reproduisant et légitimant une rationalité utilitariste et marchande dans un but de récupération des préoccupations morales et éthiques (Hache - 2011).

Parmi ces nouveaux instruments remarquablement répandus ces dernières décennies on trouve la RSE (Responsabilité Sociale de l'Entreprise), la FSR (Finance socialement Responsable), la Consommation Responsable, l'économie sociale et solidaire (ESS), le Développement durable (DD), le commerce équitable, etc.

- **La RSE (la Responsabilité Sociale de l'Entreprise)** : il s'agit d'une nouvelle politique managériale qui s'inscrit dans une vision stratégique en vue de favoriser une bonne image de l'entreprise voir augmenter ses ventes (Hache, 2011 : 100). Avec le retrait plus ou moins prononcé de l'État des sphères sociales et économiques à partir des années 1980, la RSE, interface de l'entreprise avec la société, s'impose comme un nouveau vecteur de solidarité sociale à travers des offres éthiques insistant sur la mise en place de nouvelles chartes, de nouveaux codes et accords de responsabilité sociale, ce qui apparait comme des instruments d'une adhésion à l'ordre économique, destinés à se libérer des ordres tutélaires (spiritualité, morale) tout en assurant un contrôle sur les conduites individuelles pour les conformer aux exigences du système (Salmon, 2009).

  La RSE serait donc un outil managérial stratégique qui n'a pratiquement rien à voir avec la vertu, la morale ou l'éthique, mais qui consiste à défendre l'idée que les entreprises doivent tenir compte des dimensions environnementales, sociales et de gouvernance de leurs activités dans leurs décisions et opérations d'affaires, et ce, de façon volontaire (Marchildon, 2011 : 23).

- **La FSR (la Finance Socialement Responsable)** : est une mouvance apparue suite aux dysfonctionnements des marchés financiers et accélérée par la crise financière de 2008 dont l'empreinte principale était la spéculation boursière source des secousses et perturbations qui perdurent dans la plupart des économies mondiales. Le but essentiel de cette finance socialement responsable est de pondérer, une décision de placement, d'investissement ou de capitalisation en recourant à des valeurs ou à des critères « extrafinanciers ». Il est important de rappeler qu'à l'origine de ce phénomène d'éthisation du secteur financier le refus de certaines communautés religieuses depuis les années 1980 d'investir leurs économies dans certains secteurs de l'économie jugés « immoraux ». On assiste ainsi la création de fonds éthiques, solidaires ou socialement responsables, par la formation de divers groupes et organisations revendiquant auprès du milieu financier la prise en compte de leurs préoccupations sociales et environnementales, de même que par la constitution d'associations propres à cette industrie et l'élaboration de principes en vue de baliser la FSR.

Depuis 1990, le monde financier connaît un essor remarquable de l'investissement socialement responsable (ISR), des fonds éthiques, des fonds de partage, qui investissent en Bourse selon des critères moraux ou sociaux. L'argent devant aller à des activités économiques bénéficiant à des œuvres non caritatives en faveur des populations défavorisées. La première génération de ces fonds, apparue pendant les années 1980-1995, opérait en évitant des secteurs concernant la production et la vente d'armes, de tabac, d'alcool, ou encore – aux États-Unis - les entreprises ne respectant pas les minorités selon certains quotas. La seconde génération ne procède plus à des exclusions en fonction de critères éthiques ; elle s'appuie sur une analyse du comportement social et environnemental de l'entreprise, dont elle sélectionne les actions, ainsi que sur le respect par elle des règles de bonne gouvernance.

Parallèlement à cette tendance, des indices boursiers à caractère éthique ont été mis en place pour accompagner la mouvance et aider les investisseurs privilégiant ce secteur à prendre leurs décisions telles que : Le Dow Jones Sustainability Index (D.J.S.I.) qui regroupe, fin 2001, 151 valeurs, l'indice A.S.P.I. (Arese sustainable performance index) sélectionne des entreprises européennes éthiques et mesure leurs performances boursières, tandis que (Aspi Euro zone) retrace l'évolution des 120 entreprises européennes les mieux cotées par Vigeo.

Aux États-Unis, le Domini Social Index traduit les résultats de quelques 400 entreprises cotées à la Bourse de New York, choisies en raison de leur gestion des ressources humaines, et en écarte d'emblée certaines pour des raisons militantes ou religieuses23.

Les fonds dits « de partage » permettent de faire don, entre autres, d'une partie du revenu des capitaux qu'ils détiennent à des programmes de nutrition dans les pays en développement, à des associations caritatives, à des organismes humanitaires, ou à des actions en faveur du logement, etc.

- **La Consommation Responsable** : La montée en puissance des considérations écologiques et sociales constitue un des faits marquants de ces deux dernières décennies dans la sphère économique en général et plus particulièrement dans le

23 Henri Bartoli : Ethique et économie : médiation du politique, Economie Ethique N°6- UNESCO 2003 : https://unesdoc.unesco.org/ark:/48223/pf0000132145

domaine de la consommation. Dans ce contexte, la consommation responsable semble aujourd'hui être l'alternative à la consommation de masse la plus connue.

Le terme « Consommation Responsable » est lié à divers domaines de l'économie extrêmement disparates. Elle inclut le commerce équitable, l'agriculture biologique, la gestion des déchets par le recyclage ou le compost, la production et la consommation locale, ainsi que d'autres formes de conscientisation des abus et exploitations du système capitaliste. Ce mouvement assez récent compte beaucoup sur une large implication citoyenne, visant la transformation des choix de consommation en fonction d'un meilleur respect des conditions humaines et environnementales, qui agirait par la somme des actions individuelles sur le marché plutôt que passer par des infrastructures politiques officielles. Le but ultime de ce mouvement est de forcer indirectement, par les choix de consommation, les entreprises à transformer leur mode de production en exigeant d'elles l'application de normes de production plus respectueuses des considérations éthiques.

- **Le Commerce équitable :** est un autre aspect de cette mouvance d'éthisation de la sphère économique. Qu'il s'agisse du commerce équitable ou du commerce éthique, l'idée promue est avant tout celle d'une justice sociale internationale, principalement économique. Pour contrer le droit au profit des entreprises qu'a instaurées violemment la globalisation, l'on tente de restaurer un minimum de démocratie économique, mais aussi politique.

Les normes précises du commerce équitable permettent aux consommateurs d'assurer que les produits qu'ils achètent sont conformes à ces normes. Cette certification est faite par les principaux organismes du commerce équitable qui sont à présent des organismes non gouvernementaux24. Ces normes revêtent la forme d'engagements impératifs : coopération avec les producteurs les plus défavorisés dans le cadre d'un développement durable, achat à un prix estimé par eux en tenant compte de leurs besoins notamment en matière de santé, protection sociale, scolarisation, mais aussi information des consommateurs sur la nécessité d'acheter « équitable », élaboration avec le concours de l'État et des syndicats d'un label social confirmant que les producteurs respectent bien les droits fondamentaux, enfin durabilité chacun devant être à même de pouvoir prévoir et investir à long terme.

- **Le développement durable :** Il est défini par la Commission mondiale sur l'environnement et le développement des Nations Unies comme étant « un développement qui répond aux besoins des générations du présent sans compromettre la capacité des générations futures à répondre aux leurs. »25. Le rapport invoque 17 objectifs de développement durable (ODD) qui ont été adoptés par les Nations Unies depuis 201526. Ces objectifs partent du principe que le progrès économique ne peut plus se mesurer sans tenir compte de l'inclusion sociale et de la viabilité environnementale. Leur fondement implicite est que les marchés à eux seuls ne peuvent pas résoudre les problèmes et qu'il faut une coopération entre les nations au niveau

24 https://archipel.uqam.ca/6231/1/M13159.pdf

25 Rapport Brundtland, publié par la Commission mondiale sur l'environnement et le développement des Nations Unies en 1987.

26 Les 17 objectifs de développement durable sont: Éradication de la pauvreté ; Lutte contre la faim ; Accès à la santé ; Accès à une éducation de qualité ; Égalité entre les sexes ; Accès à l'eau salubre et à l'assainissement ; Recours aux énergies renouvelables ; Accès à des emplois décents ; Bâtir une infrastructure résiliente, promouvoir une industrialisation durable qui profite à tous et encourager l'innovation ; Réduction des inégalités ; Villes et communautés durables ;Consommation et production responsables ;Lutte contre le changement climatique ;Vie aquatique ; Vie terrestre ;Justice et paix ;Partenariats pour la réalisation des objectifs.

mondial et entre les partenaires sociaux au niveau national. Cette évolution, à son tour, impose de sérieusement repenser les fondements éthiques de la science économique moderne.

- **L'économie sociale et solidaire (ESS) :** est un troisième secteur qui émerge parallèlement aux secteurs habituels (le secteur privé et le secteur public) couvrant l'ensemble des activités contribuant à la démocratisation de l'économie à partir d'engagements des citoyens, mais qui n'ont pas pour objectif la réalisation d'un profit.

  L'OCDE désigne par là toute activité d'intérêt général, organisée à partir d'une démarche entrepreneuriale et n'ayant pas comme raison principale d'existence la maximisation des profits, mais la satisfaction de certains objectifs économiques et sociaux ainsi que la capacité de mettre en place par la production de biens ou de services des solutions innovantes aux problèmes d'exclusion et de chômage »27. Ce tiers-secteur comprend les fondations, les associations, les mutuelles, les coopératives ainsi que toute autre structure à but non lucratif.

C. Vers une théorie de l'économie morale :

La démarche précédente, partant des tentatives de conceptualisation et des modèles empiriques liés aux différents instruments et mécanismes mis en place de l'économie morale, peut-elle permettre de déduire l'élaboration d'une véritable théorie de cette économie morale indépendante de la théorie utilitariste dominante ?

---

27 OCDE : Synthèse sur l'entrepreneuriat social : L'activité entrepreneuriale en Europe :
https://www.oecd.org/cfe/leed/Social%20entrepreneurship%20policy%20brief%20FR_FINAL.pdf

La réponse à cette question n'est toujours pas facile, car en dépit des efforts considérables, le chemin reste encore inachevé. Certes l'apport d'Amartya SEN n'est pas négligeable dans ce domaine ainsi que d'autres économistes qui prônent la conciliation entre la science économique et la morale, mais tout cela n'empêche que la thèse de l'économie morale demeure une des approches de la mouvance libérale qui critiquent le capitalisme sans pour autant remettre en cause sa logique et réfuter ses paradigmes fondamentaux.

La théorie des capabilités de SEN peut constituer un pas dans cette perspective, et ce pour trois raisons : d'abord parce que la démarche de SEN procède par une rupture avant tout épistémologique avec la pensée néoclassique en faisant le lien entre le problème économique majeur à savoir la pauvreté et ses implications au niveau des inégalités économiques et sociales avec le système des valeurs et notamment en termes de libertés. Pour Sen, les inégalités entre les individus ne s'apprécient pas au regard de leurs seules dotations en ressources, mais de leurs capacités à les convertir en libertés réelles. Il introduit ainsi la notion de « capabilités », qui invite à considérer la pauvreté au-delà des seuls aspects monétaires et à la penser en termes de libertés d'action, de capacités à faire.

L'augmentation de la liberté réelle (capacités) passe par une action extensive de réduction des inégalités. Ensuite il modifie le regard porté sur le développement (famines ou pauvreté) qu'il conçoit également comme manque de capabilités.

Selon lui le développement reste une notion complexe qui ne peut s'appréhender à travers le seul indicateur de la performance économique. La croissance n'engendre pas nécessairement le développement. Il faut lui ajouter d'autres indicateurs comme l'indice de développement humain (IDH) qui reflète l'espérance de vie, l'éducation, la pauvreté. Ni l'économie de marché ni la société ne sont des processus autorégulés.

L'influence de SEN en économie du développement s'est traduite par la création de l'IDH par le PNUD (Programme des Nations Unies pour le Développement) en 1990, qui permet d'effectuer des comparaisons internationales en termes de développement. Cet indice combine trois « capabilités » considérées comme essentielles : la santé, l'éducation et les ressources monétaires. Chaque dimension est évaluée via le recours à un indicateur élémentaire : l'espérance de vie (pour la santé), les taux de scolarisation et d'alphabétisation (pour l'éducation) et le revenu par tête en parité de pouvoir d'achat. L'IDH est le produit de la combinaison de ces indicateurs.

Certes cette nouvelle conception de SEN fondée sur la liberté est en contradiction avec les différentes théories économiques (Pareto par exemple) qui considèrent que l'homme est un animal économique qui cherche uniquement à maximiser son intérêt propre. L'homme est aussi guidé par le souci des autres d'après SEN et le malheur des autres ne fait pas toujours son bonheur même si son utilité personnelle s'en trouve augmentée. Ainsi l'homo-œconomicus peut comme l'a souhaité Keynes être remplacé par l'homo-ethycus autrement dit un l'homo-œconomicus vu sous l'angle éthique, ce qui représente une rupture essentielle avec la pensée néoclassique dominante.

La théorie des capabilités de SEN distingue entre deux approches de liberté : une liberté positive et une liberté négative. La liberté positive est ce qu'une personne est capable d'accomplir ou pas toutes choses prises en compte tandis que la liberté négative met en avant l'absence d'entraves imposées par un autre à la liberté d'une personne. Pour SEN, on a tendance à ne prendre en compte que la liberté négative or la liberté positive est tout aussi importante.

3. L'apport de l'économie islamique :

L'économie islamique est un phénomène à la fois très ancien et assez récent. Très ancien, car historiquement il remonte à l'avènement de l'Islam au VIIe siècle et l'essor de la civilisation islamique durant les siècles postérieurs qui ont connu la mise en place d'une pratique économique strictement attachée aux préceptes de la religion islamique. Un phénomène aussi récent, car on assiste à un renouveau de cette pratique depuis seulement quelques décennies dans le cadre de la dynamique qui sévit dans le monde musulman, mais aussi non musulman, accompagné de quelques efforts de conceptualisation et de théorisation dans une perspective de contribution à l'élaboration d'une alternative économique nouvelle éthique et humaine.

A. Qu'est-ce que l'économie islamique ?

Dans cette optique, l'économie islamique est souvent définie sous trois angles différents :

– L'économie islamique est tout d'abord une doctrine (Al-Sadr-1976). « La doctrine économique de la société est le modèle que celle-ci préfère suivre pour sa vie économique et pour résoudre ses problèmes pratiques »28. Dans ce sens, l'économie islamique désigne la pratique de l'économie en accord avec les principes de la doctrine islamique. La doctrine économique islamique fait référence à l'ensemble des études islamiques cherchant à « identifier et promouvoir un ordre économique conforme aux textes sacrés et aux traditions islamiques. Dans la sphère économique, cela renvoie au système de finance islamique sans intérêt, fondé sur la prohibition du Riba par la charia.
– Ensuite, L'économie islamique est envisagée en tant que système (Al-Arabi, Al-Misri et autres). Le système désigne un ensemble de règles et de procédures économiques déduites du Coran et de la Sunna sur lequel est bâti le modèle économique d'un pays, qui diffère selon le lieu et le temps. Autrement dit, un ensemble de lois

28 Mohammed Bâqer al-Sadr : NOTRE ECONOMIE- Titre original (en arabe) : Iqtiçâdonâ traduit de l'arabe et édité par Abbas AHMAD al-Bostani PUBLICATION DE LA CITÉ DU SAVOIR
https://www.bostani.org/livre/notre-economie-mohammad-baqer-al-sadr.htm#4-%20L'ECONOMIE%20ISLAMIQUE%20N'EST%20PAS%20UNE%20SCIENCE.

et de prescriptions charaiques qui régit la façon dont l'homme gère les ressources qui sont à sa disposition.

- Enfin, L'économie islamique est envisagée en tant que science comme le définit, Mohammad Umer CHAPRA, un des éminents érudits de cette discipline, « l'économie islamique est définie comme étant cette branche de connaissances qui contribue à la réalisation du bien-être humain en permettant une affectation et une répartition de ressources limitées conformes aux enseignements islamiques sans trop limiter la liberté individuelle ou créer des déséquilibres macroéconomiques et écologiques continues29. Cette science s'applique à interpréter la vie économique, ses péripéties et ses phénomènes, et à lier ces péripéties et phénomènes aux causes et aux facteurs généraux qui les régissent.

Toutefois, quelle que soit la définition retenue, le concept d'économie islamique reste plus large. En effet, il englobe à la fois les trois dimensions en même temps : la doctrine, car il possède une qui constitue sa référence intellectuelle qui émane des sources jurisprudentielles : le Coran, la Sunna ainsi que le fiqh qui provient de l'Ijtihad. Il contient également le système à travers le corpus de règles et de principes coordonnés selon lesquels fonctionne l'activité économique. Il contient aussi la notion de science dans le sens d'instruments et outils d'analyse et d'explication des phénomènes économiques.

Dans cette optique, nous pouvons déduire que la définition la plus adéquate qui réunit ces différentes approches interdépendantes sera la suivante : « l'économie islamique est un mode de fonctionnement de la vie économique selon les prescriptions islamiques ». Un mode de vie économique consiste en la façon de vivre d'un individu ou d'un groupe de personnes qui se définit par certaines caractéristiques économiques,

---

29 Mohammad Umer CHAPRA : Qu'est-ce que l'économie islamique ? Série de conférences d'éminents érudits N°10- IRTI- BID 1996.

sociales, ou culturelles : habitudes, désirs, nécessités, attitudes. En effet ce concept de « mode de fonctionnement » ou « mode de vie » (en arabe Manhaj) incarne les trois dimensions mentionnées. La notion de mode ou Manhaj est nécessairement liée à une référence intellectuelle qui détermine les objectifs de la société. Elle est aussi forcément liée à la nature du système économique en vigueur dont découle le mode d'organisation de l'activité économique d'un pays, qui rend possible et détermine l'utilisation des ressources. Elle est finalement reliée à une démarche scientifique qui lui procure les outils d'analyse et de discernement des comportements des agents économiques.

B. Les principes de l'économie islamique :

Les écrits contemporains portant sur le thème de l'économie islamique révèlent trois principes fondateurs : la double propriété ou propriété multiforme, la liberté économique encadrée ou liberté socialement responsable et la justice sociale. Nous pouvons en ajouter deux principes qui nous semblent aussi importants : le principe de juste milieu ou de l'équilibre et le principe du Takaful social.

– **Le principe de la propriété multiforme** :

La conception islamique de la propriété se distingue de celle de l'économie conventionnelle, que ce soit capitaliste ou socialiste, par son caractère multiforme. Cette conception rejette la forme unique qu'adopte l'économie conventionnelle (propriété privée dans le système capitaliste ou propriété publique dans le système socialiste) et insiste sur une logique de diversité des formes qui se base sur la coexistence de la propriété privée, la propriété publique et la propriété de l'État. Cela se traduit dans la pratique par la coexistence de trois secteurs d'activité économique : le secteur privé, le secteur public et le secteur social qui est le tiers-secteur par le biais de l'économie sociale et solidaire. À travers la synergie entre ces trois secteurs principaux, la diversité des formes de propriété se concrétise à travers le partenariat public-privé (PPP), ou privé-social (PPS) ou aussi privé-public-social (PPPS). La différence entre les deux conceptions est très significative dans le sens où la diversité des formes de propriété islamique est la règle générale qui régit le système économique et non pas une simple règle avec des exceptions comme il est le cas dans la conception conventionnelle.

– **Le principe de la liberté économique encadrée :**

En effet il ne s'agit pas d'une liberté absolue, incontrôlable et irresponsable telle que le cas de la liberté dans le libéralisme ou le capitalisme, ni d'une liberté confisquée telle que le cas de l'idéologie socialiste, mais plutôt une liberté responsable agissant dans un cadre limité et régi par le système de valeurs morales et éthiques inspirées de la charia islamique. Cette limitation est de deux sortes : une sorte d'autolimitation qui émane des profondeurs de la personne et qui puise son crédit dans le contenu spirituel et intellectuel de la personnalité islamique d'une part, et une limitation objective qui exprime une force extérieure délimitant et réglant la conduite sociale30.

L'autolimitation manifestée n'est pas en vérité un manque de liberté, mais une opération de volonté individuelle d'observer le cadre normatif dans lequel s'inscrit un comportement socialement responsable d'un individu qui choisit d'accomplir les devoirs et les recommandations de la religion. Ainsi, l'individu en tant qu'agent économique responsable se tient à respecter ce cadre éthique et moral fixé par la religion à tous les niveaux du circuit économique. Il s'abstient à consommer des produits illicites comme il se refuse de produire ou d'investir dans l'illicite. Cette sorte d'autocensure est aussi liée à une conception particulière de la nature de la propriété en islam selon laquelle la propriété des biens revient non pas à l'être humain, mais à Dieu. L'homme en est dépositaire et usufruitier, et transmet ses

30 Bâqer al-Sadr : NOTRE ECONOMIE : source précédente.

pouvoirs à ses ayants droit. En aucun cas, l'homme ne dispose du droit de détruire un bien ou une valeur. Il est dans une posture mentale et comportementale où il a conscience permanente que les biens qu'il gère en lieutenance obéissent à des lois telles que la préservation, la fructification et le partage.

– **Le principe de la justice sociale** :

Il s'appliquera à travers le système de distribution et de redistribution que préconise l'Islam pour atteindre cet objectif et réduire ou anéantir toute sorte d'inégalités économiques et sociales. Dans cette optique, le cadre macroéconomique de l'économie islamique comprend trois niveaux de distribution : d'abord, la distribution primaire c'est à dire avant la production et le déclenchement de l'activité économique. Il s'agit là du système de propriété de la richesse qui a été analysé auparavant. Ensuite, la distribution secondaire, après production, autrement dit les facteurs de production et comment sont-ils rémunérés. Enfin, la redistribution et les moyens mis en œuvre en vue de corriger les failles du système de distribution.

En économie islamique seulement deux facteurs de productions sont pris en compte : le travail et le capital. La rémunération du travail prend des formes diverses : le travail salarié qui touche un salaire, le travail du mandataire (Wakil) qui touche une commission ou une rémunération selon le contrat de Wakala, le travail dans un schéma de Moudharaba qui touche un pourcentage du profit réalisé en tant que gestionnaire du fonds Moudharaba, le travail du Moucharek (actionnaire dans une société Moucharaka) qui touche également une part du bénéfice selon les résultats de l'opération Moucharaka, etc.

Du côté capital, l'économie islamique distingue entre le capital en nature non monétaire et le capital monétaire. Le premier est rémunéré selon le type de société (Moucharaka, Moudharaba, Mouzaraa etc.) Tandis que le second n'a pas le droit de toucher de l'intérêt (car c'est du Riba) tel que le schéma de la finance conventionnelle et doit s'engager dans le circuit de l'économie réelle pour toucher une part des résultats du projet.

Quant à la redistribution, elle se fait par différents mécanismes, en particulier celui de la Zakat, du Waqf, du Takaful, du "Qardh Hasan", etc.

- **Le principe de Takaful social (solidarité sociale)** :

L'islam semble être une des religions révélées à avoir institutionnalisé la loi de la solidarité tant au niveau théorique et doctrinal (à travers un système législatif complet) qu'au niveau pratique et opérationnel (à travers les différents mécanismes et systèmes mis en place tels que le système de la Zakat, du Waqf, du Qardh Hasan, etc.). Le Takaful social constitue à cet effet une transition remarquable, d'un simple sentiment de sympathie et d'altruisme, qui porte les êtres humains à l'entraide, et d'une valeur morale liée à la charité et la bienfaisance des gens, vers un système socio-économique combinant trois aspects essentiels de solidarité : une obligation juridique, une vertu sociale et un devoir religieux.

Le système de Takaful est basé sur la coopération mutuelle, la responsabilité, l'obligation et le devoir d'entraide, la protection et l'assistance entre des groupes ou des membres de la même société. Il est fondé sur un certain nombre de principes indissociables à savoir : la fraternité, le partage, la mutualité et la bienfaisance. Il se manifeste par le biais d'un ensemble de comportements et d'actions structurées et non structurées, obligatoires et facultatives, qui permettent la mise en œuvre pratique de cette solidarité sociale appelée « Takaful ».

Le cas du partage de la richesse des « ansars » (compagnons du prophète habitants de Médine) avec les « muhajirun » (compagnons du prophète venus de la Mecque) est une illustration pratique du Takaful ou de la solidarité islamique. C'est en d'autres termes, un système d'assistance non-étatique qui place les individus dans des relations mutuelles et qui conduit à un état de cohésion sociale et produit une sorte de « capital social » qui conduit à son tour à la maximisation du bien-être économique des individus ainsi qu'à la promotion du bien-être social.

- **Le principe de juste milieu (Wasatyya) ou de l'équilibre (Itidal)** :

L'équilibre et le juste milieu font partie des principales caractéristiques non seulement de l'économie islamique, mais de la religion musulmane en général. Cette caractéristique représente un équilibre entre les extrêmes, une modération faisant qu'aucun élément ne se voit accorder une importance démesurée aux dépens des autres. Cet équilibre et cette modération sont appropriés à un message universel et éternel, appelé à être mis en œuvre à toute époque et en tout lieu confirmé par le Coran : "Nous avons fait de vous une communauté éloignée des extrêmes (Ummatan Wasatan) pour que vous soyez témoins contre les hommes et que le Prophète soit témoin contre vous"31. Ainsi l'Islam allie le spirituel et le temporel, les exigences de l'esprit et celles du corps. Il allie aussi les sciences religieuses et les sciences de l'univers, s'intéresse à la vie de ce monde comme à l'au-delà, allie idéalisme et réalisme, et réalise l'équilibre entre les droits et les devoirs. L'équilibre entre tous ces pôles opposés permet d'accorder à chacun sa juste place, sans excès et sans manque, sans faire pencher la balance dans un sens ou dans l'autre.

En matière économique, l'Islam prône un juste milieu entre l'individualisme excessif, doctrine du capitalisme, et le collectivisme injuste et défaillant du socialisme. Le principe de juste milieu et l'éloignement de tout excès dans la sphère économique est un objectif recherché sur tous les plans, aussi bien sur le plan de la conception et de la théorie que sur le plan de la pratique. Au niveau théorique,

---

31 Coran. 2,143

l'économie islamique prône un équilibre entre l'intérêt individuel et l'intérêt collectif, entre la propriété privée et la propriété publique, entre le secteur lucratif et le secteur non lucratif, entre la liberté individuelle et les exigences sociales. Au niveau de la pratique, l'équilibre est recherché entre le risque total et le risque zéro dans les échanges, entre le gaspillage et l'avarie dans la consommation et les dépenses, entre les tendances d'enrichissement exagéré et la pauvreté extrême dans la production et l'accumulation de la richesse.

C. Les fondements éthiques de l'économie islamique :

L'économie islamique est d'essence une économie morale de profondeur sociale. La bonne allocation des ressources dans une économie islamique doit passer par deux sortes de filtrage : le filtre éthique, celui de la morale et le filtre économique, celui des prix. Le premier filtre élimine la demande ou les besoins illicites et le second élimine la demande ou les besoins non nécessaires32. La morale islamique est sans aucun doute liée à la religion et à travers la religion et ses prescriptions que la morale s'épanouisse et s'applique en observant la bonne morale et écartant la mauvaise. Ainsi nous pouvons constater que le cadre éthique de l'économie islamique comporte deux volets complémentaires : le volet des recommandations et celui des interdictions :

-Les recommandations : il s'agit des exhortations provenant du texte coranique et de la tradition prophétique qui incitent les individus à observer les bonnes morales et éviter les mauvaises : Exemples de bonnes morales à respecter en matière de transactions économiques et financières : La sincérité et la bonne intention(Ikhlas), l'honnêteté dans la parole (Sidq), la patience dans les négociations commerciales (Sabr), la fidélité (Amanaa), l'humilité et la tolérance (Samaha), le respect des engagements (Wafa), le commerce éthique (Attayyibet), la perfection dans le travail (Itqaan), la modération dans le profit, la concurrence

---

32 Umer Chapra : l'islam et le défi économique-P 270

loyale, le paiement des dettes, le respect du temps et du délai, la grâce, la bonté, l'altruisme, etc.

Parallèlement, des recommandations d'éviter les mauvaises morales telles que : le faux témoignage qui impacte les contrats, la corruption (Rachwa), la fraude, le dol, la convoitise (Hasad), la tromperie, l'incertitude et l'ambiguïté dans les contrats (Gharar), la vente double (Baye ala Baye), le profit exorbitant (Fahich), le mauvais payeur ou le débiteur en demeure (Moumatala), le monopole au sens de l'accaparation et du stockage injustifié (Ihtikar) ...

- **Les interdictions:** autrement dit celles qui se classent dans le cadre de l'illicite que le croyant doit éviter: malgré leur nombre très limité dans la charia par comparaison à la sphère du licite33 autorisé, leur considération dans la pratique est capitale. Il s'agit principalement de l'interdiction de l'intérêt (Riba), de l'incertitude ou l'ambiguïté dans les contrats (Gharar), de la thésaurisation de l'argent, du monopole au sens de l'accaparement et de la cupidité des marchandises qui signifie le stockage des produits de première nécessité en vue d'augmenter leur prix, la fraude sur la mesure et le poids, qui est considérée comme une sorte de vol, de détournement, de trahison et de tricherie, la spoliation des biens d'autrui d'une manière illégale, du vol et de l'escroquerie et la trahison dans les échanges, de la corruption, etc.

En plus, l'islam a interdit toute une série de ventes qui conduisent à ces mauvaises morales telles que : aller au-devant des commerçants en vue de les empêcher d'accéder au marché pour avoir la mainmise sur les prix, la vente dite « Najach » qui est une sorte de vente fictive, la vente double c'est-à-dire la vente sur une vente accomplie, la vente (Moustarsil) qui aboutit à augmenter le prix à celui qui ne connaît pas le marché, la vente de ce qu'on ne possède pas, la vente des dettes par une nouvelle dette, le surenchérissement lié à la complicité, la vente à réméré, etc.

---

33 Les jurisconsultes musulmans estiment un pourcentage d'environ 5% seulement des actes qui entrent dans le cadre de l'illicite et par conséquent environ 95% des actes sont licites et donc autorisés avec quelques conditions.

Chapitre 2

Les principes de la finance islamique au service de l'économie mondiale

Le but de cet article est de discerner l'apport que peut présenter la finance islamique, à travers ses principes théoriques et ses mécanismes pratiques, à l'économie mondiale qui connait depuis des années des turbulences majeures liées principalement à un déficit éthique et moral qui ne cesse de plus en plus de s'agrandir. L'accent sera mis sur les fondements éthiques de cette finance qui attire l'attention mondiale ainsi que sur la contribution particulière qui a été élaborée par un comité d'experts en finance islamique mise en place par le CIBAFI (Conseil général des banques et institutions financières islamiques) qui regroupe une centaine de banques islamiques dans le monde, et qui ont été adressées au G20 dans le cadre d'une initiative d'analyse et de recherche de pistes de solutions à la crise financière qui sévit sur la planète.

La crise suscite la finance islamique

La crise financière que connait le monde en entier depuis 2008 et dont les conséquences continuent à peser lourd, jour après jour, sur l'économie mondiale et plus particulièrement sur les secteurs moteurs de cette économie, tels que les banques et les assurances, est loin d'être épargnée. Elle pourrait, en revanche, marquer le chevauchement de deux ères : la fin de l'hégémonie ultralibérale basée sur la finance virtuelle qui alimente la spéculation boursière sans frontières, et le début d'une nouvelle ère qui sera inévitablement et indiscutablement différente.

Bien que le capitalisme ait connu auparavant de nombreuses secousses et des crises chroniques tout au long de son histoire et particulièrement au cours du siècle dernier face auxquelles il a réussi à surmonter les obstacles, voire à se renouveler d'une manière inattendue et éviter ainsi l'effondrement – contrairement à son ex-rival, le système socialiste –, il s'avère que la crise actuelle est totalement différente des précédentes et ne peut se comparer à elles pour de multiples raisons : d'une part, la mondialisation, phénomène récent qui a un rôle prépondérant de sorte d'« entéléchien »[34] de la crise et de ses dimensions propagatrices dans les quatre coins de la planète ; d'autre part, la bulle immobilière des *subprimes* qui a dévoilé l'ampleur de cette crise n'étant pas encore parvenue à sa fin cache encore de mauvaises surprises, même à court terme ; enfin la brutalité de ces événements a conduit, dès les premiers jours, à l'effondrement de grandes banques qui y avaient échappé lors de la grande crise mondiale de 1929.

Au-delà des causes apparentes de cette crise qui ont été largement et suffisamment analysées (la bulle immobilière des *subprimes* américains, la crise boursière et la crise de confiance), les spécialistes et les experts de tout bord commencent à se rendre compte qu'il s'agit bien d'une question qui doit être analysée en profondeur et avec minutie, et ce, dans le but de faire le diagnostic adéquat et de trouver le remède approprié. Plus encore, de l'analyse de cette crise doit naître des principes économiques et financiers équilibrés qui seront à même de contribuer à la création d'un ordre financier stable, juste et efficace. Les facteurs apparents ont certes révélé les défaillances et lacunes structurelles du système capitaliste, mais ils ne sont que l'arbre qui cache la forêt.

Au milieu de la tourmente de cette crise, l'attention du monde a été attirée par une industrie financière nouvellement émergente, dont les institutions ne pratiquent par l'intérêt *(le riba)* et évitent le pari *(Al-Maysar),* l'incertitude et la spéculation *(Al-Gharar),* et qui possède un certain nombre de règles et normes spécifiques de contrôle. La finance islamique est ainsi devenue une donne internationale de grande ampleur. Les témoignages des grands économistes, des experts

---

[34] Pour reprendre les termes de Henri BARTOLI dans sa « chronique de la pensée économique italienne », un « entéléchien » est un phénomène majeur qui se produit d'une façon exceptionnelle, mais dont les répercussions seront très importantes à tous les niveaux. In Revue économique, volume 48, n° 6, novembre 1997, p. 1581.

financiers et des responsables politiques se multiplient. Les écrits, les recherches et les unités universitaires et d'enseignement de cette branche se propagent dans les fiefs mêmes du capitalisme mondial. Les grandes banques et institutions financières internationales se plongent dans une concurrence farouche en vue de s'accaparer les sources de cette finance islamique.35

Un groupe d'experts de renommée internationale en matière d'économie et de finance islamique ont eu l'initiative, sous l'égide du Conseil général des banques islamiques (le CIBAFI)36 situé au Bahreïn, de rédiger un document qui a été consacré à présenter les principes de base de la finance islamique et leur apport à la solution de cette crise financière mondiale. Ce document, intitulé « Les principes de juste milieu au secours de la finance mondiale », s'inscrit dans le cadre d'une proposition qui a été présentée aux réunions du G20 comme étant une contribution islamique aux problèmes de la crise. Elle recommande dix propositions principales fondées toutes sur les principes de la finance islamique pour rétablir l'équilibre, instaurer la confiance et assainir le marché.

Avant de passer en revue ces propositions, nous aborderons en premier lieu le cadre général dans lequel s'inscrit cet intérêt particulier accordé aujourd'hui à la finance islamique dans une approche de l'économique et du religieux. Ensuite, nous présenterons les spécificités de cette finance islamique et ses traits distinctifs par rapport à la finance conventionnelle. En troisième lieu, nous analyserons les cinq principes de la finance islamique qui constituent le socle référentiel et les piliers fondamentaux de cette finance. Nous présenterons enfin les dix propositions adressées au G20 dans le cadre d'une contribution des

35 Préface du livre: *Les assurances islamiques (Takaful)* de Cheikh Ali QUORRADAGUI, éditions Gedis, 2011.
36 Document en arabe non publié.

acteurs, de la finance islamique aux décideurs politiques et économiques de l'économie mondiale.

A- L'économique et le religieux :

Parler de la finance islamique il y a seulement quelques années en France ou en Europe était une sorte d'hétérodoxie économique ou d'hérésie intellectuelle. Pourtant l'histoire ne cesse de nous apprendre que tous les systèmes que l'humanité a connus subissent nécessairement, sous une forme ou une autre, l'influence des valeurs et de la morale liée sans doute à la religion. Aujourd'hui la religion a repris dans la vie quotidienne une importance que beaucoup ne soupçonnaient pas il y a quarante ans. André Malraux, par exemple, l'aurait pressenti : « Le XXIe siècle sera religieux ou ne sera pas37 ». Qu'a à dire l'économie face à cette évolution de la pratique et du sentiment religieux ?

La science économique a essayé d'aborder la religion de trois façons différentes :

-la première consistait à utiliser les concepts et les méthodes de l'économie politique pour analyser les phénomènes liés à la religion. C'est le point de vue qu'adopte Philippe Simonnot. Auteur d'un livre sur l'histoire économique de la papauté, il revient sur les caractéristiques économiques d'une religion : elle cherche à être un monopole ; le « produit » qu'elle propose – en général la consolation ici-bas et le bonheur dans l'au-delà – est très particulier dans la mesure où il échappe à tout contrôle effectif de la conformité de ce qui est réalisé par rapport à ce qui est proposé ; elle répond au besoin très présent dans

37 Conférence donnée à l'invitation du Lions Club de Toulouse-Languedoc, en janvier 2003 (phrase attribuée à Malraux, auteur des *Antimémoires,* bien qu'il fût athée).

[6] Jean DANIEL : « Économie et religion », éditorial « Sociétal » n° 57. Consulter :www.societal.frinaviref/affnumresume.asectypeencours=l&ccodoper=3&cid=200757&cidarticle=57018

le caractère humain du don, du dévouement, de la gratuité. Ce fut l'échec d'une des premières tentatives de concilier l'économique et le religieux.

-la deuxième méthode consistait à analyser le message que la religion délivre sur l'économie. Dans le cas du christianisme, Schumpeter, dans son *Histoire des idées économiques,* indique que les Pères de l'Eglise n'ont pas eu de pensée économique, car l'économie est une réflexion sur le royaume de César, alors que le chrétien, tout en donnant à César ce qu'il réclame, sait que le véritable royaume n'est pas de ce monde. Ce fut un deuxième échec, car Schumpeter lui-même se rendit compte par la suite qu'il y a eu au cours des siècles des idées économiques fondamentales issues de la théologie et de la démarche intellectuelle des penseurs chrétiens. Le « juste prix » de saint Thomas d'Aquin compte parmi les concepts les plus riches de l'économie politique.

-La troisième façon d'aborder la religion en économie est de se demander si la religion dominante dans un pays influe sur ses performances économiques. Les papes, par exemple, ont pris des décisions qui ont eu des conséquences concrètes dans le domaine économique. La plus célèbre, par exemple, fut le refus du prêt à intérêt. Même si saint Thomas avait su en limiter les conséquences en délimitant précisément ce qu'est l'usure et ce qu'est l'intérêt, la doctrine catholique officielle est restée hostile au prêt d'argent38.

Toutefois dans la pensée capitaliste, comme ce fut également le cas dans l'ex-pensée socialiste, les valeurs et la morale constituent un ensemble exogène, alors que dans la conception islamique de l'économie les considérations d'ordre moral ou éthique constituent un ensemble endogène. Bien plus, les valeurs éthiques constituent le moteur fondamental de l'efficacité de l'économie et de la finance islamiques. La relation de l'économique et du religieux a été, depuis la naissance même de la science économique moderne, un sujet polémique et porteur de beaucoup d'amalgames. S'agit-il d'une économie

38 Source précédente.

religieuse ou d'une religion économique ? La question a été longuement débattue par les grands économistes contemporains.

Pour se limiter à l'économie islamique, celle-ci a été historiquement négligée, voire ignorée par la pensée économique occidentale anglo-saxonne, exception faite des idées du célèbre sociologue et économiste Ibn Khaldoun (XIVe siècle)39. Pourtant, une riche tradition de pensée économique parmi les savants musulmans a été tardivement observée par les historiens et quelques économistes. Nous pouvons citer à titre d'exemples de grands noms de la jurisprudence islamique : Abu Yousef (798) avec son célèbre ouvrage *Al kharaj*, c'est-à-dire La *Richesse ou les revenus de l'État ;* Abu Ubaid (838) avec son écrit *Kitab AlA-mwal (les capitaux) ;* Vahia Bin Adam (818) aussi avec les *Recettes de l'État ;* Al Chaybani (804) avec son fameux ouvrage intitulé *Le kasb*, qui signifie *Les gains,* sans oublier le grand précurseur de la sociologie moderne IbnKaldoun avec son titre *Al Muqaddima* qui est une sorte d'encyclopédie sociale, économique et historique unique.

À travers ces écrits, l'économie islamique apparaît comme une économie purement éthique sans aucune équivoque. Son analyse est fondée sur la notion de l'« homme moral » dans sa réalité et non sur l'«homme économique » *(homo economicus).* C'est une économie qui se fonde sur une assise éthique, visant à s'intéresser plus particulièrement à l'Homme. Par ailleurs, l'économie islamique traite le patrimoine de l'humanité avec un esprit ouvert. Il ne s'agit pas en fait d'islamiser l'économie, comme on a souvent tendance à le croire, mais d'accepter tout ce qui est acceptable, qui respecte l'éthique, qui est socialement responsable, et de partir du fait qu'« à l'origine des choses tout est permis », sauf quelques interdictions qui nuisent en fin de compte à l'intérêt de l'homme et de l'humanité. Ainsi, pour citer

---

39 Abderrahmane IBN KHALDOUN (1332-1406 AD) auteur des prolégomènes *ALmuquaddima*. Historien, philosophe, sociologue, juge, enseignant, poète, aussi bien qu'homme politique.

Marshall Hodgson, nous pouvons dire que « si l'islam peut être présenté comme capable de fournir une vision fructueuse illuminant la conscience moderne, dans ce cas c'est toute l'humanité et non pas seulement les musulmans qui en bénéficieront40 ».

B- Spécificités de l'économie et de la finance islamique

Bien qu'il existe un dénominateur commun entre les religions du monde quant à la vision de l'univers, en particulier les religions monothéistes, aujourd'hui l'économie islamique se distingue par une particularité radicalement différente de l'économie conventionnelle, liée à sa vision par rapport à l'économie. Cette vision n'est point séculaire, ni dépourvue de valeurs, ni matérialiste, ni social-darwiniste. Elle est au contraire fondée sur un certain nombre de concepts qui contredisent les fondements du système capitaliste, ultralibéral qui domine aujourd'hui la planète.

Elle donne une importance considérable aux valeurs morales, à la fraternité humaine, à la justice socio-économique et ne se limite pas exclusivement au marché ou à l'État pour la réalisation de ses objectifs. Elle se fonde plutôt sur les valeurs, les institutions, le marché, la famille, la société et l'État. Mais ce qui distingue l'approche islamique des pratiques financières conventionnelles est une conception différente de la valeur du capital et du travail. Au lieu d'une simple relation prêteur-emprunteur, le système financier islamique repose sur un partage plus équitable du risque entre le prêteur et le propriétaire d'entreprise au lieu d'un simple transfert de risque tel qu'il est pratiqué par les banques conventionnelles.

La vision islamique de l'économie et de la finance se caractérise ainsi par les particularités suivantes : la logique de partenariat face à la logique de crédit ; la logique de partage du risque face à celle du transfert de risque ; le mécanisme du taux de profit face à celui du taux de l'intérêt ; la connexion à l'économie réelle face à la prépondérance

---

40 Marshall Hodgson, *L'islam dans l'histoire mondiale,* 1977, vol. 3, p. 441.

de l'économie virtuelle ; l'intermédiation bancaire dans l'investissement face à l'intermédiation dans le financement ; une économie éthique et socialement responsable face à une économie immorale et purement financière ; enfin une économie productive face à une économie de plus en plus spéculative.

C- Les cinq principes de la finance islamique

Le modèle financier islamique se base sur cinq principes fondamentaux : l'interdiction de l'intérêt « *Riba* » ; l'interdiction du *Gharar (spéculation) et* du *Maysir* (incertitude) ; l'exigence d'investissement dans les secteurs licites, autrement dit éthique et socialement responsable ; l'obligation de partage des profits et des pertes (3P) ; enfin l'adossement des investissements à des actifs tangibles de l'économie réelle.

1. L'interdiction de l'intérêt

L'un des principes fondamentaux de la finance islamique est la prohibition de l'intérêt c'est-à-dire du *Riba.* Le terme R*iba* dérive du verbe *raba* en arabe qui signifie « augmenter ». Il renvoie à la fois aux notions de taux d'intérêt (une valeur ajoutée à un capital initial) et d'usure. Ce principe interdit le gain injustifié généré par une transaction déséquilibrée. Le *Riba* couvre donc bien aussi l'intérêt que l'usure. Il a deux catégories principales : l'intérêt perçu sur les dettes (*Riba-Annassia*) et l'intérêt perçu à travers les échanges ou transactions (à la fois *Riba Al-fadhl et Riba An-nas'a).* L'intérêt perçu sur les dettes *(Riba-Annassia)* se subdivise à son tour :

• *le* Riba *résultant d'un prêt* : c'est l'augmentation imposée reçue par le prêteur de la part de l'emprunteur, qu'elle soit fixe ou variable selon la somme initiale, comme on le voit de nos jours à propos de l'intérêt sur un prêt fixé selon un taux de pourcentage annuel. L'origine d'un contrat dont l'objet est un prêt est qu'une somme similaire soit rendue et toute augmentation ou surplus est considéré comme un bénéfice prohibé.

• *le* Riba *résultant de l'octroi d'un délai de paiement* : c'est l'augmentation ou le surplus pris par le prêteur de la part de l'emprunteur pour l'octroi d'un délai de paiement si à l'échéance ce dernier n'arrive pas à honorer sa dette comme cela peut résulter aussi d'un simple contrat de vente. Cette opération est appelée échelonnement de la dette. Le créancier pendant la période préislamique disait au débiteur dont la dette arrivait à échéance : « Donne-moi un surplus sur la dette initiale et je te concède un second délai pour le paiement de cette dernière ». Cette manière de faire est prohibée par la législation islamique selon le Coran : « Si votre débiteur est dans la gêne, accordez-lui un délai jusqu'à ce qu'il soit en mesure de se libérer de sa dette. »

Ce qui différencie le *Riba* (l'intérêt) de la vente d'un bien ou d'un service est que la contrepartie perçue n'est considérée comme acceptable, dans le droit musulman, que si elle vise à compenser quelque chose de légitime, comme la perte de valeur liée à l'usage d'un bien (dans le cas de la location d'un bien), l'effort fourni pour la réalisation d'un objet (dans le cas de la vente d'un bien produit par le vendeur), ou le travail accompli pour l'obtention d'un bien matériel et le risque engagé dans sa prise en charge (dans le cas de la vente d'une marchandise achetée à autrui).

Selon l'orientaliste français Jacques Austruy dans son livre *L'islam face au développement économique41,* la prohibition du *Riba* dans toutes ses formes semble être l'une des conséquences de l'égalitarisme recherché dans la loi musulmane. D'après lui, cette interdiction est fondée sur le fait que l'argent, en lui-même, n'est pas productif. Ainsi, l'islam interdit le retrait par le prêteur d'un quelconque avantage de son prêt, sauf si cet avantage est librement accordé par

---

41 *L'islam face au développement économique,* collection économie et humanisme, Les éditions ouvrières, Paris 2006, p. 52.

l'emprunteur après remboursement du prêt et sans en constituer une condition tacite ou explicite.

Les deux autres formes de l'intérêt prohibé par la religion musulmane sont liées aux transactions ou échanges. Les jurisconsultes musulmans ont divisé le *Ribâ* des transactions en deux sortes : *ribâ al-fadhl* et *ribâ annassa'.*

-.Le *Ribâ Al-Fadhl* : c'est le surplus par rapport à la quantité et sans aucune différence par rapport au temps de réception, dans l'échange de deux produits du même genre, c'est-à-dire le surplus d'un des deux produits échangés parmi les six sortes de genre indiqués par le prophète de l'islam *(saws).* Tout surplus donné en échange d'un genre avec son propre genre comme l'échange d'un dollar contre un dollar et demi, l'échange d'un billet de dix euros contre neuf euros en pièces de monnaie, l'échange d'un gramme d'or contre un gramme et un quart de gramme, l'échange d'une quantité de dattes contre une autre quantité de dattes plus conséquente même si la qualité est différente comme l'échange d'un kilo de dattes d'une qualité supérieure contre deux kilos de dattes d'une qualité moindre : tout cela est considéré comme faisant partie du *ribâ Al-Fadhl* qui est prohibé en raison de l'injustice dans l'échange. La qualité, ici, ne rentre pas en ligne de compte : dans ces biens à intérêt, la qualité supérieure et la qualité inférieure se valent pour ne pas être induit en erreur par cette prétention de marchandise de bonne qualité afin d'user du *ribâ!* Cela est interdit par le procédé appelé "obstruction aux prétextes", conformément au propos prophétique : « Ne fais pas cela. Garde plutôt ta monnaie et achète des dattes de bonne qualité », c'est-à-dire : vends les dattes de mauvaise qualité contre de la monnaie et avec celle-ci achète des dattes de bonne qualité. Ce *ribâ* dit *Ribâ Al-Fadhl* n'est pas très courant dans la vie pratique et le motif de son interdiction réside dans la volonté de repousser le fait de léser les gens et de ne pas porter atteinte à ceux qui pourraient croire que l'un des deux genres jouit d'un avantage sur l'autre.

-.Le *Ribâ Annassa'* : c'est la différence de temps dans la réception (non-rapidité de la réception) sans surplus sur la quantité, c'est-à-dire le fait de différer la réception de l'un des produits échangés, au moment de la réalisation du contrat, sans condition aucune concernant l'union du genre ou non. Ce *ribâ* se réalise quand il y a échange entre deux produits de même genre ou de genres différents s'il y a un retard dans la réception de l'un des produits, objets dudit échange. Il est désormais clair que ce *ribâ* des transactions (ventes) représente un laps de temps séparant cet échange sans qu'il y ait un surplus par rapport à la quantité des deux produits, c'est un moment en plus sans rajout de la quantité et c'est le contraire de *ribâ Al-Fadhl* qui représente un rajout de la quantité sans temps additionné et donc il se réalise avec un temps séparant la réception ou non. Quant au *ribâ* des créances, il se réalise quand il y a un surplus par rapport à la quantité et un laps de temps séparant la réception, en même temps. On peut trouver ce type d'échange inégal dans les opérations sur les marchés financiers de nos jours comme les marchés à terme « options » ou « futures ».

Pour récapituler ces différentes formes de l'intérêt, nous pouvons dire que : *Riba-Annassia* = intérêt sur les créances ; *Riba-Al-fadl* + *Riba An-nas'a* = délai + surplus ; *Riba-Al-fadl* = intérêt sur l'échange (vente) = surplus sans délai ; *Riba Annas'a* = intérêt sur l'échange (vente) = délai sans surplus. Dans cette double interdiction de l'intérêt des dettes et de celui des échanges, la finalité recherchée par l'islam trouve aujourd'hui son sens dans la pratique financière qui a transformé l'économie moderne en une pure économie de dettes et l'échange en champ de spéculation à outrance.

Les conséquences néfastes de l'intérêt. Le monde se plaint aujourd'hui de l'augmentation des prix et, selon certaines analyses, cela est dû au système de l'intérêt. Mais comment la pratique de l'intérêt influence-t-elle l'augmentation des prix et des services ? L'investisseur d'un capital dans l'industrie, l'agriculture ou l'achat d'une marchandise ne conçoit pas de vendre son produit avec un bénéfice inférieur à celui du taux d'intérêt, car pour lui, il a investi, il a fourni des efforts et il était prêt à supporter une éventuelle perte. Par conséquent, il faut que le bénéfice réalisé soit toujours supérieur au taux d'intérêt. D'où les répercussions d'une telle attitude sur les prix qui tendent à augmenter en fonction de l'augmentation du montant de l'intérêt des crédits que doit rembourser cet investisseur.

De cette manière, l'intérêt (le *ribâ)* constitue une cause directe de l'augmentation des coûts de production dont les conséquences sont l'augmentation des prix et des services qui, à son tour, nuit énormément à l'économie. Parallèlement, le taux d'intérêt influe sur le niveau du chômage. Les gouvernements fournissent un effort considérable pour assurer un emploi à leurs citoyens et maîtriser ainsi le problème du chômage. Certains avancent l'idée selon laquelle il faudrait baisser les taux d'intérêt de manière à pouvoir assurer un travail pour tous. Certains économistes ont démontré le lien existant entre le chômage et la pratique de l'intérêt42. Ce dernier, en augmentant (le taux), laisse les investisseurs préférer les dépôts dans les banques à l'investissement dans les projets et cela diminue les occasions de travail et le chômage s'installe.

L'augmentation du taux d'intérêt produit un effet d'inflation sur les prix et les services, ce qui fera fuir les consommateurs, croupir les marchandises et arrêter la production de certaines usines ou du moins la diminuer, et le chômage s'installe pour toucher des milliers de personnes tout en entravant le progrès économique et social. D'ailleurs, la majorité des gouvernements, en période de crise financière, baissent les taux d'intérêt pour atteindre un niveau proche ou égal à zéro, pour

42 Patricia LE MAITRE et Johanna ETNER, « L'impact du taux d'intérêt sur l'évolution simultanée du chômage et de l'épargne », *Revue économique,* année 1999, vol. 50, n° 5, p. 917-935.

renflouer l'économie : c'est ce qui a été constaté pendant la dernière crise financière mondiale.43

De grands économistes occidentaux, dont le père du capitalisme moderne, J. M. Keynes, considèrent44 l'intérêt comme la cause principale de la récession mondiale et qu'il est du devoir de chaque société désirant réaliser ses espoirs en matière de développement d'arriver dans sa pratique économique à atteindre le stade où le taux d'intérêt est zéro. Le président des USA, Roosevelt, a annoncé en 1934 que la crise dont souffrait son pays n'avait d'autre issue que la baisse des taux d'intérêt et, depuis que les économies mondiales s'adonnent à cette pratique de l'intérêt, les crises financières se succèdent.

2. L'interdiction du **Gharar**

Le deuxième principe fondamental de l'économie et de la finance islamique est l'interdiction du *Gharar* . Le terme *Gharar* recouvre toute sorte d'incertitudes et d'aléas dans les transactions financières et économiques : la doctrine des affaires et du commerce en islam exige qu'il ne soit pas permis de conclure de transaction qui renferme du *Gharar*. Est considéré comme *Gharar* tout flou non négligeable au niveau d'un des biens échangés et/ou qui présente en soi un caractère hasardeux et incertain. Autrement dit, lorsque les conséquences sont occultées ou ne sont pas claires.

---

43 La tendance actuelle partout dans les pays industrialisés est à la baisse des taux d'intérêt comme c'est le cas du Japon, des USA et des pays de la zone euro.

44 Selon Keynes, une politique efficace de lutte contre le chômage doit passer par différents canaux comme une diminution du taux d'intérêt réel, avec une politique monétaire plus souple, afin de relancer l'investissement privé. Voir : J. M. KEYNES, 1936, *Théorie générale de l'emploi, de l'intérêt et de la monnaie,* édition utilisée : Bibliothèque scientifique Payot, 1990.

L'interdiction de l'incertitude est un des fondements majeurs des transactions financières islamiques et l'une des prohibitions essentielles qu'il faut éviter de la même manière que le *ribâ.*

L'incertitude peut signifier aussi « impossibilité de prévision ». Cela veut dire qu'un contrat est conclu sans que l'on puisse définir ou prévoir si sa conséquence va arriver ou pas, comme la mise en vente d'oiseaux non encore capturés ou de poissons non encore péchés ou la vente de la récolte à venir, d'une terre ou la vente d'une voiture ou d'un animal perdus ou volés. Tout cela a été interdit, car cela comporte un risque énorme.

Un acte renfermant une incertitude est un acte dans lequel les deux parties ou l'une ou l'autre, au moment de la conclusion de celui-ci, n'arrivent pas à définir ce qui va leur revenir comme bénéfice ou ce qu'ils vont devoir supporter comme perte et cette appellation provient du fait que cet acte induit en erreur l'une ou l'autre partie ou les deux et leur fait miroiter un résultat imaginaire.

L'important, ici, est de remarquer que le facteur risque constitue la cause commune de la prohibition de l'incertitude et du *ribâ.* Dans ce dernier cas, la transaction est exempte de ce facteur, car le créancier récupère son argent avec un surplus sans supporter aucune dépense d'investissement ou de production ou autres. Le créancier prend un risque « zéro ». En revanche, la transaction renfermant une incertitude s'expose à un risque très élevé – avoisinant le 100 % – car le contractant peut avoir en sa possession l'objet de l'acte comme il peut tout aussi bien ne jamais l'obtenir. Pour cette raison, l'islam interdit les deux extrémités de ce risque : la plus forte et la plus basse et laisse tout le reste permis. Il autorise les transactions et les contrats subvenant aux besoins des individus comme la *Mourabaha45, As-Salam46, Al-Istisna'a47, Al-Ijara48, Al-Mousharaka49et la Moudharaba50,* comme il approuve la différence du niveau de prise de risque dans chaque cas, quelle que soit son intensité pourvu que son niveau soit dans la zone médiane.

L'incertitude se subdivise, selon son effet, en incertitude abusive (manifeste) – le contrat qui la renferme est réputé nul– et incertitude moindre (mineure), qui n'a aucun effet sur la validité du contrat la renfermant, car vouloir l'effacer complètement de tous les contrats est une chose impossible et puis cela réduirait considérablement le champ

---

45 *La Mourabaha* est un contrat de vente au prix de revient majoré d'une marge bénéficiaire connue et convenue entre l'acheteur et le vendeur *(Al Bay'* ou *bi ribhin ma'loum). La Mourabaha* peut revêtir deux aspects : la transaction directe entre un vendeur et un acheteur ; la transaction tripartite entre un acheteur final (ou donneur d'ordre d'achat), un premier vendeur (le fournisseur) et un vendeur intermédiaire (exécutant de l'ordre d'achat). Cette dernière formule a été retenue dans les pratiques des banques islamiques ou des sociétés de financement des produits alternatifs. Elles interviennent en qualité de premier acheteur vis-à-vis du fournisseur et de revendeur à l'égard de l'acheteur donneur d'ordre (le client). Elles achètent la marchandise au comptant ou à crédit et la revendent au comptant ou à crédit au client moyennant une marge bénéficiaire convenue entre les deux parties.

46 Le *Salam* peut être défini comme un contrat de vente avec livraison différée de la marchandise. Ainsi, contrairement à la *Mourabaha,* la banque n'intervient pas comme vendeur à crédit de la marchandise acquise sur commande de sa relation, mais comme acquéreur, avec paiement comptant d'une marchandise qui lui sera livrée à terme par son partenaire.

47 *L'Istisna'a* est un contrat d'entreprise en vertu duquel une partie *(Moustasni'i)* demande à une autre partie *(Sani'i)* de lui fabriquer ou construire un ouvrage moyennant une rémunération payable d'avance, de manière fractionnée ou à terme.

48 L'*ijara* est un contrat de location de biens assorti ou non d'une promesse de vente au profit du locataire. Il peut aussi revêtir un contrat de crédit-bail aux termes duquel la banque achète un bien pour un client puis le loue en crédit-bail pour une période.

49 *La Moucharaka* est une association entre deux parties (ou plus) dans le capital d'une entreprise, projet ou opération moyennant une répartition des résultats (pertes ou profits) dans des proportions convenues. Elle est basée sur la moralité du client, la relation de confiance et la rentabilité du projet ou de l'opération.

50 *La moudharaba* est un contrat entre deux parties. L'une apporte le capital financier (la banque) et l'autre le capital humain, c'est-à-dire le savoir-faire. Ce type de contrat est généralement utilisé dans le domaine commercial. Les bénéfices sont ensuite partagés par la banque et l'emprunteur, le mode de répartition ayant été convenu au préalable. Les pertes, quant à elles, sont entièrement supportées par la banque.

des transactions. Les jurisconsultes ont déduit, à partir des différentes ramifications relatives aux préceptes de l'incertitude, les critères et les conditions précises requises pour que cette incertitude produise un effet : l'incertitude doit être conséquente, car si ce n'est pas le cas et si l'incertitude est insignifiante cela ne produira aucun effet sur le contrat ; ensuite l'incertitude doit se situer au sein des contrats d'échanges financiers, car le propos prophétique l'interdisant se situait au sein de contrats de vente.

Sont assimilés à ces contrats tous les contrats d'échanges financiers qui trahissent un soupçon d'animosité, de répugnance et de spoliation comme les contrats *Ijara et Mousharaka* et autres, tout le contraire d'autres contrats, dont la finalité est la bienfaisance, l'indulgence et toutes les autres vertus comme les dons, les présents, l'aumône, les fondations, legs et autres qui ne renferment pas ces notions, car ils ne produisent aucun litige, contentieux ou spoliation.

L'incertitude doit atteindre l'objet du contrat, qui est l'objectif premier du contrat comme l'objet vendu et le prix de la vente dans un contrat de vente. L'incertitude consiste en l'ignorance de l'une des deux choses, objet de l'échange, par rapport à la quantité, la description, le genre, le délai, la possibilité de livraison ou le prix et autres. Quant à l'incertitude concernant tout ce qui est complémentaire du contrat, c'est-à-dire complémentaire de l'objectif initial du contrat, cela ne nuit guère au contrat en se basant sur une règle jurisprudentielle réputée (on tolère dans les choses complémentaires ce qui ne peut être toléré dans les autres choses) et le critère d'application de cette règle sera l'usage et l'expérience des spécialistes dans ce domaine.

Il faut que le contrat renfermant cette incertitude représente un besoin réel des attentes de la part des individus. Si c'est le cas, l'incertitude n'aura aucune importance sur ce contrat, quelles que soient la sorte de contrat et la sorte de cette incertitude, car les contrats n'ont été permis que parce qu'ils répondaient à un besoin des individus. Parmi les principes généraux qui régentent la *chari'a* et qui font l'unanimité chez les savants musulmans figure la levée de la gêne : *il ne vous a imposé aucune gêne en religion51.* C'est par équité et miséricorde envers les gens que le législateur a rendus licites les contrats dont ils avaient besoin, même s'ils renfermaient une certaine incertitude.

Le *Qimâr,* ou *Maysir,* synonymes de spéculation, vise toutes formes de contrats dans lesquels le droit des parties contractantes dépend d'un événement aléatoire. C'est notamment ce principe que l'on trouve dans les jeux de hasard et les paris avec mise. *Maysir* vient en effet de l'adjectif arabe *Yasîr* qui veut dire facile. Avant l'avènement de l'islam, les Arabes considéraient ces jeux comme un moyen facile de gagner de l'argent. Cette interdiction de l'incertitude et de la spéculation conduit logiquement à une prohibition de la spéculation hasardeuse et dangereuse. C'est le cas notamment lorsque la vente porte sur une marchandise qui n'est pas déterminée de façon précise ; lorsque la transaction est conclue sans que le prix de la marchandise soit fixé de façon claire ; lorsque la transaction porte sur une marchandise déterminée que le vendeur ne possède pas encore ; lorsque le transfert de propriété est conditionné à un évènement hasardeux.

Cela correspond en finance conventionnelle aux produits ou aux transactions à terme caractérisés par une incertitude évidente quant à leur réalisation, telle que les *Futures*, les *Swaps* ou les autres produits financiers plus complexes comme les *Subprimes*. L'islam interdit les transactions basées sur la spéculation (le *Maysir*). Ainsi, chaque contrat doit reposer sur tous les termes fondamentaux (tels que l'objet, le prix, les délais d'exécution et l'identité des parties) clairement définis au jour de sa conclusion. Les juristes musulmans encouragent par ailleurs fortement la satisfaction de toutes ces conditions préalables avant la signature du contrat.

---

51 *Saint Coran* : Sourate ALhaj 22/78, p. 332.

Cette prohibition est justifiée par la nécessité d'orienter les fonds disponibles vers le financement de l'économie réelle, au lieu de les laisser alimenter les bulles financières vides de toute productivité et de richesse utile. Le *Gharar* ou l'incertitude dans les transactions est présente dans beaucoup de cas dans la pratique financière et d'une manière non exhaustive. Elle possède une relation avec beaucoup d'autres notions qui s'en rapprochent telles que l'ignorance de l'objet de la transaction, l'objet dont la livraison semble difficile ou impossible et les produits ou objets inexistants au moment de la vente.

L'islam interdit la vente de la chose ignorée (non connue) comme la vente d'un produit dont on ne connaît ni la constitution ni le genre ni la quantité. Il y a aussi la vente du produit dont le prix n'est pas mentionné ou dont on ne mentionne pas non plus le délai de paiement si ce dernier est différé ni d'autres inconnues relatives au prix et qui mènent à la mésentente et au litige.

Toutefois les jurisconsultes musulmans distinguent entre l'ignorance de la chose à vendre et l'incertitude, car, selon eux, toute ignorance est une incertitude, mais toute incertitude n'est pas forcément une ignorance. Dans l'incertitude, le contractant ne connaît pas les conséquences de son contrat c'est-à-dire : est-ce que cela arrivera ou pas ? Il procède à un contrat dont il n'est pas sûr de la portée et dont les conséquences sont opaques.

En revanche, dans le cas de l'ignorance, l'objet du contrat existe et ses conséquences sont connues, mais ce qui reste ignoré c'est l'une de ses descriptions ou l'un de ses états.

L'incertitude est donc la non-connaissance de l'aboutissement de la chose et l'ignorance est la connaissance de cet aboutissement sauf que l'on ignore comment ! C'est pour cette raison que des instances renommées en matière de finance islamique, telle que l'AAOIF1[52], après avoir validé les normes de la *chari'a*, ont validé l'avis émis par les savants concernant la globalité de l'incertitude, ce qui n'est pas le cas de l'ignorance. La première peut être présente sans la seconde comme dans le cas de la vente d'un produit appartenant à son propriétaire et dont les caractéristiques sont bien définies, comme une voiture perdue par exemple. Les savants donnent, pour ce cas précis, l'exemple de l'achat d'un animal non complètement apprivoisé, mais dont les caractéristiques sont connues. L'ignorance ne peut se passer de l'incertitude. La première est une forme de l'incertitude elle-même et donc l'incertitude résultant de l'ignorance peut avoir des causes multiples, dont les suivantes :

- l'ignorance du montant du prix, car non fixé ou alors oscillant entre deux montants et le contractant ne saura pas au moment de la conclusion de cet acte si le montant s'élève à tant ou tant. Ce cas de figure rentre sous l'interdiction de deux ventes contenues dans une seule vente[53] que certains traduisent par l'instabilité du prix ;

- l'ignorance de la chose vendue par rapport à sa désignation conformément à l'interdiction prophétique de la vente par le moyen de cailloux ou de pierres[54] que certains savants traduisent par le jet d'un caillou qui désigne la chose vendue en l'atteignant considérée comme étant une vente hasardeuse ;

- l'ignorance du délai par rapport à la non-désignation, de la date de livraison l'objet vendu ou du prix ou la désignation d'un délai assez lointain, non connu et non probable. Tout cela sous l'interdiction

---

52 L'AAOIFI *(Accounting and Auditing Organisation for Islamic Financial Institution)* basée au Bahreïn, fixe les règles de la finance islamique et a promulgué environ 84 normes régulant l'activité bancaire islamique.
53 Le prophète de l'islam Muhammad (PSL) a interdit de conclure deux ventes en une seule.
54 Une parole du prophète de l'islam dans laquelle il a interdit la vente hasardeuse et la vente au caillou.

prophétique de la vente dite "mise à bas de la bête encore dans le ventre de sa génitrice".

Une condition de validité des contrats de vente exigée est le pouvoir de livrer la chose vendue. Il est relaté que le prophète (*sws*) interdisait la vente d'oiseaux non capturés et la vente de poissons non péchés à cause de l'impossibilité de les remettre à l'acheteur d'où sa parole (*sws*) : « N'achetez pas le poisson dans l'eau ». Il a également interdit de vendre ce qu'on ne possède pas ou ce qui ne nous appartient pas, comme vendre quelque chose qu'on ne peut pas trouver par la suite ou dont il sera difficile de procéder à la livraison.

Le pouvoir de remise est une condition obligatoire dans les contrats de vente, car la finalité de ces derniers réside dans ce que va obtenir chacune des parties et, si cela ne se réalise pas, le contrat n'aura aucun sens ; mais tout ce qu'on ne peut pas remettre (livrer) n'est pas improbable et renferme une incertitude, car ce pouvoir de livraison peut être probable ou improbable et les conséquences peuvent être connues et certaines. L'impossibilité et la difficulté de livraison deviennent alors flagrantes.

La vente de l'inexistant est aussi une vente prohibée, car elle comporte bien de l'incertitude. Les savants citent, parmi les ventes interdites pour cause d'ignorance de l'existence de l'objet de la vente, le propos du prophète (*sws*) : « Il a interdit la vente d'un produit à venir pour des années ultérieures » ; il entendait par là la vente de la récolte du dattier appartenant au vendeur pour deux ou trois années à venir ou un peu plus, car cela renferme une incertitude du fait que l'on ne peut savoir à l'avance l'existence de ce produit. La vente de fruits avant la constatation de leur mûrissement est un autre exemple de vente de la chose inexistante par crainte de voir les fruits gâchés à cause d'un élément quelconque de la nature : un litige et une spoliation résulteraient inévitablement de cette situation.

3. L'interdiction des activités illicites et des investissements non éthiques

L'islam prohibe certaines activités, et la finance islamique se doit de respecter ces interdictions. La règle du *Haram (illicite)* proscrit ainsi de s'engager dans des activités liées aux jeux de hasard, au tabac, à la pornographie, à l'alcool, à la filière porcine, à l'armement offensif ou encore à l'industrie des loisirs incompatibles avec l'éthique et la morale. On retrouve ce principe d'exclusion dans la finance éthique en faveur du développement durable et dans l'investissement socialement responsable. Du point de vue financier, les sous-jacents de tous types de contrats doivent également être conformes à la *charia*. Typiquement, dans le cadre d'une prise de participation sous la forme d'actions, un certain nombre de secteurs dont les activités sont considérées comme illicites sont à exclure de l'univers d'investissement.

4. Le principe du partage de profits et de pertes

La finance islamique est souvent qualifiée de « participative », à partir du fonctionnement des contrats de participation. Elle a mis en place un système basé sur le partage des pertes et des profits (appelé communément le principe des « 3P »). Ce système permet d'associer le capital financier au capital humain et exige que la participation soit fixée par une proportion et non par un bénéfice à la signature du contrat. Plus concrètement, un investisseur doit confier ses fonds à un entrepreneur avec qui il partagera les bénéfices en fonction de la performance de l'actif sous-jacent ; il devra également partager toute perte éventuelle avec cet entrepreneur si celle-ci n'est pas due à une négligence ou à une faute grave de ce dernier. Ainsi le client d'une banque islamique a pratiquement un statut d'actionnaire dans les investissements liés à ses contrats et son revenu prend la forme de dividende. C'est dans ce sens que la finance islamique est considérée comme étant liée au capital-risque et au *private equity*.

5. L' « Asset Backing » ou tangibilité des actifs

Toute transaction financière doit être sous-entendue par un actif pour être valide selon la *Sharia*. La tangibilité de l'actif signifie que toute opération doit être obligatoirement adossée à un actif tangible, réel, matériel et surtout détenu. Ce principe de *l'Asset Backing* permet de renforcer le potentiel en termes de stabilité et de maîtrise des risques et rassure notamment quant aux problématiques de déconnexion de la sphère financière par rapport à la sphère réelle. Le principe de la tangibilité des actifs est également une manière pour la finance islamique de participer au développement de l'économie réelle par la création d'activité économique dans les autres domaines55.

D- La réponse de la finance islamique à la crise : dix propositions au G20 :

Devant l'accentuation de la crise financière, une contribution a été élaborée et présentée par un groupe d'experts de réputation mondiale, à l'initiative du Conseil général des banques et institutions financières islamiques (CIBAF1) et adressées au groupe G20 en 2009. Cette contribution portait sur dix idées phares dans le but d'atténuer les lourdes charges de la crise et de proposer des jalons de solution56.

Principe 1. Freiner la vitesse excessive de création des crédits, leur vente, leur sécurisation et leur mise à disposition : Développer les contrôles de la création des dettes, leur affectation et leur mise à disposition de façon à ne pas transformer ces dettes en produits échangeables dont on se débarrasse ainsi que du risque qui leur est associé, mais d'en faire des moyens efficaces sur le marché pour

55 Voir : Imad BENLAHMAR : « La finance islamique est-elle un rempart à la finance conventionnelle face à la crise ? » Mémoire de recherche, Business School INSEEC, Bordeaux, 2010.

56 Dix principes pour créer un système bancaire équilibré et juste (l'original: arabe) : http://www.ciball.org/Images/Attaches/20101018444311l4.pdf

redistribuer les portfolios au fil du temps, et ce, sans occasionner une rupture entre secteurs financiers et les secteurs de l'économie réelle.

Principe 2. Créer un équilibre entre les modes de financement qui sont basés sur le principe de partage des pertes et profits et ceux basés sur le crédit qui n'a aucune relation avec la génération réelle de la richesse et de sa croissance : promulguer des lois et offrir les services et les primes qui sont susceptibles d'encourager le partenariat en financement sous toutes ses formes. De telles initiatives limiteraient la forme de crédit favorisée par l'environnement actuel, notamment le financement basé sur le crédit : ce type de financement encourage les entités économiques à s'engager de façon excessive dans les emprunts, ce qui les rend vulnérables aux chocs financiers.

Principe 3. Établir un système monétaire avec des mécanismes de paiement plus justes et plus stables : créer un système monétaire international dont les fondations et les institutions devraient être construites par les parties concernées à l'échelle mondiale. Il faut imposer des contrôles sur l'assurance de toutes les formes d'argent de manière à faciliter l'échange des biens et services et de réaliser un degré raisonnable de stabilité et de justice parmi les milieux qui conduisent les transactions.

Principe 4. Utiliser le mécanisme de participation basé sur le taux de profit à la place de celui basé sur le taux d'intérêt : créer des mécanismes alternatifs appropriés à celui du taux d'intérêt, qui a prouvé son inefficacité quant à une allocation optimale des ressources et a eu un effet négatif sur la distribution du revenu national. Parmi ces mécanismes alternatifs, on peut citer l'utilisation du taux du profit à la place du taux d'intérêt.

Principe 5. Développer des instruments efficaces et justes pour la bonne gestion du risque et sa répartition en évitant de commercialiser ce risque, de le transférer ou en faire l'objet de spéculation : concevoir des mécanismes et des instruments pour gérer le risque et sa répartition, en évitant d'augmenter un tel risque ou de le commercialiser. Ceci pourrait être fait en assurant, à travers la conception méticuleuse de tels instruments, que leurs avantages pèsent plus que leurs inconvénients. Leur mode de circulation devrait être contrôlé de façon si stricte qu'elle garantisse que toute la société en bénéficie et pas seulement ceux qui y travaillent.

Principe 6. Construire un système bancaire plus efficace, plus juste et plus stable, strictement lié à l'économie réelle : construire un système financier efficace et multifonctionnel pour transférer les ressources financières entre les entités économiques efficacement, en se fondant sur l'intermédiation de l'investissement et non l'intermédiation financière. Ceci contribuerait à réaliser un degré d'équité et de stabilité suffisant pour atteindre des buts économiques tels qu'offrir prospérité matérielle et bien-être à la société entière.

Principe 7. Œuvrer pour mettre en place des mécanismes justes qui garantissent les droits financiers des prêteurs, sans léser les débiteurs : chercher à garantir les droits des prêteurs en créant des instruments et des moyens qui pourraient aider à atteindre cet objectif, mais sans porter atteinte aux débiteurs, ceci afin de renouer des liens de confiance entre les institutions financières et les entités économiques.

Principe 8. Rectifier le rôle des marchés financiers et établir un système de contrôle pour rationaliser le comportement de tous les acteurs sur ces marches : se concentrer sur la conception des organismes, des programmes et des statuts du marché financier de façon à avoir un contrôle, à un très haut niveau de fiabilité, d'honnêteté et d'équité, de l'exécution des transactions. Ces organismes, ces programmes et ces statuts doivent être conçus avec une orientation vers les activités réellement productives et en évitant les spéculations et les transactions fictives, les risques et toutes autres transactions similaires.

Principe 9. Favoriser la bonne gouvernance et la transparence dans la conduite des affaires des institutions financières et leurs relations avec les parties concernées : mettre en œuvre et appliquer les principes de la transparence et la bonne gouvernance aux institutions financières. Établir les contrôles nécessaires pour garantir les droits de toutes les parties impliquées dans ces institutions financières afin d'enraciner et de promouvoir leur confiance mutuelle et leur confiance dans le rôle qu'elles ont à jouer. Ceci peut aussi contribuer à minimiser les conflits d'intérêts susceptibles de survenir dans le fonctionnement d'institutions importantes comme les agences de cote des crédits et les compagnies de comptabilité publique.

Principe 10. Réactiver le rôle des gouvernements dans la préservation et la protection de l'ordre monétaire et financier et l'imposition de contrôle sur les transactions et les marchés afin de réaliser une croissance équilibrée : le gouvernement doit jouer un rôle principal et non juste auxiliaire en surveillant de près le système monétaire et financier ainsi que les transactions et les marchés.

Il devrait aussi fournir un environnement approprié pour le secteur privé afin de le rendre capable de contribuer effectivement à cet objectif, ceci à travers les initiatives et les innovations qui profiteraient à ceux qui les initieraient, et pourvu que cela ne se fasse pas aux dépens de l'intérêt de l'économie publique et de la société. À travers ces principes et ces propositions, l'attention mondiale s'est portée vers la finance islamique dans une perspective de recherche de remèdes et de solutions aux défaillances des marchés et aux dérives du capitalisme mondial.

Chapitre 3

L'économie islamique :

une économie basée sur les ressources et pas sur la dette

« Depuis quand faites-vous des hommes des esclaves alors que leurs mères les ont enfantés libres ? »

Omar Ibn Khattab, 2ème calife de l'Islam.

« Le danger de l'instabilité économique serait minimisé s'il n'y avait pas recours à la dette et si tous les investissements se faisaient sous forme de participation. »

Henry Simons (1889-1946),

Économiste américain,

Un des fondateurs du monétarisme.

L'économie mondiale est devenue de plus en plus une vraie économie de dette. Les ressources n'en constituent qu'une fraction quasi négligeable. La sphère financière l'emporte jour après jour sur la sphère réelle et l'écart s'amplifie dangereusement. Alimentée par les méfaits de la financiarisation (déréglementation, désintermédiation...), la sphère financière, destinée normalement à être au service de l'économie « réelle », s'en est quasiment déconnectée et a connu une croissance phénoménale au cours des décennies passées. Aux États-Unis, l'écart entre les deux sphères est de dix fois ; en France, il est de plus de cinquante fois57.

Le service de la dette absorbe le PNB (produit national brut) de la plupart des économies du monde. Environ 80 % des revenus des exportations des pays en développement sont destinés au paiement de la dette58. Dans certains cas, l'économie entière se transforme au

57 Voir : *World Economic Situation and Prospects* 2012 - WESP : « Situation et perspectives de l'économie mondiale », rapport de l'ONU 2012.
58 Source précédente (rapport de l'ONU, 2012).

service de la dette. La plupart des pays d'Afrique dépensent au service de la dette le double de leurs dépenses sanitaires59.

Devant cette dramatique situation, une attention particulière est portée vers les religions en général60 et l'islam en particulier61. Ses principes éthiques et de juste milieu incarnent des pistes alternatives à la crise qui s'impose de plus en plus dans le monde. En effet, le message universel que prône l'islam depuis plus de quatorze siècles consiste à instaurer une économie basée sur les ressources et non pas sur la dette. Celle-ci ne doit occuper qu'une place marginale dans son modèle de financement économique. Mais peut-on financer une économie sans s'endetter ? Tel est l'objet de cette contribution qui constitue une approche particulière dans la gestion publique et la gouvernance financière et économique des États.

Après une description générale de l'approche macro-économique de la dette et ses dangers économiques et sociaux, nous présenterons les principes de base de l'économie islamique, la conception et le statut de la dette dans cette économie avant d'analyser

---

59 *Idem.*

60 Voir par exemple : « Les visages de la finance éthique », *Le Monde* du 04/12/2012. Plusieurs articles et ouvrages ont vu le jour notamment suite à la crise de 2007/2008 sur le commerce éthique, le commerce équitable, l'ISR...

61 Divers ouvrages et articles et témoignages particulièrement en Occident ont vu le jour sur la finance islamique et ses principes. Voir par exemple : François GUERANGER, *La finance islamique : une illustration de la finance éthique*, Dunod 2009 ; Geneviève CAUSSE-BROQUET, *La finance islamique,* Éditions Revue Banque 2009. Mais aussi plusieurs économistes et écrivains ont témoigné à maintes reprises en faveur des principes de la finance islamique, comme Rodney Wilson, Laurita Napoleoni, Willem Buiter, Olivier Pastre, Linda Eagle, Vaulker Nienhaus, Richard Thomas, Stella Cox, Toby Birch, Vincent Baufils, Rowan Williams, Le Pape du Vatican, London Thomas, Roland Laskine, Lionel Laurent, Carla Power, Charles Parick, Robin Brant... Il est à noter aussi que des économistes prix Nobel ont à leur tour témoigné sur l'importance des principes de la finance comme Joseph Stiglitz, Krugman et M. ALLAIS qui, dans son livre ; *Les conditions monétaires de l'économie de marché (1986)*, a confirmé les mêmes principes prônés par l'économie et la finance islamique.

les mesures essentielles préconisées pour s'émanciper de la dette et instaurer une économie basée sur les ressources.

A. La dette ou le cancer économique moderne

La dette est devenue un véritable cancer qui menace l'économie mondiale tout entière. Au nord comme au sud, on ne parle aujourd'hui que des dangers de la dette et de ses répercussions sociales et économiques. La gravité de cette situation s'est accélérée remarquablement depuis le déclenchement de la crise financière de 2008 avec la première crise des *subprimes* aux États-Unis. Le fait que les pays les plus riches soient lourdement endettés ne manque pas d'ironie. De Washington à Londres, de Tokyo à Athènes, la dépendance à la dette se répand comme un virus qui infecte rapidement les pays développés et menace la santé de l'économie mondiale62. Pendant la dernière décennie, les Américains ont allègrement vécu au-delà de leurs moyens, et la première puissance économique mondiale a creusé sa dette et ses énormes déficits budgétaires en dépensant sans compter et en surconsommant à foison.

Un rapport des Nations unies publié en 2009 tire la sonnette d'alarme d'une accélération farouche de la crise :

« Les programmes d'austérité fiscale en vigueur à travers l'Europe et la crise de la dette souveraine qui a éclaté en Grèce en mai dernier et s'est ensuite étendue, d'abord à l'Irlande et au Portugal, puis à l'Espagne et à l'Italie, ont ébranlé l'économie européenne et accroissent désormais la probabilité d'une nouvelle récession mondiale63 ».

« Le plus grand risque pour l'économie mondiale en 2012-2013 réside dans la possibilité que les responsables, en particulier en

---

62 Commentaire sur le 43ème forum de Davos(2013) in www.endacacid.org/fr
63 Rapport de l'ONU 2009 *(World Economic Situation and Prospects* 2009 -WESP : « Situation et perspectives de l'économie mondiale »).

Europe et aux États-Unis, ne parviennent pas à faire face à la crise de l'emploi et à empêcher une aggravation de la dégradation des dettes souveraines et de la fragilité du secteur financier » affirment les experts dans le rapport.

Et ils ajoutent :

« Les économies des pays développés sont sur le point de tomber dans une spirale dépressionnaire résultant de quatre faiblesses qui se nourrissent les unes des autres : la dégradation des dettes souveraines, la vulnérabilité des secteurs bancaires, une demande agrégée faible (liée à un chômage élevé et à des mesures d'austérité fiscale) et une paralysie des prises de décision causée par des situations d'impasse politique et des déficiences institutionnelles. Toutes ces faiblesses sont d'ores et déjà présentes, mais l'aggravation d'une seule d'entre elles pourrait créer un cercle vicieux qui conduirait à une grave tourmente financière et à une dépression économique64 ».

Le seuil symbolique de l'endettement de 100 % du PIE d'un pays est désormais atteint dans plusieurs cas. Selon l'OCDE, les trente pays les plus avancés du globe verront leur dette grimper jusqu'à 100 % de leur richesse produite en 2013, signalant le quasi-doublement de leur endettement en vingt ans65. Ainsi la dette n'est plus une solution au développement économique telle qu'elle a été préconisée auparavant. En revanche, elle est devenue de plus en plus une problématique qui s'ajoute aux problèmes économiques classiques et nécessite donc pour sa part une solution.

En effet, l'idée d'utiliser la dette comme instrument de politique économique n'est pas récente par rapport à la théorie financière. Historiquement, elle remonte au milieu des années quarante

---

64 *Idem.*

65 www.epp.eurostat.e,c.europa.eu/portal

et précisément à la fin de la seconde guerre mondiale, avec l'accumulation des dettes souveraines. Certains économistes, principalement américains (Wallach, 1946), se sont posé la question de la nature et du rôle de la dette publique en matière de politique économique66. Néanmoins, depuis l'article pionnier de Wallach et durant des décennies entières, la gestion de la dette est restée un instrument de second rang mis au service des objectifs des politiques monétaire et budgétaire. Et ce n'est qu'à partir des années soixante-dix que nombre d'économistes et de décideurs en matière économique ont pris conscience de l'importance de la dette souveraine comme instrument à part entière de la politique économique.

Mais l'histoire de la dette publique remonte jusqu'au Moyen Âge. Depuis, les réflexions autour de la question des emprunts publics se multiplient, à propos de leur licéité, de leur utilité ou de leur nocivité (Grenier 2006)67. Vers la fin du XIIIe siècle, les scolastiques s'intéressaient déjà à la moralité de l'endettement des cités68. Les deux questions centrales ayant intéressé les auteurs scolastiques depuis saint Thomas d'Aquin69 portaient d'une part sur le caractère illicite ou non de l'usure, et d'autre part sur la légitimité des emprunts contractés par les cités-États.

Le débat sur le caractère bénéfique ou nocif de la dette fut ouvert par les auteurs des Lumières70. Le siècle des Lumières connut l'apparition de deux courants de pensée : le premier soutenait la dette publique comme moyen d'accroissement de la quantité de monnaie en circulation, tandis que le second s'opposait à l'endettement public, étant

---

66 Wissem AJILI, *La gestion de la dette publique selon les approches économique, institutionnelle et financière*, thèse de doctorat Université de Paris IX, 2007.
67 *Idem.*
68 *Idem.*
69 Saint Thomas d'Aquin : philosophe, théologien et économiste chrétien du XIIIe siècle. Il est considéré comme l'un des principaux maîtres de la philosophie scolastique et de la théologie catholique.
70 Les principaux auteurs des Lumières : Diderot, Voltaire, Rousseau, Montesquieu, Beaumarchais...

donné les dangers de la mobilisation de l'épargne pour un financement improductif de l'État. Montesquieu (1689-1755), dans un chapitre de *L'esprit des Lois* (1748) intitulé « Des dettes publiques », écrivait :

« Quelques personnes ont cru qu'il était bon qu'un État dût à lui-même : ils ont pensé que cela multipliait les richesses, en augmentant la circulation, position erronée, car ce papier ne sera jamais autre chose que le gage d'une dette possédée par un particulier. Par contre, la dette publique a ce gros défaut qu'elle ôte les revenus véritables de l'État à ceux qui ont de l'activité et de l'industrie, pour les transporter aux gens oisifs ; c'est-à-dire qu'on donne des commodités pour travailler à ceux qui ne travaillent point, et des difficultés pour travailler pour ceux qui travaillent »[71].

Durant le siècle des Lumières, l'inquiétude des économistes vis-à-vis de l'endettement de l'État fut plus que manifeste. Adam Smith (1723-1790) doutait de la fiabilité de l'État en tant que payeur :

« À un certain niveau d'accumulation des dettes nationales, il n'y a guère d'exemple, je crois, qu'elles aient été loyalement et complètement payées. Le revenu public a toujours été libéré – si tant est qu'il l'ait jamais été – par une faillite, quelquefois par une faillite avouée, mais toujours par une faillite réelle, quoique souvent par un prétendu paiement72 ».

Hume (1711-1776) soutenait à son tour que la dette publique était un péril majeur pour l'économie73.

Toutefois, la réticence des économistes libéraux des Lumières – dont Smith – vis-à-vis de la dette de l'État, fut dépassée par une approche plus modérée au cours du siècle. Enfin, une conception plus

---

[71] Wissem AJILI (source précédente).

72 *Idem.*

73 David HUME (1711-1776) : économiste, philosophe et historien britannique, un des plus brillants penseurs écossais du siècle des Lumières, avec Adam Smith et autres.

favorable à l'endettement public fut développée, notamment sous l'emprise de la pensée keynésienne après la Première Guerre mondiale. Cette approche dominait la pensée économique.

La problématique de l'endettement public dans la théorie macro-économique se pose aux termes des effets de la dette de l'État sur l'économie réelle. L'une des questions qui depuis plus de trois décennies dominent la macro-économie moderne revient à savoir si la dette publique agit sur les agrégats macroéconomiques.

Jusqu'au milieu des années 1970, la remise en cause de l'effet keynésien des déficits budgétaires fut attribuée à la proposition de l'équivalence de Ricardo proposée (PER) par Baro (1974). L'article fondateur de ce dernier signa alors l'acte de naissance du nouveau débat sur les déficits budgétaires et l'endettement public74.

De quelle manière l'endettement public peut-il affecter l'économie réelle ? L'approche conventionnelle soutient la thèse d'un effet significatif de l'endettement public sur les différents agrégats macro-économiques. Néanmoins, cet effet est différent en fonction du terme. Il est positif à court terme, mais négatif à moyen et à long terme. L'endettement public peut influencer la politique monétaire à travers les taux d'intérêt. En effet, un État très endetté fait face à des taux d'intérêt élevés et l'économie finira par se trouver dans une situation d'hyperinflation. L'endettement public peut altérer le processus politique de détermination de la charge d'imposition des ménages. Il peut aussi constituer un facteur de détermination du degré d'exposition d'un pays aux crises économiques et financières et affecte la confiance nationale et internationale.

L'endettement public peut enfin constituer un facteur d'atteinte à la souveraineté politique d'un pays. En règle générale, un taux d'endettement public relativement élevé est associé à un risque

74 Wissem AJILI (source précédente).

croissant de dépendance politique d'un pays ou de remise en cause de sa souveraineté. Parmi les bienfaits de cette crise de la dette souveraine, figure le fait d'attirer l'attention mondiale sur ses dangers et sur la nécessité absolue de trouver une issue ou une alternative. Dans cette perspective, un bon nombre de spécialistes en matière d'économie et de finance, dans le monde occidental en l'occurrence, ont tiré la sonnette d'alarme sur les dangers d'une telle situation et ont recommandé de s'inspirer des principes économiques de l'islam pour remédier à ces dangers.

Dans cet ordre d'idées, le professeur Willem Buiter75, de la *London School of Economics,* avait simplement suggéré l'adoption des principes de la finance islamique, notamment celui relatif au partage des profits et des pertes, pour l'établissement d'un système plus stable. La nouvelle forme de la finance islamique, après moins d'un demi-siècle d'existence, a fini d'établir sa crédibilité comme alternative ou, au moins, comme complément au système traditionnel. En effet, il est remarquable que, durant la dernière crise financière mondiale, les institutions financières islamiques aient été plus stables que les institutions conventionnelles.

Cette observation a été vérifiée par une étude produite par des chercheurs du Fonds monétaire international (FMI), montrant que les banques islamiques avaient fait preuve durant la crise d'une capacité de résistance plus grande que les banques conventionnelles. Les auteurs ont trouvé que cette bonne performance des banques islamiques était due à leur modèle de *business*, inspiré par la *Charia.* Ce fait a suscité l'intérêt de beaucoup de chercheurs qui essaient de mieux comprendre les principes fondateurs de cette finance alternative76.

---

75 Willem Buiter : économiste américain, chef économiste à City Group.

76 Document de travail du FMI n° 08/16, « Islamic Banks and Financial Stability: An Empirical Analyis » par Martin CIHAK et Heiko HESSE. *Bulletin* 97, juin 2008.

1. Le message économique universel de l'Islam : une économie basée sur les ressources et pas sur la dette

Ainsi, depuis plus de quatorze siècles passés, le message universel de l'islam prônait une économie basée sur les ressources et non pas sur la dette, une économie connectée à la sphère réelle et non à la sphère virtuelle. Le Coran a été très clair dès le départ en annonçant sans aucune équivoque la différence fondamentale entre les opérations de vente et les opérations de crédit avec intérêt, autrement dit entre la prise de risque et le transfert de risque, entre la vente et le *Riba :*

« Dieu a rendu licite la vente (autrement dit toute activité liée à la production et à la prise de risque) et illicite le *Riba* (autrement dit le prêt à intérêt qui est la source principale de la dette et de l'endettement)77 ».

La règle d'or de la finance islamique est celle du partage du risque ou du partage des pertes et des profits78 qui se fonde sur des citations prophétiques de très grande importance al *Ghounmou Bil Ghourmi Wa alkharajou Bi Addhaman*79 qui signifie que nul bénéfice n'est sans risque et nulle rémunération sans garantie, et aussi : « Ne vends pas ce que tu ne possèdes pas80 ».

La philosophie islamique de la finance est focalisée sur l'échange. Le but essentiel de la finance est de faciliter et de promouvoir l'échange et les activités de l'économie réelle. L'échange occupe une place importante dans l'économie, car, à travers l'investissement ou la consommation, il constitue le premier pas vers la croissance et

77 *Coran* 2 : 275.
78 Du même auteur : « Les principes de la finance islamique au service de l'économie mondiale ». *Études d'histoire du droit et des idées politiques (n° 7,* 2012). Voir aussi : « Épistémologie des principes de la finance islamique » par Abderrazak BELABES in *Les Cahiers de la Finance islamique,* n° 2, décembre 2010.
79 *Idem.*
80 Voir à ce sujet un excellent article de Willem BUTTER : « Should you be able to sell what you don't own ? », *The financial times,* March 16th, 2009.

l'accumulation de la richesse, le développement de l'économie et le bien-être des individus. Sans finance, ils ne peuvent guère atteindre ces objectifs. Le besoin de financement reflète en effet un besoin d'échange d'utilités réciproques et conduit à la réalisation de la plus-value nécessaire à la croissance.

L'échange suppose la présence de deux éléments : le prix et le produit. L'islam exige la diversité de ces deux éléments et non leur similitude. Leur diversité crée plus de valeur et produit plus d'utilité économique. Alors que leur similitude ne signifie que du troc ou de la dette (un prix contre un prix, un financement par intérêt par exemple ou un produit contre un produit, tel que le troc de marchandises)81.

La diversité exprime une utilité réciproque des deux parties telle que dans les opérations de vente et de commerce. Pour cette raison, le Coran insiste depuis des siècles sur la distinction entre les opérations de vente et celles de prêt à intérêt *(Riba)*. Le verset coranique l'affirme solennellement : « Dieu a rendu licite la vente (le commerce) et illicite le *Riba* (le prêt à intérêt) ». L'analyse économique de la signification de ce verset permet de distinguer la sphère réelle basée sur l'échange et les opérations de vente et la sphère financière basée sur le mécanisme de crédit et de dette. La première signifie l'achat, la vente, la prise de risque, la création de la richesse, de l'emploi, alors que la seconde permet le transfert du risque et la prépondérance d'une économie usuraire basée sur la dette.

Sur cette base, toutes les opérations de financement islamique sont étroitement liées à des contrats d'achat et de vente : la vente

81 Sami SWILEM : « L'essence du financement islamique » (article en arabe) : http://iefpedia.com/arab.

Mourabaha (vente à marge bénéficiaire)82, la vente *Salam83* (vente à livrer), la vente *istisn'a*84 (contrat de fabrication ou de traitance), *l'ijara* 85 (vente d'usufruit), etc.

Parallèlement, les opérations d'investissement sont étroitement liées à la production et à la création de la richesse à travers divers contrats tels que : la *Moudharaba*86 (capital-investissement), la *Moucharaka*87 (participation), la *Mouzaara* (société de culture agricole), la *Mougharassa* (plantation), la *Mousagaat* (irrigation)88, etc.

Toutes ces opérations visent la consolidation de l'économie réelle par la finance. D'où l'importance de l'interdiction du *Riba* qui n'est qu'une sorte de détournement du rôle de la finance et une déviation de la fonction de la monnaie. Dans la conception islamique comme dans celle des religions monothéistes et selon la vision de bon nombre de philosophes, l'intérêt payé sur une somme prêtée est immoral, condamnable et par conséquent illicite. Certains qualifient l'intérêt comme un virus qui vise à détruire toutes les cellules du corps humain. D'autres le considèrent comme une tumeur cancérologique qui finit par abattre tout le système.

2. Qu'est-ce qu'une économie islamique et quels sont ses principes de base ?

La notion d'«économie islamique » est une notion assez récente bien que ses principes aient fonctionné tout au long de

---

82 « Les modes de financement islamiques », Boualem BENDJILALI, rapport d'un séminaire sur les modes de financement islamiques tenu en Mauritanie en 1413H (1992). Publications de l'IRTI (BID) 1993. Voir aussi : *Introduction aux techniques islamiques de financement,* actes des séminaires. Publications de l'IRTI, 1997.
83 *Idem.*
84 *Idem.*
85 *Idem.*
86 *Idem.*
87 *Idem.*
88 *Idem.*

l'histoire de la civilisation arabo-musulmane. Née vers les années 1940 avec le « renouveau islamique contemporain », elle s'est profondément modifiée au cours des années. Elle a d'abord fonctionné dans une perspective identitaire : adossée à une vision de l'islam comme système globalisant, elle se voulait une troisième voie, alternative aux autres paradigmes économiques dominants, le capitalisme libéral et le communisme89.

Les récents écrits en la matière définissent cette économie de manières différentes selon les points de vue ou les approches. L'économie islamique est tout d'abord définie en termes de "doctrine" économique ; ensuite elle est définie en termes de "système" économique ; enfin elle sera même définie en termes de "science" économique appropriée à la vision islamique de l'économie. Elle est aussi appréhendée quelquefois en termes d'"économie monétaire et de marché" adossée à des actifs réels où la pratique de l'intérêt, la titrisation des créances (financiarisation des dettes) et la spéculation à découvert (la vente de ce que l'on ne possède pas) sont, entre autres, formellement interdites90.

L'approche scientifique définit l'économie islamique comme une branche de connaissances qui contribuent à la réalisation du bien-être humain en permettant une affectation et une répartition de ressources limitées conformes aux enseignements islamiques sans trop limiter la liberté individuelle ou créer des déséquilibres macroéconomiques et écologiques continus91.

---

89 Khaled SOR, « De l'économie à la finance islamique : itinéraire de l'ajustement d'un produit identitaire à la globalisation libérale », *Études et analyses,* n° 25, avril 2012 (www.religion.info/pdf/2012_04_Sor)

90 Mohammed BOUDJELLAL : *Islam et Économie.* www.islamicfinancialtimes.net/article-islam-econornie-par-moha-63724753.html

91 Muhammad Umar CHAPR, « Qu'est-ce-que l'économie islamique ? » Série de conférences d'éminents érudits n° 10, Publications de l'IRTI (BID) 1996. Voir aussi : Ali TOUSSI, *Qu'est-ce qu'une économie islamique ?* Éditions Albouraq 2002.

De cette définition découlent différentes caractéristiques et particularités qui distinguent l'économie islamique de l'économie conventionnelle. Tout d'abord, il s'agit d'une approche qui relie la sphère économique à la sphère éthique ou plus généralement religieuse. C'est une économie qui tire ses principes et ses fondements directement des sources religieuses (le Coran, la *Sunna* ou tradition prophétique, le consensus des savants musulmans à une époque donnée, l'analogie, ainsi que le *Fiqh* ou jurisprudence islamique). Aucune dichotomie ne peut exister ainsi entre le cultuel et le social. Tout acte économique ou financier qui respecte les principes fondateurs est considéré comme un acte cultuel pour lequel son sujet sera récompensé.

Ensuite, c'est une économie qui se base sur deux axes parallèles, l'axe lucratif et l'axe non lucratif : le premier désigne tout acte ou transaction à but lucratif lié généralement aux contrats d'échange, alors que le second est lié aux contrats de donations ou de legs ou tout autre acte à but non lucratif comme les *waqfs* (fondations pieuses) ou la *zakat* (une sorte d'impôt à caractère religieux) ou encore le *Takaful* (contrat d'assurance islamique basé sur la solidarité et la mutualité).

Enfin, c'est une économie éthique où la morale joue un rôle prépondérant dans toute l'activité économique : production, consommation, distribution, commerce. Dans ce sens, tout acte économique sera traduit dans un contrat qui est régi par des règles de jurisprudence islamique ou normes qui doivent être respectées à la fois entre les musulmans et aussi avec les autres (non-musulmans), quelle que soit leur croyance ou appartenance).

B. Les règles d'or de l'économie islamique

1. Le partage de risque

Nul bénéfice sans prise de risque92. Cette règle signifie que la rémunération des facteurs de production, en l'occurrence le travail et le capital, doit être fondée sur des critères justes et équitables. Les deux parties d'un contrat quelconque doivent partager à la fois les avantages et les inconvénients au prorata de leur participation dans l'activité en question. Ainsi le capital financier ne peut-il prétendre à aucune rémunération s'il n'est pas associé, de près ou de loin, au travail ou à la prise de risque ou à la garantie. Le loyer de l'argent est un gain injustifié s'il n'est pas lié à ces critères mentionnés. De même, le temps n'a pas de valeur, sauf s'il est rattaché à un travail ou une marchandise ou un actif quelconque.

2. L'échange équitable

Interdiction du report des deux éléments de l'échange *(taajil albadalayn)* ou contrats à terme. L'objet de l'échange est souvent soit un prix soit un produit. Reporter l'un ou l'autre de ces éléments est possible : autrement dit, il est permis de reporter le prix (paiement à terme) ou le produit (livraison à terme), mais en aucun cas ne sera permis le report des deux à la fois, c'est-à-dire le paiement ainsi que la livraison, car on tombe tout simplement dans une situation illicite qui consiste à vendre ce qu'on ne possède pas, qui est aussi une règle à respecter telle que les contrats à terme pratiqués aujourd'hui sur les marchés financiers.

3. Interdiction de la vente de dette par une dette

Cette règle signifie l'interdiction de la spéculation financière telle que la titrisation des créances qui est le facteur principal de la crise actuelle. La vente de la dette est en général réglementée en islam, mais vendre une dette contre une autre, autrement dit à terme, est illicite.

---

92 Cette règle est inspirée d'une parole prophétique : « *al Ghounmou Bil Ghourmi Wa alkharajou Bi Addhaman* ».

4. L'interdiction du Riba (Intérêt) dans les produits monétaires et alimentaires[93]

Le *Riba,* qui signifie tout surplus injustifié dans une opération d'échange, est interdit. Il concerne à la fois la sphère monétaire et non monétaire. Ainsi, il existe une position islamique intermédiaire équilibrée sur le marché de l'argent. Il faut qu'il y ait circulation des biens avec l'argent pour que ça reste un outil d'échange et un médiateur et non pas des marchandises. Cette position ferme vise à empêcher la circulation de l'argent comme des produits de base, générateurs de profits, et ce, à travers deux procédures : la première étant l'interdiction de la vente de la monnaie (en échange d'une monnaie semblable), ou d'un échange avec une monnaie différente pour le profit. Il est aussi interdit de vendre des aliments en échange d'autres, semblables ou différents.

Le but est que le marchand soit forcé de mettre de l'argent dans le marché, mais comme un médiateur et non comme une marchandise, obligeant ainsi les propriétaires de biens à vendre leurs marchandises, plutôt que les négocier. La vente ou l'échange d'un bien contre un autre de même nature avec un surplus se résument dans les paroles du Prophète (sur lui la paix) qui a dit : « De l'or contre de l'or, de l'argent contre de l'argent, des dattes contre des dattes, celui qui donne un surplus ou prend un surplus tombe dans l'intérêt...» (Parole prophétique).

Afin d'éviter les échanges inéquitables de tous ces produits alimentaires de première nécessité (les savants musulmans ont ajouté d'autres produits analogues) et en vue de ne pas tomber dans le *Riba,* le Prophète (*saws*) a indiqué la bonne méthode à suivre, c'est-à-dire l'utilisation de la monnaie comme intermédiaire pour éviter toute sorte

93 Du même auteur (*source précédente*).

de spéculations. En dehors de ces produits monétaires et alimentaires, la liberté d'échange est la règle.

5. Interdiction de vendre ce qu'on ne possède pas*94*

Cette règle a pour but d'éliminer toute transaction portant sur des produits inexistants ou intangibles qui conduisent à sortir de la sphère réelle de l'économie telle que les produits dérivés, les ventes à découvert, les produits d'assurance sur les risques, les contrats à terme, les options, les futurs, les *swaps* etc. Ainsi, en interdisant ce genre de ventes, la finance reste au service de l'économie réelle, rattachée aux projets tangibles permettant la création de l'emploi et de la plus-value.

C. Les principes économiques de l'islam

L'islam contient un certain nombre de prescriptions à partir desquelles il est possible de définir un système économique implicite. Des questions aussi diverses que la fiscalité, les dépenses publiques, l'héritage, la propriété privée, le bien-être économique et social, l'intérêt, la propriété foncière, les ressources naturelles, le taux de salaire, etc., ont fait l'objet de commentaires soit dans le Coran, ou encore dans la *Sunna* (tradition prophétique), le consensus des savants *(Ijma)* ou le *Qiyas* (raisonnement par analogie). Ainsi donc, de la *Sharia,* l'islam déduit son propre paradigme de relations économiques dans le contexte d'un système islamique complet. Dans le langage

---

94 Le Prophète (*sws*) a interdit ce type de vente : un de ses compagnons (Hakim ibn Hiram) – qu'Allah l'agrée, est venu vers lui – et lui a dit : « Ô envoyé d'Allah, les gens viennent me voir et me demandent de leur vendre une marchandise que je n'ai pas ; je me rends alors au marché et je leur achète. » Le Prophète (*sws*) dit alors : « Ne vends pas ce que tu ne possèdes pas. » Voir aussi *Le Figaro* du 19/05/2010 : la décision de l'Allemagne d'interdire les ventes à découvert à nu sur les emprunts d'État et les CDS de la zone euro a provoqué une vague d'achats refuges, ce qui a fait tomber le rendement de l'emprunt allemand à deux ans à un plus bas record. Berlin a interdit les ventes à découvert qui consistent pour un investisseur à vendre un titre qu'il a emprunté (qu'il ne possède donc pas dans son portefeuille), puis à le vendre pour espérer réaliser un gain. L'interdiction allemande porte sur les emprunts d'État de la zone euro et les CDS souverains, ainsi que sur les actions des dix plus grandes banques allemandes.

macro-économique moderne, nous dirions que la *Sharia* a défini un certain nombre de règles tenant à l'allocation des ressources, à la production, à la consommation, au fonctionnement des marchés, à la répartition du revenu et de la richesse et au financement de l'économie. Ainsi la Sharia fournit-elle un code d'organisation de la société et un code de conduite des affaires95.

Ce modèle socio-économique repose sur des principes simples et de bon sens tels que :

1. L'interdiction de l'usure (Riba)

Le terme *Riba* désigne, dans le droit musulman, tout avantage ou surplus perçu par l'un des contractants sans aucune contrepartie acceptable et légitime du point de vue de la *Sharia.* . Le *Riba* a deux formes principales :

- *Riba-Riba-Al-fadl :* il s'agit de tout surplus concret perçu lors d'un échange direct entre deux choses de même nature qui se vendent au poids ou à la mesure.

- *Riba-Annassia :* le surplus perçu lors de l'acquittement d'un dû, dont le paiement a été posé comme condition de façon explicite ou implicite dans le contrat, en raison du délai accordé pour le règlement différé. *Riba-Annassia* est le type le plus répandu dans la société, notamment à travers les crédits, les prêts et les placements proposés par les établissements bancaires et les organismes de financement traditionnels.

Ce qui différencie le *Riba* dans ses deux formes de la vente d'un bien ou d'un service, c'est que la contrepartie perçue n'est considérée comme acceptable dans le droit musulman que si elle vise à compenser quelque chose de légitime, comme la perte de valeur liée

95 Abdelkader Sid Ahmed, «Économie islamique, principes et réalités: l'expérience récente des pays arabes. Une première évaluation », revue Tiers Monde, n° 122, volume 31, année 1990, p. 405.

à l'usage d'un bien (dans le cas de la location d'un bien), l'effort fourni pour la réalisation d'un objet (dans le cas de la vente d'un bien produit par le vendeur), ou le travail accompli pour l'obtention d'un bien matériel et le risque engagé dans sa prise en charge (dans le cas de la vente d'une marchandise achetée à autrui).

Selon l'orientaliste français Jacques Austruy[96], la prohibition du *Riba* dans toutes ses formes semble être l'une des conséquences de l'égalitarisme recherché dans la loi musulmane. Car, d'après lui, cette interdiction est fondée sur la double affirmation que le temps appartient à Dieu seul et ne peut être vendu, et que l'argent, en lui-même, n'est pas productif. Ainsi, il interdit le retrait par le prêteur d'un quelconque avantage de son prêt, sauf si cet avantage est librement accordé par l'emprunteur après remboursement du prêt et sans en constituer une condition tacite ou explicite.

Le profit doit être encouragé, car, déterminé *ex-post,* il exprime la performance de l'entreprise ; l'intérêt est prohibé – et, conséquemment, l'usure l'est aussi –, car, fixé *ex-ante,* il est établi sans référence à ladite performance. À ce titre, la pratique du prêt à intérêt n'incite pas l'offreur de fonds à s'intéresser à la finalité de l'investissement que finance son épargne. Or, le problème est que cette dernière risque d'aller à des activités produisant des biens dont la consommation est considérée illicite, autrement dit nocive, ou encore à des activités de nature spéculative, c'est-à-dire dont le risque est illicite *(haram).*

2. La solidarité

L'islam se veut une religion de la justice sociale : l'économie politique islamique, à travers la notion de *Zakilt* (aumône légale), est un système basé sur une définition précise de la solidarité sociale.

96 Jacques AUSTRUY, *L'islam face au développement économique,* Les éditions ouvrières. Paris 2006, « Économie et humanisme» in : www.financialislam.com/les-principes-de-la-finance-islamique.

Étant un des cinq piliers de la religion, la *Zakat* est la meilleure illustration de la conception musulmane de la justice sociale, même si sa motivation est essentiellement religieuse. Elle consiste à prendre une part de la richesse aux gens aisés pour la redistribuer aux plus pauvres et, dans une moindre mesure, les biens de mainmorte *(waqf)* devraient assurer une redistribution de la richesse. Sa pratique est, pour le croyant, une œuvre de purification, de miséricorde, de bonté et de clémence ; pour le bénéficiaire, elle est un don de Dieu ; et pour la collectivité, un moyen de redistribution des richesses dans l'équité. En faisant de la solidarité et de la dépendance réciproque des hommes une obligation, l'islam présente une conception particulière de la richesse et de la propriété[97].

Le Prophète (sws) a dit : « Que celui qui aimerait qu'Allah le sauve des angoisses du Jour de la Résurrection accorde un sursis à l'endetté insolvable ou annule sa dette[98] ». La dépendance mutuelle entre les musulmans est un des principaux traits de l'islam. Les membres de la société se doivent d'être solidaires. De veiller au bien-être et aux intérêts de chaque individu, de maintenir l'édifice social sur des bases correctes. Le prophète avait dit à ce propos : « Le croyant est pour le croyant comme le bâtiment qui se raffermit ».

3. L'interdiction du monopole

Il s'agit de toute opération visant à provoquer une pénurie artificielle des produits sur le marché dans le but d'en faire monter le prix. Une telle situation est interdite en islam, car considérée comme néfaste à la société. C'est la forme suprême de l'exploitation et le plus grand obstacle au libre-échange et à la parfaite concurrence.

---

97 Abderrahim LAMCHICEI « Le concept de solidarité en islam » in *La solidarité, un sentiment républicain ?* (Ouvrage collectif publié par le CURAPP sous la direction de Jacques Chevallier), PUF, 1992.
98 Hadith n° 1563 (Mouslim 3/1196)

Le Prophète (*sws*) a dit : « Celui qui monopolise est fautif » (c'est-à-dire qu'il commet un péché)99. En effet, l'islam désapprouve les bénéfices réalisés grâce à des prix artificiels que les conditions capitalistes du monopole créent, tout en préconisant le recours à des bénéfices propres obtenus par la valeur réelle d'échange de la marchandise, laquelle prend en considération l'utilité de celle-ci, le degré de sa valeur selon les facteurs naturels et objectifs – tout en excluant le rôle de la rareté artificielle provoquée par les commerçants capitalistes monopolisateurs qui manipulent l'offre et la demande.

Dans le cas du monopole, les pouvoirs publics ont le droit de contraindre celui qui monopolise une marchandise quelconque de la vendre avec un bénéfice raisonnable qui ne soit préjudiciable ni au vendeur ni à l'acheteur. Si le monopolisateur refuse d'obtempérer, ils ont également le droit d'intervenir et de vendre ces marchandises à un prix raisonnable, afin de barrer par cet acte la voie à toute personne qui serait tentée de monopoliser et d'exploiter les besoins des gens.

4. L'interdiction de la thésaurisation

C'est l'immobilisation ou le stockage de la monnaie et le détournement des fonds des activités productives qui sont prohibés. C'est un acte interdit, car la thésaurisation est assimilée à de l'épargne négative. En effet, elle empêche l'argent de circuler, freine le développement économique et éloigne la société de ses objectifs de bien-être social. Elle entrave la redistribution des richesses et confirme l'idée selon laquelle l'économie islamique doit être une économie de la dépense100. La thésaurisation est en effet considérée comme un signe de manque de confiance envers une vie postérieure à la mort, donc comme un manque absolu de foi.

---

99 Hadith n° 1605 (Mouslim, 3/1227).

100 Patrick BLIN, *Islam, éthique et capitalisme à l'heure de la globalisation financière : l'hypothèse d'une « troisième voie » islamique en débat,* thèse de l'université Lumière Lyon 2 (Institut d'études politiques de Lyon, 2012).

5. La prescription de la Zakat

L'islam prescrit un taux précis de la richesse dont la valeur est de 2,5 % appelé *zakat* que l'on prélève sur les capitaux des riches qui ont atteint le seuil imposable *(nissâb)* et ont été thésaurisés pendant un an pour les redistribuer aux pauvres. C'est un droit pour les pauvres et il est interdit de les en priver. C'est également l'un des piliers de l'islam et une obligation de tout musulman qui a les moyens de la payer.

Mais la *zakat* ne se limite pas à l'acte de générosité ou de charité. C'est plutôt un acte d'adoration par le versement de numéraires dont les règles sont détaillées dans le Coran et la *Sounna* (tradition du Prophète). Plus précisément, la *zakat* est définie par Kilani et Waziri Mato (2000 : 45) comme dîme canonique – ou aumône régulée –, due par le croyant aux plus nécessiteux de la communauté et, par extension, aux autorités qui sont censées la redistribuer : elle est calculée en fonction de règles précises et payée une fois par an. La *zakat* ou le droit des pauvres institutionnalise la justice sociale en économie islamique. Elle est exigible sur les avoirs et les rendements des musulmans capables.

L'imposition de la *zakat* sur les actifs productifs et leurs rendements incite aussi les propriétaires à exploiter leurs avoirs commerciaux pour qu'ils ne soient pas amortis par cet impôt. Dans ce cadre s'inscrit l'incitation du Prophète de l'islam (sws) aux musulmans de ne pas laisser leurs avoirs sans exploitation pour qu'ils ne soient pas amortis par la *zakat*. L'originalité de la *zakat* est qu'elle est moralement un moyen de purification des actifs productifs, socialement un outil efficace de redistribution du PNB au bénéfice des pauvres et des nécessiteux et enfin économiquement, une réinjection du surplus social dans le circuit économique[101].

---

101 O. KATTANI, « L'impact de la *zakat* sur le développement », papier présenté au séminaire *la zakat et* le *waqf* , « Aspects historiques, juridiques, institutionnels et économiques », IRTI-BID, 1997 cité par Amr Abou-Zeid, *La gestion des fonds de*

6. L'interdiction de la spoliation ainsi que de tout gain injustifié

L'économie islamique est fondée sur un système de moralité et d'éthique particulière qui englobe toutes les activités et les comportements dans la société. Ainsi, toute sorte de spoliation ou gain injustifié sont strictement condamnés. Une zone d'activités illicites est éliminée de fait du circuit économique. Dans les affaires et le commerce, il n'est pas permis, tout d'abord, de conclure une transaction qui renferme du *Gharar*. Le *Gharar* signifie toute incertitude ou flou non négligeable au niveau d'un des biens échangés et/ou qui présente en soi un caractère hasardeux et incertain102.

De la même manière, la *Sharia* interdit les transactions basées sur le *Maysir* qui désigne, dans le domaine économique, toute forme de contrat dans lequel le droit des parties contractantes dépend d'un événement aléatoire. La *Sharia* exige également que tout musulman ne puisse traiter des bien-jugés illicites ou *Haram*. En effet, il existe des exigences quant à la nature de l'activité dans laquelle un investissement demeure conforme aux impératifs moraux et religieux tels que dictés par l'islam. Ainsi, les jeux de hasard, les activités en relation avec l'alcool, avec l'élevage porcin, avec l'armement ou encore avec l'industrie cinématographique suscitant ou suggérant la débauche et les activités liées à la pornographie en particulier, constituent des secteurs d'investissement prohibés dans l'islam. On retrouve ce principe d'exclusion dans la finance éthique en faveur du développement durable et dans l'investissement socialement responsable.

Ainsi, la spoliation, le dol, le vol, la corruption, le surenchérissement, l'escroquerie, la trahison, les ventes fictives, la vente de ce qu'on ne possède pas sont tous considérés comme sources

---

fonds islamique de capital-investissement pour le développement des pays arabes, thèse de l'université de Paris Dauphine 2008-2009.

102 « Comprendre la finance islamique », publication de la Cellule de Fiqh du Centre islamique de la Réunion, avril 2008 - Édition spéciale.

illégales de richesse et sont par conséquent toutes condamnables explicitement par le Coran : « Ô les Croyants ! Que les uns d'entre vous ne mangent pas les biens des autres illégalement103. »

Le Prophète (*sws*) a dit :

« Celui qui s'approprie une partie du dû d'un homme musulman en faisant un faux serment, Allah lui impose le Feu et lui interdit le Paradis. Aussi, un homme s'écria : " Ô Messager d'Allah, et s'il s'agit de quelque chose de négligeable ?" – même si c'est un bâtonnet d'arak, répondit-il104. »

D. La notion de dette dans la conception islamique

Si le mot dette s'emploie essentiellement pour les dettes financières, le concept de dette en islam est plus général. Il signifie toute créance monétaire ou non monétaire due, qu'elle soit liée à un prêt – et dans ce cas ce prêt doit être sans intérêt conformément aux principes de la *sharia* – ou à une opération d'échange, ce qui constitue une dette vis-à-vis du créancier. La dette monétaire au sens conventionnel (liée au taux d'intérêt) n'a pas de place dans l'économie islamique ni dans toute autre économie qui choisit de traiter avec les principes de financement islamique.

Toute dette en nature doit être adossée à un contrat de vente ou de location ou de participation. Elle émane de l'économie réelle et doit lui rester attachée. Dans ce sens, l'économie islamique est une véritable économie sans dette puisqu'elle fonctionne sur la base de mécanismes autres que le taux de l'intérêt où le financement lui est rattaché. Ces mécanismes que nous présenterons plus tard se basent sur les ressources et non pas sur la dette. Ce sont des mécanismes essentiellement d'échange de produits et de richesses. Ainsi l'économie islamique est-elle une économie réelle de biens et de services qui condamne la

103 *Coran* 4/29.
104 *Hadith* n° 137 (Mouslim, 1/122).

spéculation, l'échange fictif, les transactions à découvert et toutes opérations virtuelles.

Parallèlement et en vue d'encourager le champ non lucratif et de promouvoir la solidarité sociale, l'islam exhorte à accorder des prêts à ceux qui en ont besoin afin de mettre fin à l'intérêt usuraire et à ses voies. Le Prophète (Saw) a dit : « Celui qui prête de l'argent deux fois, c'est comme s'il l'avait donné en aumône une fois105. » Et l'islam a prescrit – sans toutefois rendre cela obligatoire – d'accorder un sursis et un délai à l'endetté qui est dans la gêne, et de ne pas le presser s'il est sérieux et veut vraiment rembourser sa dette. Mais s'il retarde volontairement le remboursement, il n'est pas concerné par cette mesure. Allah dit : « À celui qui est dans la gêne, accordez un sursis jusqu'à ce qu'il soit dans l'aisance106. » Le Prophète (SS) le confirme aussi en disant : « Celui qui accorde un sursis à une personne endettée qui est dans la gêne ou annule sa dette, Allah le couvrira de son ombre107 ».

L'islam a exhorté encore plus – sans toutefois en faire une obligation – à l'annulation de la dette si le remboursement est difficile pour l'endetté, et a souligné le mérite de cette action. Allah dit : « Mais il est mieux pour vous de faire remise de la dette par charité108 ! Et le Prophète (*sws*) aussi : « Que celui qui aimerait qu'Allah le sauve des angoisses du Jour de la Résurrection accorde un sursis à l'endetté insolvable ou annule sa dette109. »

La notion de la dette, même dans son sens le plus restreint, autrement dit sans intérêt, n'est pas très souhaitée dans une économie islamique et ne constitue qu'une solution provisoire pour répondre à des besoins particuliers dans la société lorsque les autres mécanismes ne

---

105 Citation prophétique rapportée par *AL-Tirmidzi.*
106 *Coran*: 2/280.
107 *Hadith* n° 3006 (Mouslim 4/2301).
108 *Coran* : 2/280.
109 *Hadith* n° 1563 (Mouslim 3/1196).

suffisent pas. Elle demeure une charge très lourde et si encombrante pour l'endetté qu'il faut s'en libérer le plus rapidement possible. Le Prophète (*sws*) invoquait Allah de le tenir à l'écart des soucis de la dette et de sa lourdeur ainsi que de la répression des créanciers !

Il n'est pas étonnant que le Coran, en vue de limiter les conséquences néfastes de la dette (même si elle est sans intérêt), ait consacré le plus long verset au traitement de la dette. Ce verset, très important dans la jurisprudence des transactions en islam, aborde la procédure à suivre quant aux dettes, qu'elles soient financières sans intérêt, ou non financières, liées aux transactions d'achat et de vente à terme. Le Coran insiste sur la solidarité, la confiance mutuelle, la moralité, mais en même temps recommande des modalités fermes pour renforcer les droits des uns et des autres, en particulier l'importance de l'enregistrement et des contrats qui doivent comporter des termes clairs et nets, en l'occurrence les montants et les échéances de remboursement110.

Quant à la dette avec intérêt, ce n'est pas qu'elle soit totalement écartée du circuit économique, mais elle est considérée comme source principale d'esclavage des individus et d'asservissement des peuples. Le 2ème calife de l'islam (Omar ibn Alkhattab) l'a très tôt annoncé « Depuis quand faites-vous les hommes esclaves alors que Dieu les a faits libres ? ».

E. Comment passer d'une économie basée sur la dette à une économie basée sur les ressources ?

L'usure prohibée par la Bible ou le *Riba* interdit par le Coran concerne l'argent réellement prêté. Les intérêts bancaires d'aujourd'hui sont pires que l'usure ou le *Riba* puisqu'ils sont basés sur une fraude économique qui permet aux banques – par un simple jeu d'écritures – de se rémunérer sur un argent dont elles ne disposent même pas. À l'heure où le système financier international menace de se désintégrer

---

110 *Coran* : 2/282.

sur fond de guerre des monnaies, les gouvernements impuissants face à l'élite financière jouent la fuite en avant en créant toujours plus de dettes pour maintenir le système dans un état de coma artificiel.

Pourtant, la finance islamique dispose des instruments pour bâtir un système financier durable à même d'assurer un avenir sans dettes aux générations futures. Directement inspirées des principes déjà évoqués, les cinq mesures suivantes permettraient de passer d'un système économique prédateur basé sur l'accaparement, l'argent-dette, à un système créateur de valeur basé sur les ressources où la richesse circulera avec fluidité[111] :

A- La mesure préalable – qu'on pourrait qualifier de mesure de salut public – consiste à annuler les intérêts restants sur tous les prêts dus aux banques par les particuliers, par les entreprises et par les États. Comme ce fut le cas lorsque l'islam interdit le *Riba,* seul le principal des prêts existants devra être honoré. Il est en effet mathématiquement impossible de rembourser tous les intérêts bancaires : le système se maintient uniquement par la fuite en avant, quitte à asservir les individus et les États par toujours plus de dettes.

B - La deuxième mesure fondatrice est le rétablissement du monopole de la création de l'argent par l'État et non plus par les banques. Cette dé-bancarisation de la création monétaire libérera l'économie du piège de la dette sans fin.

C - La troisième mesure consiste à rétablir la convertibilité de la monnaie en or et en argent (équivalent au système monétaire islamique bimétallique) ou toute sorte de richesse tangible équivalente. La monnaie doit rester un moyen de l'échange et non pas un objet de l'échange. La masse monétaire dans l'économie doit refléter la masse des richesses produites par les agents économiques.

111 Source : RIBH, le Journal de la Finance islamique

D - La quatrième mesure porte sur l'interdiction faite aux banques de s'engager dans des investissements purement spéculatifs (principe d'interdiction du *gharar* et du *maysir).* Autrement dit, il faut revenir au rôle primordial de la banque en tant qu'intermédiaire financier dans l'investissement et la production et non pas un spéculateur ou un usurier.

E - La cinquième mesure consiste à réorienter les banques vers le financement des activités productives et commerciales, dans la limite des capitaux dont elles disposent réellement (principe d'adossement des financements à des actifs tangibles et à l'économie réelle). Les ventes à découvert, les marchés à terme, les *swaps* et tous les produits dérivés doivent être interdits et sanctionnés112.

Ces mesures permettront un développement durable et maîtrisé. Elles ne posent pas de difficulté technique particulière de mise en œuvre : le problème réside entièrement dans le rapport de force entre le pouvoir financier et le pouvoir politique. Les puissants acteurs de la finance mondiale feront tout pour empêcher une telle réforme. Seule une mobilisation efficace des citoyens peut obliger les politiques à remettre l'individu au cœur du système financier.

F. Les techniques de financement islamique

Le système financier islamique (SFI) comporte une variété de techniques de financement allant des microprojets jusqu'aux mégaprojets. À chaque type de projet correspond une technique ou un produit spécifique lié à un contrat financier bien défini différent des autres.

Deux particularités fondamentales de ces techniques sont à distinguer. La première consiste à offrir un financement sans dette lié à un bien tangible, présent sur la scène de l'échange ou absent, mais bien

---

112 Source précédente.

décrit selon des spécifications déterminées et convenues entre les deux parties du contrat. La seconde est liée au type de contrat sur lequel sont fondés chaque produit et chaque technique. Ainsi, à l'inverse de la finance conventionnelle qui est focalisée sur un seul type de contrat, à savoir le contrat de prêt à intérêt qui gère tous les produits, la finance islamique se base sur une multitude de contrats différents les uns des autres et qui traitent chaque opération de financement à part, même si un contrat bien déterminé peut être utilisé à plusieurs niveaux (microfinance, financement classique, *sukuks* pour les grands projets).

1. Les techniques de microfinance islamique

La microfinance islamique est un nouveau secteur de la finance islamique, où les institutions financières (banques islamiques, institutions de microfinance islamique..) fournissent un financement aux personnes exclues du système bancaire. Cette perspective de la microfinance s'inscrit complètement dans la morale de l'économie islamique. Le concept de la microfinance islamique est de se conformer aux principes de l'islam et d'être impliqué dans des projets *halal* (autorisé par la *Sharia)*. Les projets doivent être caritatifs ou contribuer au développement de l'économie d'un pays. Les principales techniques pratiquées sont les suivantes :

- La vente de services de microfinance islamique – *Mourabaha* –est le contrat conforme à la sharia le plus couramment utilisée pour financer des biens constituant le fonds de roulement. Lorsque le client demande un produit spécifique, le bailleur de fonds l'acquiert directement sur le marché et le lui revend après avoir appliqué une marge fixe en rémunération du service fourni.

- *Qard al hassan* est un prêt sans intérêts utilisé pour combler les déficits de financement à court terme. Le montant du principal du prêt est remboursé par l'emprunteur sans intérêt, marge ou participation à l'activité économique à financer. *Qard al hassan*, qui est conçu pour les gens dans le besoin, est le seul type de prêt sans intérêts qui existe dans la finance islamique.

- Les contrats de partage des bénéfices et des risques les plus encouragés par la finance islamique sont la *musharaka* et le *moudharaba. La musharaka* décrit la participation au capital d'une entreprise. Les parties se partagent les bénéfices ou les pertes selon un pourcentage préétabli. Ce type de financement peut être utilisé pour les actifs ou le fonds de roulement. La *moudharaba* est un instrument de financement fiduciaire où une partie tient le rôle de bailleur de fonds et l'autre apporte une expertise en gestion dans l'exécution du projet.

- Le *Salam* est une avance de paiement contre une livraison future. Elle est souvent utilisée dans les contextes agricoles, permettant aux agriculteurs de financer leur production en échange d'une prestation future des cultures. Pour que l'opération soit respectueuse de la *sharia*, la quantité, la qualité des biens futurs et la date de livraison effective doivent être explicitement stipulées.

- L'*istisn'a'a* est un contrat de change entre un vendeur et un acheteur. Les vendeurs peuvent soit fabriquer les produits eux-mêmes, soit les acheter auprès d'un tiers. Le client final peut payer le prix de vente soit en une seule fois à la signature du contrat, soit ultérieurement à d'autres stades du procédé de fabrication.

- L'*Ijara ou micro-leasing* **:** l'IMFI (Institution de microfinance islamique) permet à son client d'utiliser un actif qui lui appartient. Les risques restent au sein de l'IMFI, contrairement à un *leasing* conventionnel (tous les dommages causés par voie non volontaire ou force majeure du client sont pris en charge par l'IMFI, pour éviter que le *leasing* ne puisse être considéré comme une vente camouflée avec intérêt). Les flux de trésorerie sont ajustés de façon à ce que les coûts et les risques de l'IMFI soient couverts. Les modalités du leasing sont déterminées à l'avance pour éviter toute spéculation.

- Le *Takaful* : le Takaful est une assurance mutuelle. Chaque personne participe à un fond qui est utilisé pour aider le groupe en cas de besoin, par exemple : décès, pertes agricoles, accidents, etc. Les primes payées sont réinvesties pour éviter le mécanisme d'intérêts.

2. Les techniques de financement bancaire

Pour les projets de taille moyenne de taille classique, leur financement sera l'objet des banques islamiques. Plusieurs produits sont utilisés dans ce sens. Tout d'abord des produits de financement pur comme la *Mourabaha* (vente avec marge), le *Salam* (vente à livrer destinée à financer le cycle de production des PME/PMI), l'*Istisn'a* ou contrat de fabrication ou de traitance destiné au secteur notamment industriel, l'*Ijar*a ou *leasing* islamique qui sert à financer tous les actifs objet d'une location-vente. Parallèlement, d'autres produits sont destinés à l'investissement, tels que la *Moudharaba* dégressive (participation dégressive), la *Moudharaba* (association travail/capital), la *Muzara'a* (contrat de société de culture agricole), la *Mugharassa* (société de plantation d'arbres), la *Mousaqaat* (société d'irrigation agricole). Tous ces produits sont régis par des contrats spécifiques et sont tenus de respecter des normes shariatiques conçues pour ce but.

3. Les techniques de financement des mégaprojets : les *Sukuk*

Les *Sukuk* (obligations islamiques) sont des instruments obligataires ou titres d'investissement adossés à des actifs tangibles et réels (biens et services). Ce qui fait que les rendements des actifs ou de l'entreprise permettront de rémunérer l'investisseur. Ils font partie des produits financiers dont la structure et l'utilisation sont conformes aux principes de la *Shari'a*, notamment l'interdiction de l'intérêt *(Riba)* et l'interdiction de spéculation *(Gharar)*. Il est à noter que l'échéance de ces titres est fixée à l'avance.

Il existe plusieurs types de *Sukuks*, mais les plus courants sont *Mara,* l'*Istisn'a,* le *Salam,* la *Moudharaba,* la *Mourabaha, Moudharaba* ou encore le Manfa'a. Les *Sukuks* étant par nature adossés à des actifs sont en mesure de financer le développement des infrastructures, et de nombreux pays islamiques ou arabes envisagent de financer leurs projets par l'émission de *Sukuks*. Les *sukuks ne* sont pas, comme les obligations conventionnelles, fondés sur une émission de dette. L'investisseur finance un actif tangible qui va fournir un revenu stable pendant une certaine période.

Les fonds recueillis auprès des investisseurs sont transférés vers une société dédiée, appelée SPV *(Special Purpose Vehicle)*, qui va se charger de réaliser les investissements et de recueillir les revenus de ces placements pour les transférer ensuite aux investisseurs. Les principaux pays émetteurs de *Sukuks* sont la Malaisie, le Bahreïn, le Qatar, les Émirats Arabes Unis, l'Arabie Saoudite et le Pakistan. En matière de risques et compte tenu des différentes parties prenantes, les risques notamment de crédit peuvent être multiples et n'excluent pas un défaut de la part de l'émetteur, de la banque ou de l'entrepreneur, voire le bénéficiaire final de ce type de transactions113.

En 2006, le Royaume-Uni a été le premier pays occidental à lancer un projet de création de *sukuk*. Cette initiative a été particulièrement bien accueillie par les milieux financiers londoniens. En effet, de grandes banques anglaises ont consacré des branches entières de leurs activités à la finance islamique afin de profiter de ressources financières inexploitées au sein des pays musulmans. Le Royaume-Uni fut également le premier pays à créer un marché secondaire des *sukuks* (marché de revente des titres achetés). Il fut aussi le premier pays occidental à accueillir une banque islamique en 2004 : *The Islamic Bank of Britain* et il reste en 2011 le seul pays occidental à avoir franchi cette étape.

Ce positionnement de Londres au sein de la finance islamique relève d'une tradition bien ancrée d'ouverture et d'innovation financière. Les *sukuks* présentent également un intérêt stratégique

113 Consulter : www.finance-islamic.com/les_sulcuks_024.htm

colossal en termes de liquidités : de nombreux musulmans pieux hésitent à épargner ou à investir en raison des contradictions entre le système financier fondé sur l'intérêt et les prédications du Coran. Les banques islamiques leur proposent ainsi des produits correspondant à leurs attentes. En pleine crise européenne de la dette, Farmida Bi, de Norton Rose, l'explique ainsi : « Cela aiderait sûrement le marché du Royaume-Uni si le gouvernement se décidait à aller de l'avant quant à un *sukuks* anglais. Cela pourrait galvaniser le marché. »

Néanmoins, le gouvernement anglais a décidé en 2011 de suspendre la création d'un *sukuk* anglais, en raison avant tout des turbulences agitant les places financières européennes. Le Royaume-Uni craignait qu'en période d'instabilité macroéconomique, l'accueil réservé à ce nouveau produit financier ne réponde pas aux attentes des investisseurs. Une peur que la plupart des financiers de la *City* estiment irraisonnée, voyant plutôt une occasion de lever des fonds à des taux plus faibles :

> « Je pense que le gouvernement a fait une erreur en ne maintenant pas son idée de bond islamique. Ils s'inquiètent du prix et de la demande, mais le marché anglais est un refuge. Nous sommes confiants en une forte demande pour ce produit à la fois parce qu'il est islamique et parce que libellé en livre sterling, ce que les investisseurs recherchent alors qu'il y a tant de problèmes dans la zone euro », explique un banquier d'une grande institution de la *City*.

Le Royaume-Uni se dessine donc comme le prochain nœud de la finance islamique en Occident, investissant un marché financier encore peu développé et trouvant une alternative à la saturation des produits financiers conventionnels. Les autres pays européens n'ont pas encore investi ce marché de façon significative. Si l'Allemagne possède des banques ayant développé des « fenêtres » *(windows)* islamiques en proposant des services conformes au Coran, et ce, notamment, au Pakistan, aucune banque islamique n'a encore été créée ni l'idée d'un *sukuk* effleurée. Ceci explique pourquoi pour de nombreux investisseurs, la création d'un *sukuk* anglais serait le préalable à un véritable développement de la finance islamique114.

a. Les principales différences entre les *sukuks* islamiques et les obligations conventionnelles

- Les actifs sous-jacents titrisés dans une émission de *sukuks* doivent être licites au regard de la *Sharia* alors que l'obligation peut être émise pour financer presque n'importe quel type d'activité tant qu'elle est légale dans sa juridiction.

- Les détenteurs de titres *sukuks* sont liés aux dépenses et aux risques relatifs aux actifs sous-jacents tandis que les détenteurs d'obligations ne sont pas concernés par les dépenses et les risques sur les actifs sous-jacents de l'émetteur.

- Dans les *sukuks,* on ne retrouve pas de relation classique « créancier/débiteur », mais les porteurs de *sukuks* s'exposent aux risques liés aux actifs titrisés alors que dans une obligation, la relation entre l'émetteur et le souscripteur est quasi identique à celle d'un créancier et d'un débiteur (prêt d'argent) dans laquelle il y a versement d'intérêts *(Riba).*

- Dans un schéma, *Sukuk,* ni le capital, ni le rendement ne peuvent être garantis contractuellement alors que dans un schéma conventionnel, le capital et le rendement sont contractuellement garantis.

- Les *sukuks* représentent des participations dans des actifs existants et/ou bien définis tandis que les obligations représentent des dettes pures dues par l'émetteur.

---

114 Consulter : http://fr.wikipedia.org/wild/Sukuk

- La vente d'un *sukuk* représente en général la vente d'une part d'un actif alors que la vente d'une obligation est essentiellement la vente d'une dette. C'est un titre de créance représentatif d'un emprunt.

b. Exemples de secteurs et de projets qui peuvent être financés par les *sukuks*

Si les télécoms, l'immobilier et le tourisme demeurent les secteurs les plus attractifs, d'autres secteurs comme l'agriculture, la pêche et l'énergie verte représentent aussi des opportunités très prometteuses pour l'avenir. Un tel développement requiert de lourds investissements qui ne pourront être supportés par les seules banques ou fonds d'investissement. Des moyens de financement alternatifs, en l'occurrence les instruments de la finance islamique, apparaissent donc comme de bons compléments pour répondre aux besoins de tous ces projets de développement.

Les secteurs suivants ont été sélectionnés uniquement dans l'objectif d'illustrer certaines applications possibles du financement via les *sukuks :*
- l'immobilier ;
- l'industrie ;
- le secteur agricole ;
- les énergies renouvelables ;
- la pêche ;
- les infrastructures.

G. Le secteur non lucratif en économie islamique

L'économie islamique est une économie qui se base sur deux grands axes ou secteurs parallèles : le secteur lucratif et le secteur non lucratif. Le décollage économique d'un pays ne peut être réalisé que sur la base de ces deux secteurs ensemble. Si le secteur lucratif est souvent prédominant dans toutes les économies modernes, les grands déficits et déséquilibres économiques et financiers sont généralement dus à l'absence du secteur non lucratif ou sa marginalisation. Tout au long de l'histoire et de la civilisation islamique, le secteur non lucratif a joué un rôle prépondérant dans l'essor économique et social des sociétés musulmanes.

Ce secteur englobe des fonds importants qui soutiennent l'économie et renforcent la solidarité sociale. Les principaux fonds sont :

1. Le Takaful

Le *Takaful* est un concept islamique d'assurance, basé sur les normes et règles de la Sharia. Il provient du verbe arabe *Kafala*, qui signifie « se garantir l'un l'autre » ou « garantie conjointe ». En principe, le système de *Takaful* est basé sur la coopération mutuelle, la responsabilité, l'assurance, la protection et l'assistance entre des groupes ou des participants.

Tout comme une mutuelle d'assurance, une compagnie *takaful* permet de mutualiser les risques et de répartir les pertes éventuelles entre l'ensemble des assurés. Ceux-ci sont à la fois assureurs – « propriétaires » des fonds gérés par la compagnie – et assurés – bénéficiaires en cas de sinistre.

Les souscripteurs des contrats *takaful* apportent les fonds nécessaires à la couverture des risques futurs, et bénéficient en fin d'exercice comptable de dividendes sur les opérations exclusives d'assurance (le taux à distribuer est déterminé par un conseil d'administration). En revanche, ils sont également tenus à recapitaliser en cas de résultats négatifs. Ils sont donc, de fait, les propriétaires des fonds collectés, la compagnie *takaful* jouant le rôle de gestionnaire et se rémunérant par le biais de commissions.

Et afin d'éliminer le caractère incertain *(Gharar)* associé aux contrats d'assurance conventionnelle, les contrats *takaful* ne spécifient pas un bénéfice monétaire prédéterminé. De plus, en tant qu'institution financière islamique, une compagnie *takaful* doit se conformer aux préceptes de la Sharia dans la gestion de ses investissements. Dans l'allocation d'actifs des portefeuilles d'investissements d'une compagnie *takaful,* les actions représentent plus de la moitié du portefeuille, le solde étant placé dans des produits plus liquides.

2. Le Waqf

Le *Waqf* – qui signifie étymologiquement « emprisonnement d'un bien légué dans le but de l'exploiter à des fins autres que son propre usage » – est l'immobilisation d'un bien pour le faire fructifier et en donner le bénéfice aux pauvres. Il est considéré comme étant une *sadaqa* ou une aumône permanente dont les récompenses, l'utilité et les effets qui en découlent augmentent durant la vie du donateur et continuent après sa mort, ses bénéfices étant distribués chaque année (fonds de roulement). C'est une donation perpétuelle d'utilité publique.

Le *Waqf* consiste ainsi à faire don d'une propriété de manière définitive et incessible – et donc à l'« immobiliser » – afin de consacrer les revenus qui en sont issus à une cause choisie par le donateur. En d'autres termes, lorsqu'une personne cède son bien sous forme de *waqf,* elle en perd la propriété et ne peut ni le reprendre ni le céder : la propriété du bien demeure figée à jamais et inaliénable.

Tout au long de l'histoire de la nation musulmane, cette pratique a été entreprise en conservant la partie investie tout en affectant les bénéfices et les produits des rentes aux causes nobles. Ceci devint une grande ressource pour les causes charitables au sein de la communauté musulmane. L'histoire témoigne de l'importance du *Waqf* dans l'édification des mosquées et des institutions scientifiques ainsi que la prise en charge de l'hébergement des étudiants et les salaires des professeurs.

3. La Zakat

Le terme *Zakat*, souvent traduit en français par « aumône légale », signifie littéralement « purification ». Il désigne l'aumône obligatoire que chaque musulman verse en vertu des règles de solidarité au sein de la communauté musulmane. L'institution de la *Zakat* est devenue un noyau dur du système financier en islam. Plus qu'une institution à portée sociale, la *Zakat* peut être perçue comme un instrument de la politique économique de l'État islamique. En effet, elle assure les trois missions suivantes : elle permet de combattre la pauvreté tout en renforçant la couche moyenne ; elle constitue une assurance ; elle permet la lutte contre la thésaurisation et encourage l'investissement ainsi que la consommation.

La *zakat* assure les fonctions d'un système financier en encourageant la consommation et l'investissement, en étant un système d'assurance général et non sélectif et en permettant un transfert des richesses. Pour combattre la thésaurisation, l'islam a imposé la *zakat* en tant que taxe sur les capitaux immobilisés. À cet effet, tout individu est tenu d'adopter l'un des comportements suivants :

- investir ses capitaux inutilisés dans des projets productifs, afin de lui permettre de générer un rendement suffisant pour payer la *Zakat* et accroître sa richesse ;

- consommer en dépensant ses capitaux, ce qui lui évite alors de payer la *zakat ;*

- accepter de payer la *Zakat* en gardant ses capitaux inutilisés.

La *Zakat* est donc un « catalyseur » de l'investissement et de la consommation ayant pour vocation de relancer l'activité économique :

- relancer l'investissement permet de relancer la production, l'emploi et la consommation ;

- relancer la consommation permet d'accélérer la vitesse de circulation de la monnaie et d'encourager l'investissement, la production et l'emploi.

De plus, le transfert de richesses entre les classes aisées et les pauvres entraîne la création d'un pouvoir d'achat supplémentaire qui renforce les revenus des nécessiteux et par conséquent la consommation, la production et l'investissement.

4. Le qardh hasan

C'est le prêt sans intérêt souvent utilisé pour appuyer les secteurs en difficulté, innovante ou naissante. Une forme de prêt licite signifiant littéralement « prêt à titre gracieux », car le prêt en droit musulman est en quelque sorte dérogatoire et doit avoir des justifications d'ordre moral, de sorte qu'il doit être concédé à titre gratuit.

Dans les banques islamiques, cette pratique constitue un instrument servant à accorder des prêts à petite échelle aux personnes en difficulté économique passagère. C'est donc une technique de microcrédit destinée avant tout à la frange défavorisée de la population et aux personnes non bancarisées, ainsi qu'à d'autres particuliers connaissant des difficultés financières passagères, telles que des étudiants, ou encore à des individus ayant besoin d'argent à court terme pour un évènement particulier (mariage, circoncision, etc.).

L'intérêt pour la banque d'accorder ces prêts à titre gracieux n'est certes pas l'argent, mais cette activité lui assure une bonne opinion générale et lui octroie le label de banque islamique. L'établissement peut également promettre des *qard hassan* en complément d'un ou plusieurs contrats de financement qui seront, eux, à titre onéreux pour attirer de nouveaux clients, ou encore pour fidéliser un bon client qui a des besoins de financement à court terme et dont elle sait qu'il est solvable115.

5. La Nafaqa

La Nafaqa, qui se définit comme les dépenses nécessaires que l'homme doit donner à son épouse pour son bien-être, a une position particulière dans l'islam qui la différencie de tout ce que l'on peut trouver dans un monde non islamique.

Avant tout une question se pose : le *Nafaqa ne* prend sa valeur que dans un système où la femme serait assujettie à l'homme, et n'aurait pas d'indépendance économique et financière, alors comment se fait-il que l'islam qui octroie cette indépendance et interdit cette domination de l'homme oblige l'homme à donner la *Nafaqa ?*

Une obligation principalement à la charge du père, la *Nafaqa* des enfants, incombe d'abord au père, qui est tenu de subvenir aux besoins de ses enfants en bas âge ou qui sont dans l'impossibilité de gagner leur vie.

---

115 Voir Melka AMRI, *Les spécificités des contrats de financement dans les banques islamiques,* Université Toulouse 1, Master 2, droit international et comparé 2009.

Conclusion : les principes de l'économie islamique sont une piste d'alternative à la crise de la dette :

En termes de conclusion, il est peut-être intéressant de s'interroger sur les modalités pratiques du passage d'une économie basée sur la dette vers une économie basée sur les ressources, autrement dit une économie réelle proprement dite. Les obstacles ne sont pas évidents surtout lorsqu'il s'agit de confronter non pas une problématique financière ou économique, mais plutôt une problématique globale multidimensionnelle et notamment politique et culturelle. La présence de conflits d'intérêt, de groupes, de nations, voire de civilisations, n'est pas simple à gérer. Les « profiteurs » de telle situation ne vont pas facilement céder et accepter de partager le « gâteau » avec les autres couches sociales et professionnelles.

Le message universel de l'islam est d'abandonner toute injustice dans le système d'échange et de respecter des règles équitables et d'équilibre conformément à la règle d'or basée sur la notion de partage des pertes et des profits, et son corollaire le partage du risque et non pas le transfert de risque. Ces principes tout simplement de bon sens et de bonne logique trouveront-ils un jour un écho favorable auprès des esprits sages et lucides des gens qui décident du sort de l'humanité et qui aspirent à se débarrasser un jour de cette situation de crise structurelle ?

Les sages du monde occidental, qui est aujourd'hui le premier front de la crise, ont un rôle considérable à jouer. Ils ont un devoir de hausser le ton et de tirer davantage les sonnettes d'alarme pour que cette bulle financière virtuelle cesse et que l'économie réelle – la source unique de toute richesse – s'installe. II faut multiplier les colloques, les congrès, les séminaires sur les modalités opérationnelles de ce passage inévitable qui reste le seul espoir de retour à la raison. Les principes économiques de l'islam sont une brèche vers cette porte de sortie de la crise.

Chapitre 4

Le principe de la justice en islam : un impératif économique et social majeur

Résumé :

L'objectif de cette contribution est d'apporter un éclairage suffisant non seulement sur la conception islamique de la justice notamment dans ses registres économiques et social, mais aussi sur les mécanismes et outils institutionnels qui doivent relater la mise en application de ce principe universel et sa projection vers une société plus juste.

Après une discussion conceptuelle et philosophique à travers les sources de l'islam et l'apport de ses érudits émérites, l'accent sera mis sur les fondements islamiques de la justice ainsi que de ses dimensions sociales et économiques. Une illustration pratique de la justice sera mise en relief pour décharger ce concept de son caractère théorique largement dominant.

A- Introduction : Qu'est-ce que la justice ? : Problématique d'un concept.

La justice est un concept équivoque qui présente une triple problématique : d'une part, depuis le début de la vie humaine et à travers toute l'histoire, quel que soit les sociétés, les civilisations, les expériences et sauf quelques exceptions rares, il demeure un principe qui se rattache beaucoup plus à l'idéal, l'ambition, voire même l'utopie plus que le vécu, la pratique et la réalité.

D'autre part, c'est un concept qui nécessite toujours une certaine normalisation en vue de pouvoir le mesurer et évaluer ses retombées dans la pratique notamment quand il s'agit de ses aspects économiques et sociaux qui doivent en principe être quantifiables.

Enfin, c'est un concept en quelque sorte polémique, car il est source de conflit et de rivalité entre les civilisations, les religions ainsi que toutes les idéologies, les théories et les systèmes socio-économiques qu'a connus l'humanité à travers toute son histoire.

De ce fait, on peut toujours parler de la justice, étudier ses prérogatives, ses avantages, ses conditions, les chances qu'elle peut procurer à l'être humain en général, sans pour autant cerner son contenu, ses bornes, ni définir les moyens et les recettes de son accomplissement.

La problématique de la justice est liée aussi, d'un point de vue épistémologique, à la manière de l'aborder et la méthode la plus adéquate et pertinente de l'approcher. Faut-il combattre, d'abord l'injustice pour aboutir à la justice ? Ou plutôt mettre en œuvre les mécanismes, les institutions, les lois qui conduisent à sa réalisation à travers lesquels les formes de l'injustice peuvent être réduites ou éliminées ?

La justice est dans tous les cas, un principe philosophique, juridique et moral fondamental en vertu duquel les actions humaines doivent être sanctionnées ou récompensées en fonction de leur mérite au regard du droit, de la morale, de la vertu ou autres sources prescriptives de comportements. Quoique la justice soit un principe à des éclairages qu'elle a reçus, demeure toujours aussi problématique, [116]car elle touche à de nombreux registres tels que le droit, la morale, la religion, l'économie, le social, etc.et possède à la fois plusieurs facettes (justice sociale, économique, légale, commutative, distributive, corrective, etc.)

Sous l'influence de la théorie de la justice de J. Rawls[117], la notion de justice a été réduite à cette seule dimension sociale. D'une portée universelle, le juste apparaisse pouvoir varier en fonction de facteurs culturels. La justice est un idéal souvent jugé fondamentalement pour la vie sociale et la civilisation.[118]

La réflexion autour de ces questions d'ordre conceptuel et méthodique n'a cessé de solliciter les efforts des philosophes, des théologiens, des juristes, ainsi que des économistes, des historiens et des sociologues. Dans les religions monothéistes, la justice constitue une valeur cardinale dans le rapport de l'homme envers son créateur, envers lui-même et les humains. Le monothéisme (*tawhîd*) marque le point culminant de la justice et, inversement, le polythéisme (*chirk*) celui de l'injustice[119] .

---

[116] Simone Goyard-Fabre : La justice : Une problématique embarrassée ;Philopsis : Revue numérique : www.philopsis.fr

[117] John Rawls est un philosophe américain né en 1921 à Baltimore et mort en 2002 à Lexington. Rawls est l'un des philosophes politiques les plus étudiés du XXe siècle. Professeur dans les universités de Princeton, Oxford, Cornel et Harvard jusqu'en 1995, il a été rendu célèbre par son œuvre majeure, à laquelle il travaillait depuis les années 1960 et qui parut sous le titre *A Theory of Justice* (*Théorie de la justice*) en 1971

[118] Wikipedia.org/wiki/Justice

[119] Abderrazak Belabes : Le discours sur la justice dans la pensée économique musulmane : Communication présentée aux Journées de l'Association Charles Gide « Justice et économie : doctrines anciennes et nouvelles théories», avec la participation du professeur Amartya Sen, Prix Nobel 1998, 16 et 17 juin 2011, Université Toulouse 1 Capitole.

Et pourtant, la notion de justice, malgré les multiples parts de la justice est le respect de la loi et, le cas échéant, la punition de celui qui y contrevient, et d'autre part, elle est une certaine forme d'égalité dans la répartition des biens (justice distributive).

La justice sociale est ainsi une construction morale et politique qui vise à l'égalité des droits et à la solidarité collective. C'est essentiellement une projection vers une société plus juste, en admettant qu'il y ait toujours des injustices.

Elle est essentiellement fondée sur l'égalité des droits pour tous et la possibilité pour tous les êtres humains sans discrimination de bénéficier du progrès économique et social partout dans le monde.

Promouvoir la justice sociale ne consiste pas simplement à augmenter les revenus et à créer des emplois. C'est aussi une question de droits, de dignité et de liberté d'expression pour les travailleurs et les travailleuses, ainsi que d'autonomie économique, sociale et politique[120]. La justice sociale peut aussi se définir de manière négative : est injuste ce qui n'est pas acceptable socialement.

Mais la justice sociale est aussi une notion qui évolue dans le temps, ce qui est juste socialement peut devenir injuste si le contexte change[121].

Rawls écrit qu'une société est juste si elle respecte trois principes, dans l'ordre : 1) garantie des libertés de base égales pour tous ; 2) égalité des chances ; 3) maintien des seules inégalités qui profitent aux plus défavorisés.[122] Cependant, il existe une distinction fondamentale entre les deux principales dimensions de la justice sociale : équité et égalité. Les deux conceptions dominent : la première

---

[120] www.ilo.org/public/french/standards/relm/ilc/ilc91/pdf/rep-i-a.pdf)

[121] Wikipedia.org/wiki/Justice sociale

[122] J. Rawls : Théorie de la justice (1971), trad. par Catherine Audard, Paris, Seuil, 1987.

axée sur la recherche de l'égalité d'accès à la solidarité collective suppose que tous soient traités de façon semblable, c'est donc une conception universaliste ; la seconde axée sur la recherche de l'équité suppose un accès conditionnel sur la base de caractéristiques individuelles ou collectives, c'est donc une conception différentialiste.

L'équité ne s'oppose pas à l'égalité comme principe, mais à certaines formes de sa mise en œuvre. La notion de justice n'a pas toujours été associée à l'égalité, en particulier dans les sociétés traditionnelles. Il faudra attendre les philosophes pour dépasser l'idée que par principe les hommes ne sont pas égaux. Mais ce n'est qu'avec la théorie de Rawls que cette distinction entre les deux notions a pris un sens social et économique. Pour lui, l'inégalité de la répartition des richesses peut être compatible avec la justice sociale, car il est juste que celui qui travaille plus gagne plus...

B- Justice et religion :

La recherche de la justice est une finalité suprême de toute religion. C'est le pivot de toutes les croyances morales et la solution que propose chaque religion au problème éternel de l'humanité à savoir le conflit entre le « Bien » et le « Mal ». L'essence même de la religion se réduit à la manière qu'elle utilise pour aborder la question de la justice. Dans cet esprit, la Bible affirme que la misère n'est pas éternelle et ne doit pas être transmise de génération en génération. En effet, tous les êtres humains aspirent à plus de justice. Celle-ci concerne la requête majeure de la poursuite du bien commun et veut donner l'assurance de la dignité de la personne humaine,

Dans la Bible et la Tradition des Pères de l'Eglise la justice renvoie d'abord à la justesse de la relation entre Dieu et l'homme indissociable de la relation de l'homme à son frère humain. L'enseignement social de l'Eglise a forgé quelques concepts et repères pour situer l'activité économique des hommes dans « l'Economie » du projet de Dieu.[123]

La doctrine sociale de l'église est fondée donc sur les principes de la dignité humaine, du bien commun, de la solidarité et de la subsidiarité ainsi que les vertus de charité sociale et de justice sociale. Ces principes font partie intégrante de la foi catholique et ils sont strictement liés au sujet de la redistribution. Cette doctrine distingue aussi entre justice naturelle et surnaturelle, justice générale (sociale) et particulière, mais aussi entre justice commutative et distributive. La justice commutative règle les rapports de particulier à particulier, tandis que la justice distributive règle les rapports entre la société et ses membres[124].

Dans l'Ancien Testament, la religion juive, insiste sur le principe de la justice et considère que Dieu aime la justice et l'équité. Il a établi son trône sur la justice. L'être humain pour vivre droit, il doit être juste de façon assez constante avec les autres.

La justice (en hébreu Tsedeka) constitue la pierre angulaire constante du judaïsme. Le « Tsedek » doit réaliser une société de justes, c'est-à-dire une société dans laquelle l'homme ne dépouille pas ou n'opprime pas son prochain[125]. Le monde est formé de justes et de méchants. Il faut défendre les premiers contre les entreprises des seconds. C'est un comportement humain aussi éloigné de l'égoïsme individualiste stérile que du pouvoir oppresseur. L'action sociale et la justice sociale sont un pilier prophétique central des croyances et pratiques traditionnelles juives. La charité complète la justice. Il ne suffit pas d'être juste, il faut encore juger avec bonté, et au besoin,

---

123 Christophe Roucou : Une économie juste : est-ce possible ? Quelles conditions ? Un point de vue catholique ; dans : Conférence internationale "Ethique et religions pour une économie juste" 23-24 janvier 2014 Fondation Singer-Polignac, Paris

124 www.quicumque.com/article-la-vertu-de-justice-coeur-de-la-doctrine-sociale-de-l-eglise-97446214.html.

125 A ce titre il est fort de constater le décalage important entre les sources initiales du judaïsme et les pratiques contemporaines de certains de ses adeptes

abandonner quelque chose de nos droits. La justice consiste à reconnaitre à chacun ce qui lui revient[126].

En judaïsme, comme déjà dans le christianisme et l'islam, la dignité de l'homme créature de Dieu implique son attention à l'éthique, c'est-à-dire à la science des justes comportements. Les religions apparaissent ici comme des sagesses pratiques. La valeur par excellence est la valeur de vie, la vie des êtres humains et de tous les êtres vivants du monde créé par Dieu[127].

Dans les autres croyances notamment orientales, le principe de la justice sociale est une obligation morale et un principe fondateur.

Dans le bouddhisme, la croyance dans les vies futures ne justifie pas qu'on accepte avec suffisance l'injustice sociale. La loi du karma (qui signifie acte : un principe central du bouddhisme) montre qu'il ne faut pas fermer les yeux sur l'oppression. Le souhait d'atteindre le nirvana (déconnexion totale du monde réel) suppose de ne pas ignorer les maux de ce monde et de ne rechercher que la béatitude de la libération.

Les adeptes de cette croyance considèrent le Buddha comme étant historiquement le premier grand maître en matière de justice sociale. En effet, non seulement il s'est attaqué aux préjugés sociaux et raciaux de castes, mais il a également permis la création du premier ordre connu de moniales (religieuse ou bonne sœur).

Dans les enseignements du Buddha, les devoirs priment sur les droits, non pas que ces derniers aient moins d'importance intrinsèque

---

[126] Voir par exemple : La justice sociale dans les textes du judaïsme : Michael Wygoda. Pardès 2013

[127] Dominique De Courcelles : Conférence internationale "Ethique et religions pour une économie juste" 23-24 janvier 2014 Fondation Singer-Polignac, Paris

que les premiers, mais simplement parce que les droits découlent du respect et de l'accomplissement des devoirs[128].

Selon la croyance du confusionnisme, l'équité ou la justice doit être le guide indispensable pour ceux qui veulent arriver à la sagesse.

Les vertus principales, l'humanité, la justice, l'honnêteté et la sagesse prennent leurs racines dans le cœur de l'homme, dont la nature est essentiellement bonne. Pour cultiver la nature humaine, il ordonne de nombreuses règles de perfection morale.

En ce qui concerne l'organisation de la société, la vertu d'équité ou de justice joue un double rôle ; elle règle le partage des biens matériels ; elle fixe les devoirs sociaux de chacun[129]

C- Le principe de la justice en islam :

L'Islam est la dernière religion monothéiste adressée à l'humanité tout entière. Il se veut la religion de la synthèse de toutes les vertus contenues dans les religions du Livre, car il insiste aussi bien sur la charité de la religion chrétienne que sur la notion de « tsedaqa » du judaïsme.

Dans la conception islamique, la notion de justice est la sœur jumelle de la foi. Elle est aussi le troisième pilier de l'économique islamique que l'Islam a incarnée en pourvoyant le système de distribution de la richesse dans la société islamique.

Dans ce sens, le terme « justice » englobe la relation entre l'individu et son Créateur qui doit se faire dans l'équité, la relation entre l'individu avec soi-même, avec ses pairs et avec son entourage. Chaque geste émanant de l'individu peut faire l'objet d'équité ou d'iniquité. La

---

[128] Voir sur les idées bouddhistes : François Thiebault : le bouddhisme dans la société mondiale : thèse de doctorat ; Université du Québec 2013.
[129] Jean-Baptiste KAO : La philosophie sociale et politique du confucianisme ° Paris, Aux Éditions franciscaines, 1938.

Charia est parvenue pour établir des repères de justice à tous les aspects de la vie en exhortant l'homme à observer l'équité dans tous ses actes. L'équité ne se limite pas, comme cela peut s'entendre, aux relations qui naissent entre individus, mais elle s'étend à la façon de se nourrir, de s'habiller, de dormir, de se reposer, etc.[130] .

La justice est le fondement de la vie en société après qu'elle soit, pour l'islam, l'impératif majeur des modalités de l'action : *« Certes, Dieu vous commande la justice »*, dit le Coran. Ce principe de justice s'applique à tous, riches ou pauvres, gouvernants ou citoyens, musulmans ou non-musulmans. En effet, la justice est une aspiration universelle.

Dans le sens religieux, la justice désigne la voie divine. Mais, les sources islamiques, en particulier le Coran et la Sunna (tradition prophétique), ont employé, pour signifier la justice, des termes variés tels que, le terme « Qist » qui signifie équité, ou " donner à quelqu'un son dû, tandis que le terme « adl » (rectitude) suggère une action juste et droite, le terme « Al Mizaan » qui signifie égalité et aussi « Al Birr » qui signifie la bonté. De la même manière, des termes opposés ont été utilisés pour combattre l'injustice (Dhulm), l'agression (Udwan), l'oppression (Bagh'yi).

Tous ces termes et ces notions incarnent des valeurs morales qui sont considérées comme des valeurs sacrées, car elles conduisent à la concrétisation de la justice .Elles doivent être mises en pratique sans tenir compte des différences de religions, d'appartenances ethniques, de classes sociales, ou autres.

---

[130] Les Sciences de la Chari'a pour les Economistes: Actes de séminaire sur les "Sciences de la Chari'a pour les Economistes" organisé à Niamey, République du Niger, du 20 au 29 avril 1998 conjointement par l'Institut Islamique de Recherches et de Formation (IIRF), relevant de la Banque Islamique de Développement (BID), Djeddah, Royaume d'Arabie Saoudite et l'Université Islamique du Niger, Niamey, République du Niger.

Pour cette raison, l'islam insiste sur ce principe fondamental pour l'humanité tout entière. Dieu dit : *« Et si vous jugez entre les gens, jugez avec justice. Ce quoi Allah vous exhorte est excellent. Allah est celui qui entend et qui voit tout »*[131].

Cependant, il ne suffit pas de connaître de l'Islam son appel à la justice sociale, mais il faut connaître aussi ses conceptions détaillées de la justice et la signification islamique particulière de celle-ci, car l'Islam a déterminé et cristallisé ce principe dans un plan social spécifique, et a pu par la suite incarner ce plan dans une réalité sociale vivante dans les artères et veines de laquelle coule la conception islamique de la justice.

La grandeur d'une foi est dans sa capacité de former des êtres justes et intègres, en défendant et en répandant la justice, la solidarité et les valeurs relatives à l'honnêteté, la générosité, à la fraternité et à l'amour.

1- La conception de la justice dans le Coran :

Le Coran (première source de la charia islamique) comporte une trentaine de versets qui recommandent la justice, l'équité et condamnent l'injustice et l'oppression, car d'après le Coran, une société où il n'y a pas de justice va nécessairement mener à un déclin et une destruction : *«Et nous ne faisons périr les cités que lorsque leurs habitants sont injustes. (28 /59) »*

En Islam, le Dhulm (injustice) est un terme se référant à toutes les formes d'inégalité, d'injustice, d'exploitation, d'oppression et d'actes répréhensibles, par lesquelles une personne fait du mal aux autres, les prive de leurs droits, et ne remplit pas ses obligations à leur égard 132

---

[131] Coran, Sourate 4, verset 58

132 Mohammad Umar CHAPRA.: La vision islamique du développement - traduit de l'anglais par Dr M.BOUJLEL- IRTI Djeddah 1985, p. 14.

Le Coran, considère la justice comme une vertu suprême et l'injustice comme un péché majeur. Il s'agit d'un des objectifs de base de l'islam, si important que dans l'ordre de priorité, il vient tout juste après la reconnaissance du droit de Dieu d'être adoré de façon exclusive (tawhîd) et la reconnaissance de Mohammed (que la paix et les bénédictions de Dieu soient sur lui) comme prophète.

L'islam a instauré l'égalité de principe entre les hommes qui sont liés par l'unité de la race humaine. Il réalisa ainsi le premier modèle d'égalité humaine dans l'histoire du genre humain, où s'équilibrent devoirs et droits et où se bannit la discrimination entre les hommes pour quelque considération que ce soit. Dieu (swt) dit : "*Ô gens, nous vous avons créés d'un mâle et d'une femelle et avons fait de vous des peuples et des tribus en vue de votre connaissance mutuelle. Le plus noble d'entre vous pour Dieu est le plus pieux."* (49 : 13).

En décrétant le principe d'égalité, la liberté est garantie à tous, y compris la liberté de croyance religieuse ou ce qui est communément désigné par le vocable "liberté religieuse". Dieu a ainsi dit : "Nulle contrainte en religion (2 : 256).

Un des penseurs musulmans contemporains affirme que la liberté de croyance religieuse est une invention islamique qui n'a pas son égale dans les autres systèmes religieux. En effet, il n'y en a pas un seul qui se soit préoccupé de reconnaître à ses détracteurs le droit à la liberté de croyance.

Dieu déclare, dans le Coran, que la finalité suprême de l'envoi des messagers et des prophètes sur terre est l'établissement de la justice et de l'équité :

« *Nous avons effectivement envoyé Nos Messagers avec des preuves évidentes, et fait descendre avec eux le Livre et la balance, afin que les gens établissent* ***la justice****. (57,25)* ».

La mission des prophètes est donc la mise en place de la justice et l'anéantissement de l'injustice. Une mission noble qui consiste à exécuter l'ordre de Dieu à savoir la justice et l'équité : « *Dieu a ordonné* ***l'équité****. (7:29)* ».

Cette dichotomie entre la justice et l'injustice, entre l'équité et l'iniquité, est constamment rappelée dans le Coran dans le but d'enraciner dans les esprits cet impératif majeur qui est l'observance de la justice par tous à tous les niveaux :

- D'abord au niveau de la foi en Dieu en s'abstenant de lui associer quiconque dans l'adoration et l'obéissance. Dieu dit, en citant les paroles de Luqman envers son fils : *« Ô mon fils ! Ne donne pas d'associé à Allah, car certes l'association est une immense injustice » (31,13).*
- Ensuite au niveau de la gouvernance : « *Parmi ceux que Nous avons créés, il y a une communauté qui guide (les autres) selon la vérité et par celle-ci exerce la* ***justice****. (7,181)* ».
- Également au niveau du système judiciaire : *« Ô les croyants ! Soyez stricts dans vos devoirs envers Allah et soyez des témoins équitables. Et que la haine envers un peuple ne vous incite pas à être injustes.* ***Soyez*** *justes : cela est plus proche de la piété... (5, 8) »*
- mais aussi au niveau de la présentation du témoignage : *« Et quand vous parlez,* ***soyez équitables****, même s'il s'agit d'un proche parent.* (6,152) »
- et au niveau de l'arbitrage et la conciliation : « *Et si deux groupes de croyants se combattent, faites la conciliation entre eux. Si l'un d'eux se rebelle contre l'autre, combattez le groupe qui se rebelle, jusqu'à ce qu'il se conforme à l'ordre d'Allah. Puis, s'il s'y conforme, réconciliez-les avec* ***justice*** *et soyez* ***équitables,*** *car Allah aime les équitables. (49,10)* ».
- et au niveau économique et de la circulation de la richesse *: "...afin que (la richesse) ne reste pas d'ans le cercle des riches*

*d'entre vous..." (59,17).*Le texte coranique met l'accent sur l'égalité de tous les êtres humains devant les richesses matérielles ; il bannit la mendicité, considérée comme une offense à Dieu reconnait, toutefois, la différence entre les individus quant à leurs revenus propres et le droit de propriété.

- Et aussi au niveau des transactions commerciales : *« Ô les croyants ! Quand vous contractez une dette à échéance déterminée, mettez-la en écrit ; et qu'un scribe l'écrive, entre vous, en toute* ***justice*** *(2,282) »*

On peut donc déduire que la justice, telle qu'elle est ordonnée par le Coran, est une obligation et que l'injustice est une interdiction. Le rôle central de la justice dans le système de valeurs coranique est démontré par deux autres versets :

« Certes, Dieu enjoint la justice, la bienfaisance et l'assistance aux proches. Et Il interdit l'indécence, l'injustice et la rébellion. » (16 : 90).

La justice est proche de la piété qui est une adoration suprême de Dieu *« Soyez justes, car la justice est la plus proche de la piété. (5:8) »* et l'injustice est synonyme de la désobéissance et de la mécréance.

Aucune discrimination ne doit être observée, quels que soient l'origine et les motifs. C'est ainsi que le Coran décrit un litige entre un musulman et un citoyen juif. Le musulman avait volé une cotte-de-mailles, et l'ayant cachée chez un juif, il accusa ce dernier du vol. Sa tribu prit son parti dans sa fausse accusation. Le Prophète acquitta le juif et condamna le musulman même si un tel verdict contre un homme bénéficiant du soutien de toute sa tribu signifiait la perte de celle-ci. Mais le Prophète n'attachait aucune importance à de telles considérations.

« Nous t'avons révélé le Livre avec la Vérité, afin que tu juges entre les gens, selon ce que Allah t'a appris... (4, 105).

Ce verset a été révélé avec d'autres versets innocentant le citoyen juif de la fausse accusation et condamnant le musulman à sa place : *« Quiconque commet un péché, ne le commet qu'à son propre détriment. Allah est omniscient et sage. Quiconque acquiert une faute ou un péché, puis en accuse un innocent, sera coupable d'une injustice et d'un péché manifeste. (4, 111-112)*

C'est ainsi qu'était établi le principe invariable de l'équité et de la justice. Il s'agit plutôt de placer l'exercice honnête de la justice entre les humains au-dessus de toute autre considération, avec une dignité humaine conforme à la déclaration du Coran[133]: *« Et très certainement nous avons honoré les enfants d'Adam. » (17, 70)*

Mais la notion de justice dans le Coran est beaucoup plus large que la stricte équité. Dieu décrit les Justes en précisant très nettement leurs qualités et leurs actes :

« La piété ne consiste pas à tourner vos visages vers l'Orient et l'Occident. Mais la bonté pieuse est de croire en Allah, au Jour dernier, aux Anges, au Livre et aux prophètes, de donner de son bien aux proches, aux orphelins, aux nécessiteux, aux voyageurs indigents et ceux qui demandent l'aide et pour le rachat des captifs, d'accomplir la prière et d'acquitter l'aumône obligatoire. Et ceux qui remplissent leurs engagements lorsqu'ils se sont engagés, ceux qui sont endurants dans la misère, la maladie et au moment du danger, les voilà les ***Justes*** *et les voilà les vrais pieux. (2, 177).*

Ces bonnes morales que recommande le Coran pour les pieux comportent à la fois des œuvres de caractère social, familial, financier,

---

133 Abderraouf Boulaabi : Islam et pouvoir : Les finalités de la Charia et la légitimité du pouvoir ; L'Harmattan- Paris 2006.

économique et constituent en même temps des pierres angulaires du principe de la justice en général et de la justice économique et sociale en particulier.

Nous avons effectivement envoyé Nos Messagers avec des preuves évidentes, et fait descendre avec eux le Livre et la balance, afin que les gens établissent ***la justice****. (57,25)*

2- La conception de la justice dans la Sunna (tradition prophétique) [134]:

Si l'islam est une quête de la justice, certes, le prophète est un prédicateur de cette justice, mais aussi de la réforme de soi et des autres, en les aidants à prendre conscience de leurs défauts et à chercher constamment à se purifier pour être constamment justes.

La vie du Prophète (saws) a été un exemple concret de la valeur de la justice, comme cela est manifeste dans toutes ses paroles et tous ses actes comme le confirment les faits et citations suivantes :

- le prophète a dit : « *Sept êtres seront protégés par l'ombre d'Allah le Jour où il n'y aura d'ombre que la sienne », et a mentionné parmi eux : « un chef (gouverneur) juste »*[135].
- Le prophète (saws) a aussi affirmé : *« Aide ton frère, qu'il soit injuste ou victime d'une injustice. Un des compagnons demanda (avec étonnement) : Envoyé de Dieu ! Je comprends comment aider quelqu'un qui est victime d'une injustice, mais comment l'aiderais-je si c'est lui qui est injuste ? le Prophète répondit : empêche-le d'être injuste, c'est ainsi que tu l'aideras. »*[136]

---

[134] En arabe, le terme de « Sunna » signifie « cheminement », ou bien « pratique » La Sunna est une source législative de l'islam associée aux règles du Coran. Elle comprendrait, au travers des « Hadiths

[135] Al- Boukhari n°630

[136] Al-Boukhari n°6952.

- Dieu lui-même a dit dans un hadith quodsi (c'est-iÌ-dire parole divine en marge du Coran) : *« Serviteurs I Je me suis interdit à moi-même toute injustice. Ne soyez pas vous-mêmes injustes, les uns vis-à-vis des autres. »*[137]
- Le Prophète (saws) a également condamné l'injustice d'une manière catégorique. Il considère que l'injustice (dhulm), quelle que soit sa forme, conduit à l'obscurité dans l'au-delà ainsi que dans le monde d'ici-bas. Cette obscurité fait échouer tous les efforts visant à réaliser la paix, le développement durable, la solidarité sociale et conduit finalement au mécontentement, à la tension, aux conflits et au déclin. L'injustice et l'Islam sont, par conséquent, en contradiction l'un avec l'autre et ne peuvent pas coexister sans qu'aucun des deux soit déraciné ou affaibli.

- *« Quiconque commet une injustice envers un non-musulman lié par un accord de paix, le rabaisse ou lui impose de trop lourdes charges, ou encore lui prend quoi que ce soit contre son gré me trouvera plaidant contre lui le jour du jugement. »*[138] À travers ce hadith, le prophète a voulu empêcher qu'aucun musulman ne se croie permis de commettre la moindre injustice envers les non-musulmans. L'injustice est donc proscrite sous toutes ses formes, quelles que soient les circonstances : la différence de religion, d'ethnie ou de lignée, ou encore d'appartenance ou de liens claniques, ne peut en aucun cas donner prétexte à l'injustice.
- Dans un autre hadith, le Prophète dit : *«Il y a trois choses auxquelles je jure la véracité, je vous les cite alors apprenez les : Jamais une somme d'argent n'est diminuée par l'aumône, tout individu, frappé par une injustice qu'il subit avec patience Dieu lui accordera par cette injustice la noblesse, et tout individu qui*

[137] Nawawi : 24.
[138] Abou Daoud : 3052.

demande l'aumône comme nouvelle source d'enrichir, Dieu le rend par cette source plus pauvre »[139].

- Ces propos sublimes n'étaient pas de simples principes théoriques sans réel effet dans la vie des gens : ils étaient clairement reflétés dans chaque attitude et chaque comportement du Prophète (saws) ; chaque traité, chaque engagement qu'il concluait en était l'expression manifeste, et il mettait tous ses efforts dans la réalisation des conditions nécessaires à leur mise en œuvre. Le texte du premier traité conclu entre le prophète et les autres tribus de religions différentes à l'époque de Médine, dit ainsi : « Nul ne doit léser son allié, et tout secours sera porté à l'opprimé. »Ce principe est l'affirmation que l'injustice est totalement inacceptable et que c'est toujours la victime d'injustice qu'il convient de soutenir, qu'il s'agisse d'un musulman ou d'un juif : ce principe se vérifia dans les faits par la suite. Tous les articles du traité exprimaient et confirmaient ce même principe de justice.
- Les traités du Prophète (paix et salut à lui) avec les chrétiens reprennent les mêmes principes de justice mis en œuvre dans ses traités avec les juifs ; ainsi, son traité avec les chrétiens de Najran stipule : « Nul d'entre eux ne sera châtié pour l'injustice commise par un autre. »[140]
- « Craignez l'invocation de l'opprimé, fût-il mécréant, car elle ne rencontre aucun obstacle. »[141] Et selon une autre citation, le Prophète (saws) a dit : « L'invocation de l'opprimé est exaucée même si c'est un pécheur, et il aura à répondre de ses propres

---

[139] Tirmidhi (2325)

[140] Le Pacte de Najran (Nadjran) est un pacte qui aurait été conclu vers 631 entre Mahomet et des chrétiens, pour régir les rapports entre la communauté musulmane de Médine et la communauté chrétienne de Najran, au Yémen. Cet épisode de la vie de Mahomet est relaté dans la sîra d'Ibn Hichâm : https://fr.wikipedia.org/wiki/Pacte_de_Najran#:~:text

[141] Tabarani : 2230.

fautes. »[142].Il est clairement affirmé ici qu'aucun obstacle ne sépare d'Allah l'invocation de l'opprimé (victime d'injustice).Par conséquent, un musulman sincère ne commettra jamais d'injustice, car il a conscience en permanence qu'Allah observe ses actes, qu'il s'agit d'une question liée à la foi, que le jour du jugement Allah accordera son secours à l'opprimé contre l'oppresseur même si l'opprimé est mécréant et l'oppresseur musulman, et que le Prophète (saws) se tiendra aux côtés de l'opprimé contre l'oppresseur le Jour de Jugement, quelle que soit la religion de l'un ou de l'autre.

3- La conception de la justice dans la jurisprudence islamique (le Fiqh) :

Le terme « Fiqh » signifie la compréhension ou la connaissance des prescriptions juridiques pratiques déduites des sources de la charia.[143] Il est défini par un des premiers fondateurs de cette discipline islamique comme étant l'ensemble des règles canoniques pratiques extraites de leurs sources qui les ont détaillées[144]. Autrement dit C'est l'ensemble des connaissances acquises au moyen de l'exégèse du Coran et de la Sunna et destinées à préciser les règles et les modalités pratiques concernant les cultes (l'adoration), les droits et les devoirs, les relations et les activités humaines dans le cadre de la religion.

---

[142] Rapporté par Ibn Mâjah.

[143] Le Fiqh est traduit par la jurisprudence islamique relative aux avis juridiques pris par les juristes de l'islam sur les limites à ne pas dépasser par les musulmans. Il s'agit donc d'une compréhension du message de l'islam sur le plan juridique. Le savant en matière de fiqh, le juriste, se nomme faqîh : http://fr.wikipedia.org/wiki/Jurisprudence_islamique

[144] En l'occurrence l'imam Ach-Châfi'i (mort en 204 de l'hégire) est le fondateur de l'école la plus répandue aujourd'hui dans le monde, on la retrouve notamment sur le continent asiatique : en Inde et en Asie du Sud-Est (Indonésie, Malaise, Thaïlande) ainsi qu'en Egypte, au Yémen, et dans les pays du Cham (Liban, Syrie, Palestine et Jordanie).

Ainsi le Fiqh régit les activités des individus et des groupes dans toutes les situations et dans tous les domaines de la vie, cultuel, moral, politique, économique, juridique, social, culturel depuis la naissance jusqu'à la mort.

S'il est vrai que la Chari'a a donné naissance au Fiqh, il n'est pas moins vrai que le Fiqh a clarifié et développé la Chari'a. La Chari'a constitue une masse de règles et de méthodes inépuisables. Le Fiqh ne cesse de puiser de la Chari'a, grâce à ses méthodes d'interprétation et de déduction, les réponses à toutes les questions et les solutions à tous les problèmes.

Le Fiqh a développé considérablement le concept de la justice à travers le développement du système de l'économie islamique, ses mécanismes institutionnels, le mode de distribution des richesses, ses principes, ses particularités et ses règles.

La question de la justice s'entend aussi comme la mise en œuvre par des institutions spécialisées d'un droit faisant référence directement ou indirectement à l'islam. Les doctrines fiqhiques s'intéressent à l'établissement et aux transformations du pouvoir judiciaire, non dans les théories qui en ont été proposées, mais dans les formes qu'ils doivent prendre.

Du temps du Prophète (saws), les problèmes de droit étaient réglés directement par lui. Puis, durant la période suivante, les problèmes nouveaux en nombre limité étaient résolus par les compagnons en se référant au Coran et à la Sunna et à ce qu'ils ont appris du Prophète. Mais au fur et à mesure, le besoin d'une science du droit s'est fait ressentir. Les premiers spécialistes vraiment connus en jurisprudence religieuse vivent au 1er siècle de l'Hégire, les premières écoles apparaissant au 2ème siècle. Ces spécialistes et les écoles qu'ils ont fondées ont peu à peu défini, clarifié et précisé les notions et principes qui gouverneront le Fiqh dans une science appelée « Ousoul Fiqh » c'est-à-dire, les fondements de la jurisprudence islamique.

Plusieurs écoles juridiques ont vu le jour durant le deuxième et le troisième siècle de l'Hégire dont quatre les plus célèbres : l'école Hanafite, l'école Malikite, l'école chaféite et l'école Hanbalite[145].

Ces écoles s'abreuvent des mêmes sources et visent les mêmes objectifs. Loin d'être des entités sectaires ou schismatiques, elles s'inspirent les unes des autres et se complètent. Leurs contributions dans le développement de la jurisprudence islamique (la science du Fiqh ou de la loi islamique) sont considérables. C'est grâce à l'effort fourni par chacune de ces écoles que cette branche des sciences de la charia a pu évoluer dans les temps et les espaces et a pu démontrer

---

[145] **L'école Hanafite** (Abou Hanifa (703-767) .Basée sur la réflexion et l'opinion, sa méthode consiste à rechercher le but et l'esprit de la norme et non pas l'énoncé ou la lettre. Son école a la réputation d'être l'école de l'opinion. Elle est répandue en Irak, en Syrie, en Afghanistan, au Pakistan, en Iran, en Inde, à l'île de la Réunion, en Turquie et une grande partie de l'Egypte.
L'école Mâlikite (Mâlik(717-801). Mâlik privilégie la pratique des gens de Médine à l'analogie et au hadith rapporté par un seul, même authentique. Mâlik penche plutôt pour le « taqlid » (l'imitation) que pour la réflexion. La méthode de l'imam Mâlik s'apparente à celle des spécialistes du hadith. Il se limite au réel sans extrapolation à la différence des gens de l'opinion en Irak qui s'étendent aux hypothèses. Son école est suivie au Maghreb, au Mali, au Nigeria, au Tchad, au Soudan, au Koweït, au Qatar, au Bahreïn et dans les zones rurales d'Egypte.
L'école Shafiite (Ashafei (769-820). Le mérite d'Ashafei est d'avoir initié la science des fondements du Fiqh. Son œuvre « Rissala » où il développe les règles et les méthodes de déduction et d'interprétation ne cesse de faire l'admiration des juristes et des Faqihs à l'échelle de la planète.
L'école d'Achafei se situe entre l'école de l'opinion (Irak) et celle des tenants du hadith (Hijaz). Il concilie le rigorisme des uns et la souplesse des autres.
Achafei a élaboré deux écoles. Une en Irak (l'ancienne) et une en Egypte (la nouvelle). Son école est répandue en Egypte, en Afrique orientale, en Indonésie, en Malaisie, en Thaïlande, en Somalie, au Kurdistan.
L'école Hanbalite (Ahmed ibn Hanbal (778-855). Ibn Hanbal est un spécialiste de Hadith et non pas jurisconsulte, mais certains lui reconnaissent les deux qualités. L'opinion personnelle et le jugement préférentiel occupent peu de place dans son école.
L'école hanbalite tend à actualiser le passé en mettant en relief toutes les valeurs morales, en se conformant au Coran, à la Sunna et aux traditions des compagnons. Son école est appliquée officiellement en Arabie Saoudite et au Qatar.

l'adaptation et la continuité de la charia par rapport aux besoins imminents des gens.

Une grande partie de ce patrimoine de jurisprudence islamique a été consacré aux questions économiques et sociales qui est une branche importante du Fiqh Al Mouamalat (jurisprudence des transactions financières) et dont la finalité suprême demeure pour toutes ces écoles doctrinales, l'accomplissement de la justice sociale et économique.

Le droit islamique, qui est l'œuvre de ces écoles, est construit sur la base de la notion du « contrat ». Cette notion de contrat, non seulement elle incarne le principe de justice, mais elle est l'instrument fondamental de la concrétisation de cette justice.

Comme l'écrit Roger Arnaldez : "Le droit musulman est un droit contractuel. Le terme de contrat ('aqd, pluriel 'uqûd) est coranique. Les conditions (shurût) de tout contrat reposent sur la justice distributive ('adl), qui se mesure sur la balance à deux plateaux (mizân). Tous ces termes sont dans le Coran. L'égalité des conditions imposées aux contractants est donc le fondement de la validité d'un contrat, selon la Loi religieuse. En particulier, là où il y a un risque (khatar), il doit être partagé"[146].

Le partage du risque est désormais une règle d'or de l'économie et de la finance islamique qui conduit toute activité économique ainsi que toute transaction financière.

Cette règle est le fruit des travaux des Fouqhas (grands savants du droit islamique) à travers l'histoire de la pensée islamique. Chaque opération financière, chaque activité économique ou sociale, est structurée par un contrat où les avantages ainsi que les inconvénients de chaque contrat, en particulier les contrats d'échange et de propriété,

[146] Roger Arnaldez (1993, p. 90) dans un article intitulé "La loi musulmane à la lumière des sciences coraniques : https://philpapers.org/rec/ARNLLM

doivent impérativement être partagés équitablement par les contractants. Nul bénéfice sans prise de risque et le facteur capital, comme aussi le facteur travail, ne doivent être rémunérés sur la base de cette règle fondamentale.

Ainsi s'établit la justice au niveau économique et social qui est la source de toute autre justice (politique, juridique,).Le travail remarquable des savants musulmans, notamment ceux des fondements de la jurisprudence (Usul Al Fiqf), a permis de fournir une base jurisprudentielle importante aux autres instances de production de la fatwa (avis juridique) à travers le concept de « règle fiqhique »[147] .

Plusieurs règles fiqhiques ont été conçues dans le but de réaliser le principe de la justice :

- Ni dommage ni peine ou bien « Ni tort ni dommage » qui signifie qu'un individu ne saurait causer un tort à autrui sans raison sérieuse, ni riposter à un dommage causé par autrui, par un autre dommage. En d'autres termes ni tort à quiconque n'en a point causé ni riposte disproportionnée au tort »[148]. Il est fort de constater que cette règle constitue une base importante pour la concrétisation de la justice.
- Le dommage doit être écarté : « Le préjudice doit être levé » (al-dararu yuzalu), afin d'écarter un dommage, par crainte d'un désordre, dans le but justement d'aboutir à la justice.
- Nul bénéfice sans sacrifice : ou le gain est conditionné par la prise de risque : Cette règle signifie que la rémunération des facteurs de production, en l'occurrence le travail et le capital, doit être fondée sur des critères justes et équitables. Les deux parties

[147] Les règles fiqhiques sont des fondements généraux contenus dans des textes concis renfermant des dispositions de loi concernant des évènements qui s'y rapportent. Elles se distinguent par une formulation très brève par rapport au sens général qu'elles contiennent et aux ramifications qui en découlent. », (Zarqah, 1963)

[148] Al-Nawawi : 32, trad. Sadok Mazigh, Matnu -l-arba'îna-l-nawawiyya – Quarante hadiths, An-Nawawi (éd. bilingue), Tunis, Sud Éditions, 1980.

d'un contrat quelconque doivent partager à la fois les avantages et les inconvénients au prorata de leur participation dans l'activité en question.

-

Ainsi le capital financier ne peut prétendre à aucune rémunération s'il n'est pas associé de n'importe quelle manière avec le travail, ou bien avec la prise de risque ou la garantie. Le loyer de l'argent, comme le préconise l'économie conventionnelle, est un gain injustifié s'il n'est pas lié à ces critères mentionnés. De même le temps n'a pas de valeur sauf il est rattaché à un travail ou une marchandise ou un actif quelconque. C'est le cas de toutes les obligations, qu'elles soient à revenu fixe ou à revenu variable. Même dans ce dernier cas, la variabilité du revenu n'est pas rattachée à la rentabilité d'exploitation de l'organisme émetteur, mais à un accord de changement de taux de rémunération opéré par l'émetteur souvent en fonction du changement des conditions du marché.

- Le gain va de pair avec la garantie (Al Kharaj Bidh-Dhaman (KBD) : Le Prophète dit à ce sujet : "le produit (Al Kharaj) revient à la partie qui garantit (Addamane) ce qui signifie que celui qui est responsable des dommages ou de la perte d'un actif mérite de recevoir tout gain généré par cet actif.

Autrement dit : Le droit au rendement d'un bien est en contrepartie de sa garantie en cas de perte. En règle générale, la prise de responsabilité de la perte potentielle (donc du risque), associée à un bien, justifie/entraine le droit à l'usufruit/rendement/profit/revenu correspondant. S'il n'y a pas de garantie, le bailleur par exemple, n'aura pas droit au rendement (loyer). Ainsi s'établit la justice entre les deux parties.

C'est le cas de toutes les obligations, à revenu fixe tel que le loyer provenant de la location (Ijara), les revenus provenant du Qardh Hasan (prêt sans intérêt) qui reviennent à l'emprunteur en contrepartie de sa garantie de remboursement (comme le cas des comptes courants bancaires).

Une autre règle adoptée par les savants du droit islamique signifiant la même chose et confirmant cette nécessité absolue de la prise de garantie pour justifier le gain. La règle dite que : « la rémunération et la garantie doivent être dissociées (Al Ajru Wadh-Dhaman La Yajtami`an) le Dhaman (litt. « Garantie ») et le loyer (le salaire, le revenu, la rémunération) ne peut être supporté par la même personne, par la même partie, car il s'agit sans doute d'une injustice certaine.

Si je supporte la responsabilité de perte ou de dommage (ou risque) associée à un outil de production, on ne peut en principe me demander de payer un revenu contre l'usufruit ou l'utilisation de ce dernier. Si je supporte la responsabilité de perte ou de dommage associée à un capital monétaire, le fournisseur de ce capital ne peut exiger de ma part un paiement d'un revenu contre l'utilisation de ce dernier. Si le capitaliste souhaite être rémunèré, il doit participer à la perte : Al-Kharaj bidh-Dhaman et Al-Ghunm bil-Ghurm.

Si le détenteur d'un capital monétaire souhaite participer aux profits dans un contrat de capital-risque (type Mudharaba), il ne peut exiger du travailleur qu'il garantisse le capital, car ce serait du Ghunm sans Ghurm [149]c'est-à-dire de l'injustice pure (Dhulm).Un examen approfondi de cette règle et de ses applications montre qu'elle constitue une confirmation de la règle précédente(KBD), surtout au niveau théorique. Cependant, elle met plus clairement l'accent sur l'aspect de justice.

- La richesse est proportionnelle au châtiment et vice-versa (An-Ni`mah Bi Qadr An-Niqmah Wan-Niqmah Bi Qadr An-Ni`mah (ce qui veut dire : « La bénédiction [ou grâce] est en proportion

---

149 ABOU HAMDAN Malek : PRODUITS DÉRIVÉS, RISQUES DE MARCHÉ ET « GHARAR » : RECHERCHE D'UNE ALTERNATIVE ISLAMIQUE Thèse de Doctorat / septembre 2013 Paris 2 ASSAS.

du mal [ou sanction], et le mal [ou sanction] est en proportion de la bénédiction [ou grâce]. »[150]:

Cette règle fiqhique est synonyme des deux précédentes qui signifient clairement que nul bénéfice sans prise de risque ou de garantie. » Mais elle ajoute un sens intéressent qui conduit à la réalisation de la justice et de l'équité à savoir la proportionnalité des deux éléments de l'équation. La contribution de cette règle à l'accomplissement de la véritable justice résiderait dans la restriction, puisqu'au-delà de l'existence de la relation entre gain et perte, elle stipule en quelque sorte que le gain doit être en proportion de la perte. Ainsi, à titre d'exemple, dans une participation du type Moucharaka non seulement l'associé participe au rendement, mais son rendement doit être en proportion de sa responsabilité. Autrement dit la quantité de richesse (Ni'ma) va de pair avec la quantité du châtiment (Ni'qma).

- Le repoussement des méfaits est prioritaire sur la recherche des intérêts : cette règle signifie que lorsqu'il ya conflit entre les intérêts humains d'une part et les préjudices (ou méfaits) d'autre part, la priorité est donnée au repoussement de ces derniers, car l'anéantissement des préjudices dans la société permet sans doute de préserver la justice.

A côté de mise en place de ces règles fiqhiques considérables, le travail des savants (Foukahas) en matière de droit (Fiqh Al Muamalat) a été concentré sur le développement et la structuration des contrats qui sont le pivot de la jurisprudence islamique. En effet la justice économique et sociale ne peut être aboutie et préservée qu'à travers les contrats. A cet effet, les savants distinguent 3 sortes de contrats par rapport à leur relation avec le principe de la justice :

[150] Source précédente.

- Tout d'abord les contrats basés sur la justice (contrats d'échange et de propriété), qui sont des contrats où les avantages et les inconvénients seront partagés équitablement entre les contractants tels que par exemple les contrats d'achat/vente comme la Mourabaha (vente avec marge), le Salam (vente à livrer), l'Istisn'a (contrat de fabrication), l'ijara (contrat de location qui est considéré comme étant un contrat de vente d'usufruit).
- Ensuite, les contrats basés sur la bienfaisance et la charité (contrats de donation) qui couvrent toutes les activités à titre non lucratif telles que le Qardh hasan (prêt généreux sans intérêt), le waqf (fondation pieuse ou legs), le contrat d'assurance takaful (basé en premier lieu sur le principe de donation e qui peut avoir une partie lucrative lorsqu'il s'agit d'indemnisation), la nafaqa (dépenses en faveur des proches), etc.
- Enfin, les contrats basés sur l'injustice et l'iniquité (contrats incarnant du Riba (intérêt), du gharar (ambiguïté et incertitude), et du gain injustifié (ventes illicites, spoliation, dol, etc.).Ces contrats couvrent tous les produits financiers utilisés par la finance conventionnelle tels que le prêt à intérêt (crédit classique), le contrat d'assurance conventionnelle, les produits de placement sur le marché boursier, les produits dérivés, etc.

À cet effet, l'accomplissement de la justice sur le plan économique et social n'est pas un acte isolé ou juste un objectif assigné qui dépend des autorités gouvernantes ou du système politique en place, mais plutôt c'est une action institutionnalisée et structurée par des contrats juridiques en pleine et due forme. Le respect de l'application de ces contrats est lié à une double gouvernance : morale et juridique.

Tout d'abord une gouvernance morale qui est liée au système éthico-religieux que l'islam prône pour chaque individu et dans toute la société. Il recommande aux croyants de respecter dans leur comportement de tous les jours un code éthique bien défini basé sur de bonnes morales qui découlent de la référence dogmatique.

Ensuite une gouvernance juridique à travers la loi, car c'est à l'État que revient la responsabilité de garantir la justice sociale et économique pour tous les citoyens. Il lui appartient de veiller à ce que le minimum vital soit assuré à l'ensemble de la population grâce aux mécanismes de distribution et de redistribution.

4- La conception de la justice dans les écrits des érudits musulmans :

Tout au long de l'histoire de la civilisation islamique, les savants musulmans ont largement contribué à l'approfondissement de la réflexion et l'ancrage de la notion de justice dans toutes ses dimensions, notamment dans ses dimensions économiques et sociales.

Certains ont mis l'accent sur la dimension philosophique et référentielle de la justice comme Alkindi[151], Alfarabi[152], Averroès[153], Ibnou Sina[154] .d'autres ont analysé la dimension éthique comme Al-

---

[151] Plus connu sous son nom latinisé de Alkindus ou Al-kindi(801-873), est considéré comme l'un des plus grands philosophes musulman. Un savant complet, dans des domaines très variés : philosophie, mathematiques, medecine, musique, physique, astronomie

[152] Également connu en Occident sous les noms de Alpharabius, Al-Farabi, est un philosophe médiéval d'origine perse (872 -950).Il approfondit toutes les sciences et tous les arts de son temps, et est appelé le Second instituteur de l'intelligence après Aristote.

[153] Averroès ou Ibn Rochd de Cordoue (1126- 1198) est à la fois philosophe, théologien rationaliste islamique, juriste, mathématicien et médecin musulman andalou de langue arabe du xiie siècle. Son œuvre est reconnue en Europe occidentale, dont il est, d'après certains, comme le spécialiste Alain de Libera, « un des pères spirituels » pour ses commentaires d'Aristote. Profondément méconnu de son vivant, il a commenté abondamment et brillamment les œuvres d'Aristote : aussi les théologiens latins le nommaient-ils « Le Commentateur ». Averroès est l'un des plus grands philosophes de la civilisation arabo-islamique.

[154] Ibn Sīnā ou Avicenne, (980 -1037) d'ousbekistan, est un philosophe, écrivain, médecin et scientifique médiéval. Il s'intéressa à de nombreuses sciences, notamment l'astronomie, l'alchimie, la chimie et la psychologie.Ses disciples l'appelaient Cheikh

Ghazali[155], politique comme Al Mawardi[156] Al Razi[157] et Al Tousi[158] tandis que d'autres ont abordé la dimension juridique en particulier

---

el-Raïs, prince des savants, le plus grand des médecins, le Maître par excellence, le troisième Maître (après Aristote et Al-Farabi).

[155] Abou Hamid Al Ghazali (1058-1111), est un soufi musulman d'origine persane. Personnage emblématique dans la culture musulmane, il représente le mysticisme le plus profond.

[156] Al Mawardi (972 -1058) un juriste musulman originaire d'Iraq.IL était un juge (cadi) et un philosophe arabe de l'école chafite. Il a apporté d'importantes contributions à l'interprétation, à la philologie, à l'éthique et à la littérature coranique. Il a écrit plusieurs livres sur les sciences et la sociologie politique, notamment son ouvrage célèbre « al-ahkam as-sultaniyya » (les statuts gouvernementaux),) qui traite de l'éthique du roi et la gouvernance du royaume. Il a formulé une théorie politique de la gouvernance, appliquant notamment sa réflexion à sa nature et à l'autorité du gouverneur.

[157] Al Razi FAKHR AL-DĪN (1149-1209) : Un des penseurs les plus complets de l'islam. commentateur du Coran et philosophe .il écrivit un grand nombre d'ouvrages dont les principaux sont : Les Notations sur les principes de la religion, Le Précis des idées des savants, des philosophes et des théologiens anciens et récents et Le Grand Commentaire du Coran (aussi connu sous le titre Les Clés de l'invisible).pour lui Le but suprême pour lequel nous sommes créés et vers lequel nous sommes conduits, n'est pas d'atteindre les plaisirs corporels, mais d'acquérir la science et de pratiquer la justice ; par ces deux choses nous sommes délivrés de ce monde et parvenons à un monde où il y a ni mort ni douleur ;

[158] Al Tousi ou Nasr Eddin Tusi (1201- 1274) est un philosophe, mathématicien, astronome, théologien et médecin perse musulman. Selon lui la Justice est une affection psychique, qui a pour conséquence le strict respect de la Loi divine ; car la Loi divine est le déterminant des quantités, le spécificateur des positions et de points médians. Tousi explique que la justice ("adalat), implique l'équilibre ((i„tidal) qui est "l'ombre de l'unicité," est la vertu cardinale de l'éthique. que : "le déterminant du point médian dans tous les cas, la connaissance et la répulsion des (autres) choses ne peut être effectuée que dans l'équilibre, ceci est la Loi divine. En réalité, la position de l'Egalité et de la justice est donc la Loi divine, car Dieu (exalté par sa mention !) est la source de l'unicité.

Abou Hanifa[159] et Al Shaf'i[160], et économique et social notamment Ibn khaldoun [161]et Ibn alazrak[162]. Tous ces érudits célèbres dans l'histoire et la civilisation musulmanes ont remarquablement apporté d'importantes contributions à l'interprétation, à la philosophie et l'éthique de la justice :

- Al Farabi[163], qui était connu comme étant le Second Instituteur de l'intelligence apres Aristote, a développé une approche philosophique de la justice en distinguant trois sortes de justice : tout d'abord, la Justice entre les êtres humains et Allah c'est-à-dire les punitions et les récompenses qu'Allah donne à l'homme en fonction de ses actes. En d'autres termes, à chaque acte -bon ou mauvais- de l'homme, Allah prescrit une récompense ou un châtiment appropriés. Autrement ce serait une injustice et une violation de droits de la part d'Allah, et un traitement injuste réservé à sa créature, or Allah est éloigné d'une telle injustice.

---

159 Abou Hanifa (702-767) : L'Imam Abou Hanifa est l'une des plus grandes personnalités religieuses de l'histoire de l'Islam, qui a fondé l'une des écoles les plus importantes du sunnisme. Il considère que la justice est la condition sine qua non du califat (gouvernance) et du choix du calife. Il défendait fermement l'indépendance des juges par rapport au pouvoir politique de la communauté musulmane. Dans l'un de ses dernières paroles relatées par ses élèves, il est dit : « Si le calife commet un délit par rapport aux droits d'un tiers, le juge des juges doit se charger de ce délit et d'émettre le verdict. » En effet, le fait qu'il s'est abstenu d'accepter le poste de juge que les Abbassides lui ont proposé, provenait du fait qu'il était conscient que le pouvoir politique de son temps ne respectait pas le principe de l'indépendance des juges.

160 Al shafi : juriste et savant musulman, fondateur de l'école chaféite. Il appartient à la dynastie des hachémites de la tribu des Quraych.

161 Ibn Khaldoun (1332/1406) : célèbre historien, philosophe, sociologue, diplomate et homme politique arabe, a été l'un des premiers théoriciens de l'histoire des civilisations. Arnold Toynbee dit de lui qu'il a "conçu et formulé une philosophie de l'Histoire qui est sans doute le plus grand travail qui ait jamais été créé par aucun esprit dans aucun temps et dans aucun pays".» on lui doit surtout la Muqaddima (traduite en Prolégomènes et qui est en fait son Introduction à l'histoire universelle et à la sociologie moderne) et Le Livre des exemples ou Livre des considérations sur l'histoire des Arabes, des Persans et des Berbères.

162 Muhammad Ibn Al-Azraq sociologue andalou originaire de Grenade (1428/1490)

163 Al-Fârâbî nait en 872 et meurt à Damas, en 950. Il est l'une des grandes figures de la philosophie médiévale, et a été surnommé le « Second maître » par Ibn Rushd (Averroès), le premier n'étant autre qu'Aristote.

Ensuite, la Justice entre les êtres humains, c'est-à-dire que chacun doit respecter les droits individuels et sociaux des autres et agir conformément aux Lois sacrées de l'Islam. Cela s'appelle la Justice sociale.

Enfin, la Justice entre les vivants et les morts : c'est une sorte de Justice qui commande que les vivants se souviennent des morts avec bonté, acquittent leurs dettes (non payées), se conforment à leurs volontés, prient pour eux, fassent l'aumône pour eux, implorent Allah de leur pardonner, fassent la charité à leur mémoire.

- Al-Mawardi[164], connu notamment par son ouvrage célèbre « al-ahktam as-sultaniyya » (les statuts gouvernementaux),) qui traite de l'éthique du roi et la gouvernance du royaume. Il a formulé une théorie politique de la gouvernance se reposant sur le principe de la justice. Il insiste, ainsi, sur la dimension politique de la justice.Il considère que l'équité « inculque l'affection et l'amour mutuel, le respect et l'obéissance, le développement de la patrie, l'expansion de la richesse, la croissance de la progéniture, et la sécurité du souverain », et que « rien d'autre ne précipite la destruction du monde et la corruption de la conscience des peuples que l'injustice ».

- Ibn Khaldoun, historien et sociologue de premier plan, traite dans sa Mouqaddima, des dimensions économiques et sociales de la justice. L'injustice ne consiste pas uniquement, relève Ibn Khaldoun, "à s'emparer des biens, ou d'une propriété sans juste motif et sans dédommagement, comme cela est généralement admis. L'injustice a une signification beaucoup plus étendue : celui qui s'empare du bien d'autrui, qui lui impose des corvées, qui exigent de lui un service ou lui imposent quelque chose sans y avoir droit est un injuste. Les percepteurs de droits non autorisés par la loi sont des injustes, ceux qui spolient les biens sont des injustes, ceux qui dépouillent les autres de leurs biens sont des injustes ; ceux qui n'honorent pas les droits d'autrui sont des injustes, ceux qui d'une manière générale enlèvent de force tout ce qui ne leur appartient pas sont tous des injustes, et les conséquences de tous ces

---

164 MĀWARDĪ AL- (mort en 1058) : Juriste musulman, mort à Bagdad, qui joua un rôle de première importance : il a formulé une théorie politique du califat, appliquant notamment sa réflexion à sa nature et à l'autorité du calife,

actes retombent sur l'État à travers le dépeuplement et la ruine"[165]. Selon lui, il n'y a qu'une seule méthode efficace d'augmenter les revenus de l'État, qui doit passer par " le traitement équitable et le respect des gens et de la propriété" pour qu'ils soient incités à faire fructifier et accroitre leurs capitaux". Il souligne clairement qu'une nation ne peut se développer en l'absence de la justice sa conclusion est formulée sous le titre "L'injustice entraîne la perte de la civilisation" ou réciproquement « la justice est la base de toute civilisation » qui est devenue une sorte de théorie très célèbre des cycles de la gouvernance et de la mutation des Etats.

- Ibn Taymiyyah considère pour sa part que la justice est une valeur universelle recommandée en tout temps et tout espace : « l'équité envers toute chose et envers chaque personne est obligatoire, et l'injustice est prohibée envers toute chose et envers chaque personne. L'injustice n'est absolument pas permise envers qui que ce soit, musulman, mécréant, ou même personne injuste ». C'est en ce sens que Dieu vient au secours d'un Etat juste, même lorsqu'il se compose de non-musulmans, alors qu'il n'aiderait pas un Etat tyrannique, même s'il était constitué uniquement de musulmans"[166]

- AL-Razi (1149-1209), un des penseurs les plus complets de l'islam, commentateur du Coran et philosophe, considère que le but suprême pour lequel nous sommes créés et vers lequel nous sommes conduits n'est pas d'atteindre les plaisirs corporels, mais d'acquérir la science et de pratiquer la justice ; par ces deux choses, nous sommes délivrés de ce monde et parvenons à un monde où il n'y a ni mort ni douleur ;

- Abou Hanifa (702-767) qui est lui aussi l'une des plus grandes personnalités religieuses de l'histoire de l'Islam, et fondateur de l'une des écoles les plus importantes du sunnisme, considère que la justice est la condition sine qua non du califat (gouvernance) et du choix du calife. Il

---

[165] A. Ibn Khaldoun : La Muqaddima- Livre I- Paris, Gallimard, « Bibliothèque de la Pléiade », 2002).

[166] UMER CHAPRA.: LA VISION ISLAMIQUE DU DÉVELOPPEMENT A LA LUMIÈRE DE MAQASSID AL-CHARIA (Ibn Taymiyyah, vol.8, p. 166)

défendait fermement l'indépendance des juges par rapport au pouvoir politique de la communauté.

- Al Tousi (1201- 1274) : philosophe, mathématicien, astronome, théologien et médecin perse musulman. Selon lui la Justice est une affection psychique, qui a pour conséquence le strict respect de la Loi divine ; car la Loi divine est le déterminant des quantités, le spécificateur des positions et de points médians. AL-Tusi explique que la justice (adala), implique l'équilibre ((i„tidal) qui est "l'ombre de l'unicité," est la vertu cardinale de l'éthique. que : "le déterminant du point médian dans tous les cas, la connaissance et la répulsion des (autres) choses ne peut être effectuée que dans l'équilibre, ceci est la Loi divine. En réalité, la position de l'égalité et de la justice est donc la Loi divine, car Dieu (exalté par sa mention !) est la source de l'unicité.

L'homme est ainsi institué par Dieu comme son « calife », son lieutenant sur terre. Cette fonction de calife n'est pas celle d'un agent subalterne, chargé d'exécuter passivement les ordres du maître : le calife est celui qui doit prendre à tous risques les décisions pour tout ce dont il est responsable : les équilibres de la nature et le destin des hommes. La mise en pratique de ces principes conduisait les savants mutazilites à considérer que la « justice » ne consiste pas seulement à éviter personnellement le mal et l'injustice, mais qu'elle est affaire de la communauté créant les conditions grâce auxquelles chaque individu puisse réaliser ses possibilités.

D- La dimension sociale de la justice en islam :

Le discours de la justice dans la pensée économique islamique est tout d'abord un discours à caractère social. La justice est le fondement de la vie sociale qui conduit au peuplement et à l'édification d'une cité prospère ('imrân). En effet, même si la justice, en tant que vertu, appartient, en premier lieu, au champ politique et la première des vertus cardinales d'un gouvernement, elle demeure cependant tributaire du statut social, car la pérennité de l'État dépend fondamentalement de la justice.

Comme le notifie le savant Ibn Khaldoun, dans ses Prolégomènes (la Muqaddima), la fonction de l'autorité politique est de défendre la stabilité de l'organisation sociale contre les agressions et l'injustice, car "lorsque la civilisation devient un fait, les gens ont besoin de quelqu'un pour exercer une influence de mesure et les maintenir séparés, puisque l'agressivité et l'injustice font partie de la nature animale de l'homme"[167] Le calife Omar Ibn Al-Khattâb ira même jusqu'à faire de la justice une variable d'ajustement en période de crise (famine survenue en 638), transgressant ainsi les sanctions (houdoud) imposées par la Charia. La justice sociale est ainsi une recommandation divine : « Dieu commande la justice » (16 : 90). S'il fallait définir l'islam en son essence et en quelques mots, il faudrait dire : reconnaître l'unique (Dieu) et établir la justice.

Le principe de justice sociale est la clé de voûte de l'État dans la perspective islamique. C'est à l'État que revient la responsabilité de garantir la justice sociale et économique pour tous les citoyens. Il lui appartient de veiller à ce que le minimum vital soit assuré à l'ensemble de la population[168].

La justice sociale est aussi le troisième pilier de l'Economie islamique. Il incarne un système de distribution de la richesse dans la société islamique, en harmonie avec les valeurs sur lesquelles il est fondé. Ce système est basé sur une démarche à triple dimension :

- une distribution primaire des ressources naturelles avant le déclenchement de l'activité économique : ainsi l'Islam se distingue par une approche médiane, de juste milieu par rapport aux approches conventionnelles ultras libérale ou socialiste. La première privilégie la propriété privée absolue tandis que la seconde prônait la propriété collective des ressources et des moyens de production. La conception islamique repose sur une combinaison tripartie qui reconnaît à chaque type de propriété son champ d'application, sans toutefois rétorquer les autres.

---

[167] A. Ibn Khaldoun : La Muqaddima- source précedente

[168] L'éthique économique en Islam au prisme du concept de besoin Abdelilah Hajjy : Éthique et économique/Ethics and Economics, 11 (2), 2014 http://ethique-economique.net/125

- Une distribution secondaire après l'achèvement de l'activité économique qui consiste à une rémunération équitable et appropriée de chacun des facteurs de production, en l'occurrence, le capital et le travail ou plus nettement le capital financier et le capital humain.
- Une conception particulière de la propriété qui constitue un pivot central du circuit économique et du système social en entier. 3 formes complémentaires et non antagoniques de la propriété coexistent : la propriété privée au sens libéral (et non ultra-libéral) règlementée par un système normatif de valeurs ;ensuite, la propriété étatique qui octroie à l'État un champ non négligeable pour assumer son rôle de régulateur du marché .Ce qui revient, au plan pratique, à favoriser une action propre à celle d'un Etat-gendarme régulateur du marché, tempérée par la politique sociale d'un Etat-providence de type Keynesien . Enfin, la propriété collective ou publique qui consacre des domaines bien identifiés à la société tout entière et qui échape aux prérogatives des gouvernants.Cette propriété tripartite se traduit sur le champ économique par la présence des 3 secteurs indispensables et indissociables à savoir les secteurs privé, public et social.Ce dernier englobe à la fois les activités non gouvernementales à caractère mutuel ou strictement non lucratif telles que le système des legs(Awqaf), de la Zakat (aumône obligatoire), du prêt généreux(Qardh Hasan), des mutuelles d'assurance Takaful, etc.

La satisfaction des besoins fondamentaux de l'homme est une condition essentielle du développement social et de l'épanouissement culturel et spirituel. Pour l'islam, le bien-être communautaire repose sur la satisfaction des besoins matériels et moraux : « Qu'ils adorent donc le Seigneur de cette Maison, qui les a nourris contre la faim, et rassurés de la crainte ». Ce verset lie ainsi l'acte d'adoration à la satisfaction des besoins matériels (nourris contre la faim) contenant les besoins économiques et sociaux et aux autres d'ordre moral (rassurés de la crainte) intégrant les besoins psychologiques et culturels.

Du point de vue islamique, les besoins de l'homme sont de deux sortes : les besoins primaires et les besoins secondaires. Les besoins primaires répondent aux exigences qui émanent de la structure physique et des tendances spirituelles de l'homme. L'islam considère l'homme à la fois matière et esprit. L'islam cherche à promouvoir l'équilibre entre la vie matérielle et la vie spirituelle. Il ne s'agit pas de délaisser l'un au détriment de l'autre, mais les deux dimensions sont indissociables.

Tous les besoins n'ont pas le même degré d'importance ou de priorité, raison pour laquelle on retrouve dans les travaux de certains théologiens musulmans (Al-Ghazali, Al- Chatibi, Ibn-Achour,) un système de classification des besoins très particuliers. Il s'agit d'un classement par ordre de priorité décroissante, marqué par une visée théologique. Ils les classifient en trois niveaux selon l'intensité de l'intérêt commun (maslaha) comme suit[169]:

Niveau 1. Les besoins fondamentaux (ad_daruryat) : sont ceux comme la nourriture, le vêtement, le logement, qui permet le maintien de la vie. Sans ces besoins, l'homme ne pourra exercer sa fonction de « gérant sur terre ». Ces besoins intègrent également des règles et des principes religieux qui doivent permettre la protection et l'amélioration des cinq objectifs normatifs de l'islam qui sont respectivement la religion, la vie, la raison, la procréation et la propriété. Ces besoins sont indispensables aux affaires spirituelles et temporelles.

Niveau 2. Les besoins nécessaires (al_hajiyat) : sont ceux qui sont d'une grande utilité, car une fois satisfaits, ils facilitent la vie. Ils sont indirectement liés à la première catégorie et parfois, ils peuvent être indispensables pour renforcer la protection des cinq buts normatifs. Ils sont complémentaires à la première catégorie des besoins.

Niveau 3. Les besoins de commodité ou accessoires (at_tahssiniyat) : ils ont une fonction d'embellissement ou de perfectionnement. Un excès de ces besoins peut aboutir au gaspillage et ainsi constituer un déséquilibre social du fait de la monopolisation d'une partie des moyens de production au détriment de la première catégorie. Ali Ibn Abu Talib, quatrième Calife de l'islam, disait : « l'excès des riches se fait au détriment des pauvres ».

[169] Source précédente.

Dans cette optique, la problématique de la satisfaction des besoins en Islam est indissociable de sa conception de ce que la société devrait être. Le bien-être passe par une limitation des besoins de l'homme à ce qui est essentiel et utile, la satisfaction des besoins n'est nullement synonyme de maximisation.

La préoccupation première du système économique doit être celle de la satisfaction des besoins essentiels de chaque individu de la société. On peut dire que les besoins d'un individu ou d'une communauté sont dynamiques dans le temps et dans l'espace et leur développement ou leur régression dépend de plusieurs facteurs. Les déterminants peuvent être de nature politique, économique, éthique, géographique, etc.

Le concept islamique de justice sociale cherche sans doute à remédier à la pauvreté et à la misère sociale, mais ne sous-tend pas, comme on pourrait le penser, une certaine approbation de l'assistanat. Bien au contraire, l'islam fait du travail le meilleur moyen d'accès à la richesse. La mendicité est détestable et le mieux pour un homme capable de travailler c'est de gagner honnêtement sa subsistance par le travail[170].

L'Islam a déterminé et cristallisé ce principe dans un plan social spécifique, et a pu par la suite incarner ce plan dans une réalité sociale vivante dans les artères et veines de laquelle coule la conception islamique de la justice.Il ne suffit pas de connaître de l'Islam son appel à la justice sociale, mais il faut connaître aussi ses conceptions détaillées de la justice et la signification islamique particulière de celle-ci.

L'image islamique de la justice sociale comporte deux principes généraux. Le premier est le principe de la solidarité générale ; l'autre est le principe de l'équilibre social. C'est par cette solidarité et cet équilibre, compris dans leur conception islamique, que se réalisent les valeurs de la justice sociale, et c'est par eux que s'incarne l'idéal islamique de la justice sociale.

---

[170] Idem

Le Coran stipule que le message s'adresse à la Communauté du « juste milieu » qui recherche avant tout l'équilibre et la justice. Structurant la société sur la base de l'équité, I'Islam vise sur le plan économique à l'éradication de la pauvreté grâce à cet instrument puissant de solidarité envers les plus démunis qu'est I'aumône légale (Zakât).171

Les textes coraniques mettent l'accent sur l'égalité de tous les êtres humains devant les richesses matérielles ; ainsi, l'Islam bannit la mendicité, considérée comme une offense à Dieu. ; reconnaît, toutefois, la différence entre les individus quant à leurs revenus propres et le droit de propriété, rejette le gaspillage et l'avarice, insiste sur la nécessité d'une gestion rationnelle de l'économique qui tienne compte de l'intérêt commun (aI Maslaha al'âma) et des objectifs collectifs de la société ; iI considère le travail comme la source unique de tout enrichissement et insiste sur l'obligation de l'entraide sociale. L'Islam met l'accent sur les intérêts réciproques des individus partageant une vie collective et sociale. S'il tolère une minorité de riches, il leur impose des obligations onéreuses : s'acquitter de l'impôt légal (Zakâ't), de la charité pour les plus pauvres, s'interdire de pratiquer les moyens immoraux d'exploitation, de thésaurisation et d'acquisition (illicite) de la richesse.[172]

Les objectifs de la justice socio-économique et de la distribution équitable du revenu et des richesses sont unanimement considérés comme des éléments inviolables de la philosophie morale de l'Islam et sont basés sur l'engagement ferme à l'égard de la fraternité humaine[173] L'Islam admet qu'il faut s'attaquer aux racines de l'iniquité, plutôt que de se contenter de toucher certains de ses symptômes. Il a incorporé dans la foi elle-même un certain nombre de mesures qui ne permet-

171 9. Abderrahim LAMCHICHI « Le concept de solidarité en islam » in La solidarité, un sentiment républicain ? (Ouvrage collectif publié par le CURAPP sous la direc-tion de Jacques Chevallier), PUF, 1992

172 Dean Ahmad I. (1995), L'économie politique de la société islamique classique, Colloque « Islam et libéralisme », Institut Euro 92, avril 1995.

173 Mohammad Umer CHAPRA : Vers un système monétaire juste- Publications de l'IRTI (BID) Djeddah-1997

traient pas à une distribution injuste d'avoir lieu. De plus, il a un programme complémentaire pour réduire davantage les inégalités qui restent, à travers la Zakat et plusieurs autres instruments.

L'attachement intensif de l'Islam à la dignité humaine, à l'équité et à la fraternité conduit à la lutte contre la pauvreté et la satisfaction du besoin de sentiment de plénitude ou d'accomplissement. La pauvreté mène à l'immobilisme, au désarroi et à la dépendance sur autrui. Selon les propos du Prophète (saws), elle peut pousser à la mécréance (kofr).

La pauvreté est donc contraire à l'objectif de dignité humaine contenu dans les enseignements islamiques. Cependant, la lutte contre la pauvreté ne peut se faire sans une utilisation rationnelle et équitable de toutes les ressources mises à la disposition des hommes. Ces ressources sont, il faut le rappeler, une sorte de dépôt qu'Allah a confié aux êtres humains et qu'il y a lieu de respecter les termes de ce dépôt dont, entre autres, l'utilisation de ces ressources d'une manière responsable qui mène à la satisfaction de l'ensemble des besoins[174] .

Le Coran exige que la richesse ne doive pas circuler parmi les seuls riches (59 : 7). Pour cela il propose un programme d'aide sociale sous forme de zakat, de sadaqat, et d'awqaf, mais aussi une redistribution des ressources qui assure l'équilibre social global. Les secteurs économiques et sociaux nouent une relation de complémentarité : le secteur économique alimente par ses surplus le secteur social qui, par sa capacité d'absorption, constitue un instrument de relance de l'activité économique et donc un garant de la pérennité de la production.[175]

La Zakat est le troisième pilier de l'islam et l'ossature de toute l'économie islamique. En plus de sa fonction sociale traditionnelle, la zakat joue un double rôle :

---

[174] Mohammad Umar CHAPRA.: La vision islamique du développement) traduit de l'anglais par Dr M.BOUJLEL- IRTI- BID- Djeddah 1985,

[175] Mame BAMBA DIAGNE : L'économie islamique: une approche coranique: Etudes en Economie islamique Vol. 7, No. 1, juin 2013 (99-119) IRTI (BID)

- C'est une solution à la thésaurisation : par la taxation des ressources thésaurisées, la Zakat est un instrument d'ajustement de la quantité de monnaie aux besoins des transactions. Tout comme l'intérêt, elle est un moyen de lutte contre la préférence pour la liquidité. Pour cette raison, le Riba et la Zakat ne peuvent cohabiter ; le choix de l'un exclut automatiquement l'autre.

- c'est un moyen d'incitation au prêt et au financement de l'économie : les détenteurs de surplus ont l'avantage par le prêt de conserver leur capital sur la durée du prêt. L'investissement du débiteur dans la production, tout autant que sa consommation, constitue un gain pour toute la communauté. Le prêt à intérêt (Riba) cède le pas au prêt sans intérêt (Zakat).

- Elle garantit les risques de défauts : le mécanisme d'endettement est conçu pour permettre, dans un système reposant sur la demande de consommation, que la variation des capacités d'offre puisse répondre conséquemment à la demande. La Zakat peut assurer la viabilité globale du système, en affectant une partie des ressources aux endettées victimes de défauts de paiement.

- elle constitue aussi une relance de l'activité économique : par une réinjection des ressources sous forme de demande de consommation des démunis, la Zakat constitue un instrument de soutien de la production et de l'emploi. Les catégories bénéficiaires ont une forte propension marginale à consommer. Leur demande constitue un facteur de relance de la production. Ces ressources ne doivent pas être détournées pour le financement de l'investissement. Elles doivent juste susciter l'investissement qui, lui, est financé sur ressources propres ou sur emprunt.[176]

- Les ressources de la Zakat sont affectées à huit (8) catégories. En dehors de ceux qui travaillent à la collecte, toutes les catégories sont économiquement fragiles. La Zakat leur est attribuée pour les soutenir dans leur consommation, à l'exception des endettés pour qui le paiement de la dette justifie la Zakat. La Zakat corrige de l'exclusion des activités

[176] source précedente.

productives. La redistribution assure l'équilibre social. Les expiations de certains péchés (Kaffarat) renforcent la lutte contre la pauvreté.

E- La dimension économique de la justice en islam :

L'islam attache la plus grande importance à la justice économique, considérée comme l'origine et la source de la justice sociale. Comme le marque bien, et de façon souvent très précise et très technique, le Coran (Sourate 2 , la plus longue avec 286 versets), la richesse est bonne si elle est partagée, et la justice économique est peut-être ainsi le paradigme de la justice sociale.

La dimension économique de la justice se traduit par un ensemble de principes directeurs dont les plus importants sont les suivants :

Eradiquer l'injustice : est le principe essentiel de l'économie islamique que ce soit dans la sphère financière ou extrafinancière, car l'injustice est considérée comme étant la source principale du problème économique et non pas la rareté comme postule l'économie conventionnelle même si une telle idée est largement critiquée par les partisans de cette thèse.L'injustice est conçue ici en termes d'inexploitation, du gaspillage ou de la mauvaise allocation des ressources.Cette injustice, mal suprême de toute l'humanité, doit être éradiquée sur tous les plans : celui de la production, de la consommation et de la répartition.

Le problème économique dans la vision islamique n'est pas inéluctablement un problème de rareté des ressources au sens malthusien. Il n'est pas non plus historique comme le prétendent les tenants du matérialisme historique. Mais, il est fondamentalement un problème de conduite de l'homme avant qu'il soit celui de la nature. Autrement dit, le problème réside dans l'homme lui-même qui exerce de l'injustice envers les autres.

Interdiction du Riba (intérêt simple ou composé) à travers la promotion de l'échange par un système économique et financier fondé sur les ventes et non pas sur le crédit (tel qu'il est dans le système conventionnel).

Interdiction du Gharar (qui veut dire incertitude, ambiguïté dans les contrats ou aléa) : le Gharar englobe toute sorte non négligeable d'ambiguïté, d'incertitude et de hasard sur les caractéristiques du bien échangé telle que son prix, sa taille, sa couleur, la date de livraison, les échéances ainsi que les montants de remboursements.la source de cette prohibition découle du hadith suivant : « Le Prophète a interdit l'achat d'un animal non né dans la matrice de sa mère, la vente du lait dans la mamelle sans mesure, l'achat du butin de guerre avant sa distribution, l'achat des dons de charité avant leur réception, et l'achat de ce qu'a récolté un pêcheur avant sa pêche ».

Interdiction du Maysir (spéculation) : Le terme Maysir signifie jeu de hasard et sa prohibition découle du verset du Coran suivant : « O vous qui croyez, l'alcool, le jeu de hasard, les pierres dressées et les flèches divinatoires ne sont qu'impureté, relevant du fait du diable. Préservez-vous-en, afin de réussir. Le diable ne veut, par le biais de l'alcool et du jeu de hasard, que jeter l'inimitié et la haine entre vous, et vous détourner du souvenir de Dieu et de la prière ». Le Maysir touche aujourd'hui'ui profondément à toute spéculation boursière à travers les ventes fictives (L'Islam interdit fermement de vendre ce qu'on ne possède pas), les contrats à terme et les produits dérivés (options, futures, swaps)

La nécessité d'une économie réelle et l'interdiction de l'économie virtuelle à travers le système des ventes qu'il recommande pour le financement des projets et des activités à la place du système basé sur l'intérêt. Ce système de ventes est fondé sur 4 compartiments complémentaires qui répondent à toute sorte de besoins de financement : les modes de commerce pur (Ittijar) telles que les contrats Mourabaha, Salam ou Istisna'a. Les modes de location (Ijara) telle que la location simple, la location-vente ou la location anticipée. Les modes de participation (Moucharaka : Moucharaka temporaire, permanente ou dégressive donnant suite à un transfert de propriété. Enfin, les modes de capital-risque tels que la Moudharaba, la Mouzaraa, la Mougharasa ou la Mousaqat.

Interdiction de l'Iktinaz (la thésaurisation) : Il s'agit de condamner toute sorte de spéculation monétaire et tout acte menant à accaparer la monnaie, la thésauriser et l'empêcher de remplir sa fonction initiale comme étant un moyen d'échange et une réserve de valeur.

Le partage des risques : le risque doit être partagé d'une façon équitable, divulguée et non transférée d'une partie sur l'autre. Chaque contrat de financement islamique est régi par cette règle fondamentale « Alghounmou Bil ghourmi » qui veut dire tout simplement que le gain va de pair avec le risque et que nul profit sans prise de risque.

La rationalité économique : qui se traduit par un comportement juste et raisonnable au niveau de chaque activité économique : la production, la consommation, l'épargne, l'investissement, etc. L'islam insiste beaucoup sur ce principe de rationalité. S'il y a un terme qui peut définir l'islam et sa civilisation, après la notion d'unicité divine (tawhid), c'est celui de la rationalité qui est exprimée de plusieurs façons par des notions comme la médianité ou le juste milieu (al wassatiya). La gestion des affaires de ce monde, à commencer par le fait économique, selon l'islam, doit se conformer au critère de rationalité. C'est un repère essentiel, qui fait signe à l'idée de l'optimisation et de la bonne allocation des ressources. L'éthique, plus que d'autres concepts, est liée à cette approche qui renvoie aux principes de mesure, de modération et d'équité.

Interdiction du commerce des dettes tel que la titrisation des créances qui conduit à une réduction de la richesse réelle au détriment de la richesse virtuelle basée sur la dette.

Les échanges commerciaux doivent être soigneusement régules. Seul le travail mérite récompense, parce qu'il génère des richesses, matérielles ou immatérielles, dans l'interdépendance des hommes et des pays. Comme disait Gandhi : « Les systèmes économiques qui négligent les facteurs moraux et sentimentaux sont comme des statues [177]de cire : ils ont l'air d'être vivant et pourtant il leur manque la vie de l'être

[177] https://www.dicocitations.com/citations/citation-43427.php

en chair et en os pour cela, l'islam considère qu'une société où il n'y a pas de justice va nécessairement à la décadence et la destruction.

L'économie doit être réelle et ne laisser aucune place à la spéculation ni à l'enrichissement sans cause. Soucieux de régulation économique, Ibn Khaldoun dit : S'il y a spoliation brutale, si des atteintes ouvertes sont apportées à la propriété privée, aux femmes, aux vies, aux personnes, à l'honneur des sujets, le résultat en sera la désintégration soudaine, la ruine, la rapide destruction de la dynastie, en raison des inévitables troubles suscités par l'injustice[178]

À travers ce système de valeurs universelles, l'Islam aide à la création d'un environnement propice pour renforcer la justice, la solidarité familiale et sociale, la promotion de l'entraide mutuelle et la coopération entre les individus. En l'absence d'un tel environnement, les valeurs et le système de motivation seront émoussés.

5. La justice entre la théorie et la pratique :

La justice islamique n'est pas une conception théorique ou un principe moral abstrait.Au contraire, il s'agit d'une pratique palpable, une réalité avérée. L'histoire de l'islam et de la civilisation musulmane depuis la période prophétique témoigne de plusieurs faits marquants dans ce domaine. Nous nous contenterons de citer quelques-uns qui relatent cette réalité pratique de la justice aussi bien au sens politique, qu'économique et social :

- Le prophète de l'islam a prononcé des paroles sublimes envers l'injustice qui est proscrite sous toutes ses formes, quelles que soient les circonstances : la différence de religion, d'ethnie ou de lignée, ou encore d'appartenance ou de liens claniques, ne peut en aucun cas donner prétexte à l'injustice. Il disait stricte-

[178] Ibn Khaldoun, Al Muqaddima, traduction de Vincent Monteil, Commission internationale pour la traduction des chefs d'œuvre, Beyrouth, 1967, t. 2, p. 591.

ment « Quiconque commet une injustice envers un non-musulman lié par un accord de paix, le rabaisse ou lui impose de trop lourdes charges, ou encore lui prend quoi que ce soit contre son gré me trouvera plaidant contre lui le jour du jugement. » Ces propos n'étaient pas de simples principes théoriques sans réel effet dans la vie des gens : ils étaient clairement reflétés dans chaque attitude et chaque comportement du Prophète (saws) ; chaque traité, chaque engagement qu'il concluait en était l'expression manifeste, et il mettait tous ses efforts dans la réalisation des conditions nécessaires à leur mise en œuvre. C'est le cas, par exemple, dans ses engagements pris envers les juifs lors de son émigration à Médine. Le texte du traité qui représente une sorte de constitution de la première capitale de l'islam, dit ainsi : « Nul ne doit léser son allié, et tout secours sera porté à l'opprimé. » Ce principe est l'affirmation constitutionnelle que l'injustice est totalement inacceptable et que c'est toujours la victime d'injustice qu'il convient de soutenir, qu'il s'agisse d'un musulman ou d'un juif : ce principe se vérifia dans les faits par la suite. Tous les articles du traité exprimaient et confirmaient ce même principe de justice.

- De même les traités du Prophète (saws) avec les chrétiens reprennent les mêmes principes de justice mis en œuvre dans ses traités avec les juifs ; ainsi, son traité avec les chrétiens de Najrân stipule : « Nul d'entre eux ne sera châtié pour l'injustice commise par un autre. »
- Le calife Omar Ibn Al-Khattâb a jugé en faveur d'un citoyen copte qui a été maltraité par le gouverneur d'Egypte (son représentant) Amr Ibn Alaas.
- Il ira même jusqu'à faire de la justice une variable d'ajustement en période de crise (famine survenue en 638), transgressant ainsi les « sanctions » (houdoud) imposées par la Charia.

- Il a aussi décrété une pension alimentaire en faveur des citoyens, y compris les non musulmans suite à sa découverte d'un mendiant juif à Médine.
- Le 5ème calife Omar ibn Abdelaziz, dénommé le calife juste, a entrepris des réformes sur tous les plans en d'épis de son court passage au pouvoir (environ deux ans seulement) allant jusqu'à l'éradication totale de la pauvreté et réalisant ainsi un excédent budgétaire pour la première fois dans l'histoire de l'islam. Les revenus collectés par la zakat ont largement suffi et ont dépassé les besoins de la société. Il a promulgué, entre autres, un décret en faveur des animaux en limitant par la loi la surcharge maximale à transporter par chaque type d'animal.

Conclusion : vers une justice humaine

L'Islam a donc déterminé et cristallisé le principe de la justice sur le plan social et économique, et a pu par la suite incarner ce principe dans une réalité sociale vivante dans les artères et veines de laquelle coule la conception islamique de la justice.

L'image islamique de la justice sociale comporte deux principes généraux. Le premier est le principe de la solidarité générale ; le second est le principe de l'équilibre social. C'est par cette solidarité et cet équilibre, compris dans leur conception islamique, que se réalisent les valeurs de la justice sociale, et c'est par eux que s'incarne l'idéal islamique de la justice sociale.

La justice et l'équité envers toute chose et envers chaque personne sont obligatoires, et l'injustice est prohibée envers toute chose et envers chaque personne. Cependant, il est impossible d'assurer l'équité en l'absence du respect de certaines règles de comportement par l'ensemble des membres de la société. Ces règles s'appellent 'valeurs morales' dans l'approche religieuse et 'institutions' dans l'approche économique. On compte parmi ces valeurs : l'honnêteté, l'équité, la ponctualité, la conscience, la diligence, l'autonomie, la tolérance, l'humilité, l'austérité, le respect des parents, des enseignants et des vieilles personnes, la sympathie et la tendresse envers les pauvres, les handicapés et les opprimés, et le respect des engagements envers tous les êtres humains où qu'ils se trouvent. Le respect de ces valeurs favorise la confiance mutuelle et les relations cordiales au sein de la communauté et incite les gens à remplir leurs obligations, à s'entraider et donc à promouvoir la solidarité familiale et sociale, la cela conduira à une augmentation du capital social, qui est nécessaire pour promouvoir l'efficacité et l'équité et, par conséquent, l'accélération du développement et du bien-être humain.

Le souci d'une justice universelle à laquelle tous les hommes sont invités à participer est un souci majeur de l'islam et de sa doctrine économique et sociale

Les penseurs et savants musulmans ont souligné que la justice est une valeur cardinale prônée par toutes les religions. Elle existe dans l'espèce humaine depuis que la civilisation est apparue dans le monde. Cependant, dans la pratique, les initiatives réussies sont très limitées.L'histoire de l'islam a incarné quelques-unes qui demeurent toutefois exceptionnelles.

Aujourd'hui, le monde souffre de plus en plus d'injustice et aura besoin plus que jamais de se tourner vers la religion pour repérer de nouveaux outils pratiques de cette vertu universelle.

Chapitre 5

Une approche islamique de la réciprocité

Introduction :

Si le vrai sens de la réciprocité signifie un échange équitable et symétrique et privilégie le lien social à l'intérêt économique, il est incontestablement exhorté et recommandé par toutes les religions monothéistes qui émanent de la même source : un Dieu Unique, seul créateur de l'univers et des Hommes, en général et en particulier l'islam.

Depuis Confucius qui a été le premier à édicter la règle d'or de la réciprocité : « ne jamais imposer aux autres ce que l'on ne s'imposerait pas à soi-même »[179], cette préoccupation est intimement liée au développement de l'humanité depuis ses origines. Elle s'est enrichie et renouvelée et constitue une source d'inspiration essentielle pour l'approfondissement du concept moderne des droits de l'homme. On retrouve nécessairement cette règle dans les religions abrahamiques avant l'Islam qui prônaient toutes un traitement équitable et responsable entre les personnes : « traite les autres comme tu voudrais être traité » ou « ne fais pas aux autres ce que tu ne voudrais pas qu'on te fasse »[180]. Le prophète de l'Islam le confirme en des termes analogues : « Aucun d'entre vous n'est croyant jusqu'à ce qu'il aime pour son frère ce qu'il aime pour lui-même »[181]

La réciprocité est dans ce sens, une valeur morale fondamentale, un principe éthique universel qui impose un droit au traitement équitable et une responsabilité de justice envers les autres. Elle repose sur un certain nombre de principes indissociables comme la responsabilité, la solidarité, le partenariat, l'égalité et l'échange.

L'islam qui se veut une religion de la justice économique et sociale fournit un sens assez particulier à cette notion de réciprocité qui se trouve aussi bien dans son système d'échange non marchand (à but non lucratif) que marchand (à but purement lucratif). Cette combinaison entre l'éthique et l'économique, entre l'individuel et le commun, entre le spirituel et le matériel,

---

179 Amina Wadud : L'Islam au-delà du patriarcat : Une analyse genre du Coran : www.musawah.org/sites/default/files/Wanted-AW-FR_0.pdf :

180 Éthique de réciprocité : https://fr.wikipedia.org/wiki/Éthique_de_réciprocité

181 Hadith rapporté par al-Boukhari et Muslim

est une particularité que l'on retrouve dans les fondements des sources islamiques.

Ce sens de la réciprocité est donc enraciné dans tous les actes et les comportements de l'être humain à la fois dans le sens vertical, spirituel (envers Dieu) ou horizontal économique et social (envers les autres). La réciprocité verticale nécessite la sincérité (Ikhlas) dans les actes (adorations ou Ibadat) tandis que la réciprocité horizontale nécessite la justesse et l'équité(Mouamalat). Ibadat et Mouamalat constituent, en effet, les deux grandes branches de la loi islamique (la charia).

Nous aborderons dans cette contribution après avoir redéfini la règle d'or de la réciprocité d'un point de vue islamique, les principaux fondements qui y sont attachés en particulier le fondement dogmatique ou spirituel(la réciprocité verticale) en termes de relation entre l'Homme et son créateur et ses effets sur les relations socio-économiques entre les êtres humains, le fondement éthique (la réciprocité horizontale) qui détermine la nature des comportements des gens, le fondement économique et social qui est le fruit d'une réciprocité positive et efficace.

En guise de conclusion, nous tenterons de dresser une synthèse de la particularité de l'approche islamique et sa contribution dans le développement de la théorie de la réciprocité en général.

A- Essai d'une définition islamique de la réciprocité :

D'un point de vue islamique, la réciprocité est une valeur fondamentale intrinsèque à la religion en regard de ses 3 composantes : la foi (ou la croyance), la morale (ou l'éthique) et la charia (ou la jurisprudence). Elle est ainsi établie verticalement avec le créateur (réciprocité verticale) et horizontalement avec la créature (l'être humain et l'univers). Cette approche se distingue nécessairement de la définition conventionnelle qui se limite à une relation réversible entre des sujets. Ella ajoute à cela une dimension spirituelle qui constitue une sorte de relation réversible aussi entre les sujets et leur créateur (la réciprocité verticale). Cette dimension est aussi bien importante dans le sens où elle consolide la dimension horizontale et constitue un facteur de continuité et de pérennité. La réciprocité au sens islamique se distingue également par le fait qu'elle englobe la sphère lucrative et non lucrative tandis que la réciprocité conventionnelle se limite plutôt dans la sphère non lucrative et se confond souvent avec le principe du don[182]. La réciprocité islamique se caractérise aussi par une relation entre les sujets basée sur le principe de la fraternité qui impose une certaine éthique liée à des obligations d'ordre religieux et social. Ces obligations réciproques sont incarnées dans le système « Takaful » qui signifie solidarité sociale renforcée.

Enfin, la spécificité islamique en matière de réciprocité se trouve dans la règle d'or qui fonde le système de l'échange dans une économie islamique à savoir le partage du risque dans toutes les opérations d'ordre financier ou commercial désigné sous le vocable « Mouawadhat ».

Partant de ces particularités et principes, nous pouvons désormais déduire une définition islamique de la réciprocité comme suit :

« La réciprocité au sens islamique du terme signifie toute action à caractère lucratif ou non basée sur l'équité et la justesse, qui permettrait à renforcer les liens sociaux et la fraternité humaine dans une optique d'espoir en la récompense divine ».

B. Le fondement spirituel (la réciprocité verticale) :

La réciprocité verticale exprime une relation entre l'être humain et son créateur dans laquelle s'inscrit tout acte ou comportement qui aura pour finalité suprême une récompense divine (Ibada)[183]. La recherche de la récompense d'Allah(swt) lorsque l'on accomplit un acte d'obéissance et des actions par lesquelles on recherche son agrément. Ces actions peuvent être de deux sortes :

---

182 Marcel Mauss (1895-1924) : Essai sur le don : Forme et raison de l'échange dans les sociétés archaïques In Sociologie et Anthropologie, PUF, Collection Quadrige, 1973,

183 "La Ibada [de Dieu] est un terme général désignant tout ce que Dieu aime et agrée, qu'il s'agisse de paroles ou d'actes, et que ceux-ci soient extérieurs ou intérieurs."

1- Les actions purement cultuelles (dînî)[184] : celles qui sont instituées uniquement pour établir, entretenir et augmenter le lien spirituel avec Dieu tel que : la prière, la zakat, le jeûne, le pèlerinage, le fait d'invoquer Dieu (du'â), de l'évoquer (dhikr), et de réciter le Coran. Mais il y a aussi : le fait de dire la vérité, d'être honnête et de respecter ses engagements ; le fait de bien agir envers les parents et de garder de bonnes relations avec les autres membres de sa parenté ; le fait d'être bienfaisant vis-à-vis du voisin, de l'orphelin, du pauvre, du voyageur et du nécessiteux en général qu'il soit co-religionnaire ou non. Il y a également : le fait d'ordonner le bien et d'interdire le mal et de veiller à rester dans l'équilibre et la justesse à tout moment et dans tous les actes.

Les actions à caractère temporel (dunyawi) : qui couvre tout comportement humain qui aura pour but d'accomplir sa mission sur terre à savoir la lieutenance et la gestion des affaires courantes pour subvenir à ses besoins et échanger des services avec les autres. Ainsi, comme l'a écrit en substance un des grands savants de l'Islam Andalous Ash-Shâtibî[185], la vente n'est pas, en soi, un élément purement religieux, mais un élément temporel ; l'islam ne dit donc rien sur la question de savoir si la vente doit se faire face à face ou par Internet ; cependant il apporte, au sujet de la vente, des règles religieuses, des normes, à savoir que sont interdits l'intérêt (Riba), la vente de ce qu'on ne possède pas, le mensonge relatif à la marchandise, et qu'est obligatoire le paiement de la zakat, etc. Ces règles font aussi partie du "religieux" islamique. Et elles restent valables que la vente se fasse face à face ou sur le Web. Ce sont ces règles, ajoutées à la conscience de la Présence de Dieu, qui introduisent une dimension "religieuse" dans la vente, et non la vente en elle-même.

2-Le terme "religieux" ("dîn") ou "cultuel" ("ta'abbud") recouvre donc en Islam un champ plus vaste que celui qu'il recouvre dans la civilisation occidentale. En effet, les sources musulmanes nomment comme faisant partie du "religieux" non seulement "le religieux" de la civilisation occidentale (c'est-à-dire les croyances, la spiritualité et les formes purement cultuelles),

---

184 « […] Tout bien que vous vous prépariez, vous le retrouverez auprès d'Allah, meilleur et plus grand en fait de récompense. Et implorez le pardon d'Allah. […] » (Coran 73/20)

185 Ash-Shâtibî (cf. Al-I'tissâm, 2/80) (traitant de l'innovation en Islâm) : Mort en 1388 à Gharanât (Grenade (Espagne)). Un célèbre théologien et juriste de doctrine Malékite spécialisé dans les fondements de la jurisprudence.

mais aussi ce que la civilisation occidentale appelle "règle économiques, sociales, civiques, internationales, etc." Il faut par ailleurs rappeler ici que le "religieux" de l'Islam n'a pas comme objectif de détruire ou de rendre impossible le « religieux » au sens occidental, mais au contraire de préserver aussi bien les croyances et la spiritualité, que la personne humaine, l'intellect, les biens, la filiation, la sécurité, etc. Et qu'il est applicable par chacun et non par un clergé, concept inexistant en islam[186].

Tous ces actes qui sont effectués dans l'espoir d'une récompense divine et qui aspirent de se rapprocher de Dieu fait partie de la divinisation (ta'lîh) qui peut contenir un comportement de connexion permanente avec Dieu qui se traduit à tout moment par : craindre Dieu, se tourner vers lui, garder sa pratique sincère pour lui, faire preuve de patience devant sa décision, lui être reconnaissant pour ses bienfaits, être heureux de son jugement, s'en remettre à lui, espérer Sa Miséricorde et redouter son châtiment. Tout cela fait partie, comme le décrit un autre grand savant de l'islam[187], de l'adoration de Dieu ou (ibâdatullâh).

Cette relation verticale d'adoration continue, a, sans doute, des répercussions positives sur la relation horizontale de l'individu avec ses semblables, ce qui donne à la religion islamique une particularité importante à savoir qu'elle ne fait pas de différence entre le "religieux" et le "temporel". En effet, toute bonne action est culte de Dieu. L'espoir au rapprochement de Dieu et en sa récompense laisse l'individu en recherche permanente d'améliorer son comportement avec les autres et d'éviter toute sorte d'injustice ou de lésion, ce qui constitue en fait une réciprocité efficace et positive. En cas de déviation ou de négligence, les expiations de certains péchés (Kaffarat) renforcent les liens sociaux et la lutte contre la pauvreté et la détresse. La violation des engagements, par exemple, est réparée en donnant à manger à 10 pauvres[188] , le fait de jurer de ne plus « s'approcher » de sa

[186] http://www.maison-islam.com/articles/?p=54

[187] Ibn Taymia : (né en 1263 à Harran en Turquie actuelle, mort en 1328 à Damas en Syrie), est un théologien et un jurisconsulte (Faqih) du xiii eme siècle, influent au sein de la doctrine hanbalite.

[188] (Coran 5 : 89)

femme est réglé de la même manière pour 60 pauvres[189]. Le jeune participe à la lutte contre la faim, lors de compensation pour incapacité, d'une part, et à travers la Zakat de fin de ramadan, obligatoire pour tout jeûneur, d'autre part. Enfin, lors du pèlerinage, les bêtes égorgées sont destinées également aux pauvres[190].

C. **Le fondement éthique (la réciprocité horizontale) :**

La réciprocité horizontale traduit, dans la conception islamique, un fondement éthique aussi important qu'il soit. En effet, la mission fondamentale du prophète de l'Islam (saws) telle qu'il l'a exprimée n'est que l'accomplissement et l'achèvement des bonnes morales qui ont été initiées par les autres envoyés de Dieu avant lui[191]. L'Islam est ainsi basé sur trois assises essentielles : l'assise dogmatique, liée à la foi et la croyance en un Dieu unique puissant et omniprésent, l'assise charaïque liée à l'ensemble des normes et des lois jurisprudentielles couvrant tous les aspects de la vie humaine, et l'assise morale ou éthique qui couvre toutes les bonnes morales à rechercher ainsi que les mauvaises morales à éviter et écarter. Il s'agit par exemple d'être juste avec les autres, d'être sincère dans tout comportement, de dire la vérité, d'être honnête, humble, généreux, patient, flexible, veillant à restituer les dépôts(Amanaat) et les droits des autres, respectueux de ses engagements, etc.

Parmi les valeurs et les bons comportements vers lesquels appelle l'Islam, nous pouvons citer[192] :

– être bon envers ses parents et ses proches, les orphelins, les pauvres et tous les membres de la société. Le très haut dit dans le sens du verset : (Adorez Allah et ne lui donnez aucun associé. Agissez avec bonté envers vos pères et

---

189 (Coran 58 : 4)

190 Mame Bamba Diagne : L'Economie islamique : Une approche coranique : Etudes en Economie islamique, IRTI, Vol. 7, No. 1, juin 2013

191 Citation prophétique : « J'ai été envoyé pour parachever les hautes valeurs morales » rapporté par Al-Hakim, Al-Bayhaqi et Al-Boukhari.

192 Voir article sur : http://francais.islammessage.com/Article.aspx?i=8990

mère, les proches, les orphelins, les pauvres, le proche voisin, le voisin lointain, le collègue et le voyageur, et les esclaves en votre possession)[193].

– la droiture, l'équité, la bienfaisance et la bonté : (certes, Allah commande l'équité, la bienfaisance et l'assistance aux proches)[194].

– rendre les dépôts à leurs ayants droit et être juste et équitable entre les gens : (Certes, Allah commande de rendre les dépôts à leurs ayants droit, et quand vous jugez entre des gens, de juger avec équité)[195].

– se comporter avec bonté à l'égard de celui qui a désobéi Allah à ton encontre : (Et que la haine pour un peuple ne vous incite pas à être injuste. Pratiquez l'équité, cela est plus proche de la piété)[196].

– respecter ses engagements, donner les pleines mesures quand on mesure les choses et les peser avec une balance exacte : (Et remplissez l'engagement, car on sera interrogé au sujet des engagements. Et donnez la pleine mesure quand vous mesurez et pesez avec une balance exacte)[197].

– éviter d'être orgueilleux et de se comporter avec arrogance : (Et ne foule pas la terre avec orgueil ; tu ne sauras jamais fendre la terre et tu ne pourras jamais atteindre la hauteur des montagnes)[198].

– être endurant et pardonner : (Et celui qui endure et pardonne, cela en vérité, fait partie des bonnes dispositions et de la résolution dans les affaires[199].

D. Le fondement social (la réciprocité non lucrative) : le système Takaful :

La réciprocité non lucrative traduit une relation sociale basée sur la fraternité, la solidarité et la mutualité. En effet, l'œuvre la plus importante qu'a

[193] [Coran 4 : 36].
[194] [Coran 16 : 90]
[195] [Coran 4 : 58].
[196] [Coran 5 : 8].
[197] [Coran 17 : 34- 35].
[198] [Coran 17 : 37]
[199] [Coran 42 : 43]

effectué le prophète Mohammad (saws) dès son arrivée le premier jour à Médine en l'an 610 aJ, est la mise en place d'un système social basé sur le principe de la fraternité entre les deux grandes composantes à l'époque de la société islamique à savoir les « Mouhajirins » (ceux qui ont émigré de la Mecque vers Médine) et les « Ansars » (les citoyens de souche de Médine). Cette fraternité est loin d'être superficielle ou légère, mais au contraire elle conduisait à un partage réel de toute sorte de biens et de patrimoines des uns avec les autres. Elle est étayée par un ensemble de prescriptions et dispositions prophétiques comme l'indiquent les citations suivantes :

- « Les croyants, dans leur amour mutuel et leur compassion les uns envers les autres, sont comparables à un corps humain ; si une partie ressent de la douleur, c'est tout le corps qui souffre d'insomnie et de fièvre. »[200]
- « Les croyants, dans les liens qui les unissent, sont comme un solide bâtiment où chaque partie en supporte une autre. » [201]

La fraternité islamique instaurée par le messager de l'Islam(saws) fut ensuite structurée tout au long de l'histoire de l'Islam dans un système mutualiste connue sous le nom de « Takaful Social » qui signifie responsabilité solidaire ou aussi solidarité responsable de tous envers tous. Les textes qui recommandent la solidarité sociale sont multiples. On peut citer par exemple :

-(Entraidez-vous dans l'accomplissement des bonnes œuvres et de la piété et ne vous entraidez pas dans le péché et la transgression)[202]
-(La bonté pieuse ne consiste pas à tourner vos visages vers le Levant ou le Couchant. Mais la bonté pieuse est de croire en Allah, au Jour dernier, aux Anges, au Livre et aux prophètes, de donner de son bien, quel qu'Amour qu'on en ait, aux proches, aux orphelins, aux nécessiteux, aux voyageurs indigents et à ceux qui demandent l'aide et pour délier les jougs, d'accomplir la Salât et d'acquitter la Zakat) [203]

---

[200] (Rapporté par Al-Boukhari et Muslim)
[201] (Rapporté par Al-Boukhari et Muslim)
[202] [Coran 5 : 2]
[203] [Coran 2 : 177]

Ce système est basé sur un ensemble de comportements et d'actions structurées et non structurées qui permettent la mise en œuvre pratique de cette solidarité sociale. Il s'agit en effet principalement de :

1-L'assurance Takaful :

C'est une sorte de fonds social institué en cas de voyage ou de besoin quelconque (sécurité sociale ou assurance contre les risques). D'où la genèse du système d'assurance Takaful (vie et non vie ou Général Takaful et Family Takaful) qui sert à indemniser les sinistrés en cas de sinistre. Le Takaful est perçu comme une assurance coopérative, où ses membres versent une somme dans un fond commun. Le but de ce système n'est pas le bénéfice, mais la garantie du principe de se porter assistance l'un l'autre et de générer ainsi une protection mutuelle (mutualité)[204]. L'origine de ce système se trouve dans un Hadith du prophète de l'Islam dans lequel il dit à propos d'une tribu nommée les Ashaarites[205]: « Quand les vivres (nourritures) des Ashaarites ou ceux de leurs enfants manquent (deviennent rares) à Médine, ils réunissent tout ce qu'ils ont dans un seul tissu (vêtement), puis partagent cela entre eux équitablement, ils sont de moi et je suis d'eux ». [206]

2-La Zakat :

C'est une obligation financière morale, prélevée sur le flux ou le surplus des riches, créé pendant une année, en faveur des bénéficiaires spécifiques cités par le Coran[207]. Cette aumône, versée selon les règles de solidarité, est un droit des pauvres et des nécessiteux et ne doit pas transiter par les caisses de l'État. Il existe deux types de zakat : zakat al-mal (aumône légale) qui est versée annuellement. Sa valeur est calculée sur la base des différentes catégories de biens : métaux précieux, bétail, produits agricoles et capital commercial. La zakat al- fitr (aumône de la rupture du jeûne) a pour but de faire accepter par Dieu le jeûne du mois du ramadan et doit être versée par tous les musulmans qui possèdent de quoi vivre au moins pour un jour. Son montant

[204] http://www.assuranceislamique.com
[205] (il s'agit de la tribu du compagnon du prophète Abû Musa al-ashaarî)
[206] Rapporté par Al-Boukhari et Muslim.
[207] (Coran 9 : 60)

est fixé chaque année par les juristes musulmans selon certains critères, notamment le prix réel des denrées nécessaires (blé, riz, sucre, etc.)[208]. Le Coran identifie les catégories de personnes qui doivent bénéficier de la zakat : « Les Sadaqat ne sont destinés que pour les pauvres, les indigents, ceux qui y travaillent, ceux dont les cœurs sont à gagner, l'affranchissement des jougs, ceux qui sont lourdement endettés, dans le sentier d'Allah, et pour le voyageur. C'est un décret d'Allah ! Et Allah est omniscient et sage »[209].

Les catégories qui méritent la zakat sont donc : (1) les pauvres et les besogneux dont le revenu ne suffit pas à se procurer l'aisance ou le bien-être (2) les personnes qui travaillent dans la collecte et la distribution de zakat, (3) ceux dont les cœurs sont à gagner c'est-à-dire les personnes dont la foi n'est pas encore consolidée, (4) les prisonniers et les esclaves(5) les endettés qui ont contracté des dettes dans un but pieux et incapable de s'en acquitter(6) les personnes qui se retrouvent soudainement sans abri et loin de leur famille ou de leur pays et les gens de la route (7) les voyageurs en détresse loin de leurs pays peuvent aussi bénéficier de la zakat pour subvenir à leurs besoins(8) dans la voie de Dieu c'est-à-dire tout ce qui est d'utilité publique, telle que l'édification des hôpitaux, des écoles ,des centres d'accueil pour les orphelins, etc.

3-Le Waqf :

Inversement de la zakat, le Waqf est un acte de bienfaisance non obligatoire qui permet de générer des revenus et de les allouer, entre autres, aux couches sociales lésées. De plus, il assure des services sociaux gratuits tels que la santé et l'enseignement améliorant ainsi la qualité de vie au sein de la société. Il est défini comme étant « la possession d'une propriété, convertie d'une propriété privée en une propriété sociale, et dont l'usufruit du revenu généré est alloué à des bénéficiaires définis ». C'est une sorte de fondation pieuse dont les revenus sont versés à titre récurrent à des personnes déterminées par le donateur et non pas imposées par le Coran. Les bénéficiaires du Waqf peuvent être, en effet, les membres de la famille du fondateur qui ne

---

208 Nourhan El Sharkawy : La charité islamique : un levier innovant pour le financement du développement ; Fév. 2015.
209 (Coran 9 : 60)

sont pas nécessairement des pauvres ou nécessiteux. Tous les hôpitaux des pays islamiques étaient financés à travers les revenus générés du Waqf. En effet, les hôpitaux gardaient les patients jusqu'à ce qu'ils soient totalement guéris et les coûts étaient supportés par les hôpitaux eux-mêmes et ce quel que soit le patient, résident ou étranger, fort ou faible, riche ou pauvre, employé ou chômeur. Il n'existait pas de conditions spécifiques de paiement ou de remboursement des frais[210].

4-La Sadaka jarriya (aumône courante) :

Elle tient son fondement du hadith du Prophète (Saws) dans lequel il dit : « Lorsque le fils d'Adam vient à mourir, tous ses actes sont interrompus, hormis trois choses : une aumône toujours en cours, une science dont les autres bénéficient et une progéniture pieuse qui invoque Dieu pour lui. » Cette philosophie s'appuie sur une vision hautement spirituelle de la possession dans la mesure où chaque somme octroyée par Dieu et dépensée caritative ment par le croyant fera l'objet pour ce dernier d'une récompense divine perpétuelle et ininterrompue pouvant s'élever jusqu'à 700 fois la valeur du don, relatent certains hadiths, en fonction de l'intensité et de la qualité spirituelle de la foi du donateur, en plus de nombreux autres vertus et avantages apportés par l'aumône. Si le don enrichit le donateur, il purifie également ses avoirs toujours dans la perspective spirituelle défendue par la religion musulmane.[211]

5- Le Qardh Hasan (prêt généreux sans intérêt) :

L'Islam permet le prêt d'argent à condition de ne recevoir aucun intérêt. C'est pour des raisons morales que le prêteur recourra à ce type de contrat. Ce sont des prêts qualifiés de gracieux. Ils sont conformes à l'éthique islamique, et de par le fait sont dénués de toute prise d'intérêts. La récompense est d'ordre religieux. En effet, un Hadith du prophète indique que le prêt sans

---

[210] Les missions socio-économiques de l'institution des WAQF in : www.lescahiersdelislam.fr/L-institution-des-waqf-et-la-finance-islamique_a391.html

[211] Quelle est la philosophie du don en islam ?: www.zamanfrance.fr/article/quelle-est-philosophie-don-en-islam-22301.html

intérêt est rémunéré, dans l'au-delà, du même montant voire au-delà. L'Islam prévoit néanmoins que le prêteur exige un écrit et des garanties au débiteur. Ils peuvent aussi répondre à un besoin spécifique, tels que les décès, les mariages, les études des enfants... Ils sont recommandés dans le Coran :

« Quiconque prête à Dieu de bonne grâce, il le lui rendra multiplié plusieurs fois. Dieu restreint ou étend (ses faveurs). Et c'est à lui que vous retournerez[212].

« Si votre débiteur est dans la gêne, accordez-lui un délai jusqu'à ce qu'il soit en mesure de se libérer de sa dette. Si vous pouviez savoir pourtant quel mérite vous auriez en lui consentant une remise gracieuse, totale ou partielle ![213]

« Dieu réduira à néant le profit usuraire et fera fructifier le mérite des aumônes. Dieu n'aime pas tout impie endurci et tout pécheur[214].

6 -Les Sadaqat : signifient « Œuvres généreuses ». En effet l'Islam est une religion fondée sur le don et la dépense, l'argent doit circuler dans la société et ne doit guère rester entre les mains des riches. L'Islam recommande d'agir en permanence en faisant le bien non seulement par le don de soi, mais aussi par le don de ses biens. Contrairement à la zakat qui est un droit sacré où tout musulman prélève sur le surplus de ses propres biens une infime partie qu'il redistribue aux bénéficiaires désignés explicitement par le Coran comme les pauvres, les nécessiteux, les endettés, etc., la Sadaka est un acte volontaire, tout à fait délibéré. Tous deux font appel à la générosité et à la sincérité de l'individu. Le Coran multiplie les appels à cette générosité pour faire les Sadaqat :

212 (Coran 2: 245)
213 (Coran 2:280)
214 (Coran 2:276)

« Oh ! Les croyants, n'annulez pas vos aumônes par un rappel ou un tort, comme celui qui dépense son bien par ostentation devant les gens et ne croit pas en Dieu ni au jour dernier. » [215]

« ...Ce que vous avez dépensé en aumônes est à votre avantage. Ne donner que poussés par le désir de la Face de Dieu. » [216]

Le Prophète (saws) a dit : « Allah ne vous regarde pas par votre visage ou par vos richesses, mais Il vous regarde par la sincérité de votre cœur et la nature de vos actes. » [217]

La croyance islamique ne considère pas que l'excès de générosité pourrait mener à la pauvreté. Bien au contraire elle est la cause même de la croissance des biens et de multiplication de la richesse comme le confirment les textes suivants :

« Ceux qui dépensent leurs biens dans le sentier d'Allah ressemblent à un grain d'où naissent sept épis, à cent grains l'épis. Car Allah multiplie la récompense à qui il veut et la Grâce d'Allah est immense, et Il est omniscient. » [218]

« Aucun jour ne se lève sur les serviteurs de Dieu sans que deux anges ne descendent (du ciel). Le premier dit : « Grand Dieu ! Accorde une compensation à celui qui dépense (donne) », tandis que l'autre dit : « Grand Dieu ! Inflige une perte à celui qui refuse de dépenser (donner) ». [219]

7- Les Nafaqat : il s'agit des charges financières vis-à-vis des parents, des orphelins, des personnes âgées et même du voisin. En effet, la solidarité dans l'Islam est fondée sur une base géographique (de voisinage), et sur une base de parenté.

---

[215] (Coran 2 :264)
[216] (Coran 2 :272)
[217] (Rapporté par Muslim)
[218] (Coran 2 :261)
[219] (Rapporté par Boukhari & Muslim)

Un des cultes d'adoration les plus importants en islam est celui des liens de parenté. Les textes coraniques et prophétiques sont multiples. A titre d'exemple :

« Ils t'interrogent : ‹ Qu'est-ce qu'on doit dépenser ?› - Dis : Ce que vous dépensez de bien devrait être pour les pères et mère, les proches, les orphelins, les pauvres et les voyageurs indigents.)

« Quiconque veut voir ses richesses multipliées et avoir une longue vie, qu'il lie les liens de parenté »

« Celui qui est bon envers ses parents aura une longue vie ainsi qu'une subsistance aisée. » [I. Ahmad]

« Si vous êtes charitables, généreux envers vos parents, vos enfants le seront aussi envers vous » [220]

L'Islam recommande aussi fortement la charité et la bienfaisance envers les catégories sociales vulnérables telles que les orphelins.

Tandis que la charte internationale des droits de l'homme n'a pas indiqué spécifiquement les droits de l'orphelin, elle a plutôt indiqué les droits de l'enfant, l'islam a consacré une attention particulière aux orphelins et à la protection de leurs droits. Il a ordonné de les traiter avec bonté et il a prévu en conséquence une rémunération et récompense. La place qu'occupe l'orphelin dans l'islam est inspirée du coran et des Hadiths qui incitent à prendre soin de l'orphelin jusqu'à ce qu'il devienne majeur et de tacher de ramener gaité et joie à son cœur pour apaiser ses souffrances[221].

---

[220] Rapporté par Tabarani

[221] http://www.soleildesorphelins.org/blogue/a-propos-des-droits-de-lorphelin/

Le coran quant à lui nous a cité l'histoire de la compétition pour le parrainage de Meryem, fille d'Imran, démontrant la valeur de cet acte vertueux, lorsque plusieurs personnes ont manifesté leur volonté de la parrainer et c'est à travers un tirage au sort que le prophète Zakaria était devenu son parrain.

« Et ils t'interrogent au sujet des orphelins, dis leur faire du bien est la meilleure action »[222]

Plusieurs Hadiths du Prophète ont indiqué l'importance de la rémunération attendue de prendre soin de l'orphelin et qui sert d'incitation pour ceux qui démontrent une certaine négligence envers l'orphelin en laissant aux autres la tache de s'occuper de lui :

« Le meilleur des foyers des musulmans est celui dont un orphelin était pris en charge »

« Celui qui se montre bienfaisant à l'égard d'un(e) orphelin(e) sera ainsi avec moi au paradis » et le prophète (saws) indiqua ses deux doigts, l'index et le majeur. » [223]

De la même manière, l'Islam incite à honorer les personnes âgées et a les biens respecter et avoir une haute considération à leur égard que cette personne âgée soit un père, un proche ou un voisin, qu'il soit musulman ou non ; l'âge engendre des droits et l'Islam veille à ce qu'ils soient respectés et appliqués comme l'indiquent les textes suivants :

" Ne fait pas partie de notre communauté, celui qui n'honore pas nos personnes âgées ".

---

[222] (Coran 2 :220)
[223] Rapporté par l'Imam Ahmed

" Celui qui n'honore pas nos personnes âgées ne fait pas partie de nous ". [224]

L'Islam a reconnu également une position de première importance au voisin. De même, il a beaucoup insisté pour que celui-ci soit respecté et honoré, à tel point que, dans différents Hadiths, le Prophète (saws) a considéré le bon comportement envers le voisin comme faisant partie intégrante de la foi, mais aussi comme étant une condition pour l'accès au paradis et un moyen d'évaluation de l'amour que porte le croyant envers Allah et Son Messager[225].

Il est ainsi rapporté dans un Hadith que le Prophète a dit en ce sens : « Djibril (l'ange) n'a cessé de me recommander avec insistance au sujet (des droits) du voisin, à tel point que je me suis mis à penser qu'il va en faire un héritier. » [226]

Les expiations de certains péchés (Kaffarat) et les vœux (Nudhur) : La notion de Kaffara désigne l'action d'effacer une faute commise par le croyant en procédant à effectuer un don, un jeune en cas d'incapacité financière ou autres selon des modalités spécifiques. Il s'agit de corriger l'erreur commise par l'individu et rectifier ses effets néfastes qu'elle produit sur lui ou sur autrui. C'est une sorte de sanction souvent financière pour réparer un dommage subi et ouvrir la porte au pardon divin.
Tandis que le vœu (Nudhur) consiste à s'acquitter d'une obéissance subordonnée à une condition. Cette condition ayant été réalisée, respecter le vœu devient dès lors obligatoire. Allah dit : « qu'ils remplissent leurs vœux ». [227]

Les deux actions constituent une sorte de réciprocité sociale qui renforce la lutte contre la pauvreté et la détresse. La violation des engagements est réparée en donnant à manger à 10 pauvres [228]; le fait de jurer de ne plus « s'approcher »

---

[224] Rapporté par Ahmad et Attirmidhi
[225] Quelques enseignements de l'Islam en rapport avec les droits du voisin : https://muslimfr.com/quelques-enseignements-de-lislam-en-rapport-avec-les-droits-du-voisin
[226] Rapporté par Boukhari et Muslim
[227] (Coran 22: 29)
[228] (Coran 5 : 89)

de sa femme est réglé de la même manière pour 60 pauvres[229]. Le jeune participe à la lutte contre la faim, lors de compensation pour incapacité, d'une part, et à travers la Zakat de fin de ramadan, obligatoire pour tout jeûneur, d'autre part. Enfin, lors du pèlerinage, les bêtes égorgées sont destinées aux pauvres[230].

L'ensemble de ces actions à caractère volontaire et non volontaire constitue le socle de la réciprocité non lucrative basée sur la notion de la fraternité et le système du Takaful social dans la société islamique. Ce système a donné des résultats positifs à travers l'histoire de la civilisation islamique que ce soit en orient ou en occident (en l'occurrence pendant la période andalouse en Europe).

B- Le fondement économique (la réciprocité lucrative) : Les règles de l'échange équitable :

Parmi les spécificités de la réciprocité au sens islamique, l'alliance entre les deux sphères lucrative et non lucrative à travers l'édifice d'un système de règles équitables de l'échange. En effet, si à l'origine, la réciprocité est une relation qui se retourne positivement entre les différentes parties de l'opération d'échange et qui subordonne à l'intérêt le lien social, la jurisprudence islamique des affaires fournit un système éthique d'échange à la fois au sens étroit d'échange marchand et au sens général de circulation des biens et des richesses.

L'éthique de réciprocité désigne le principe positif selon lequel les transactions de biens ou de services doivent correspondre à l'échange de valeurs à peu près équivalentes, les avantages et les inconvénients de ces transactions doivent être répartis équitablement selon l'apport de chacun et le risque encouru.

---

229 (Coran 58 : 4)

230 Mame BAMBA DIAGNE : économie islamique : une approche coranique : Etudes en Economie islamique ; Vol. 7, No. 1, juin 2013 (99-119)

Règles fondamentales régissant le système islamique de l'échange :

1-Lorsqu'il s'agit d'échanger deux produits ou deux monnaies de même genre, il faut respecter deux conditions : l'équivalence et la rapidité dans la concrétisation de l'échange. Autrement dit aucun surplus des deux côtés n'est toléré. Sinon on tombe dans l'interdit c'est-à-dire le Riba[231] (augmentation illicite dans la quantité ou dans le délai des produits échangés). Ces deux conditions ont pour but de limiter ce genre de transactions (troc marchand ou troc monétaire), car elles réduisent l'utilité économique de l'échange et ne créent pas énormément de richesse. L'islam recommande l'échange monétaire qui associe la sphère marchande avec la sphère monétaire. Autrement dit, les marchandises (ou produits) avec la monnaie. Cette opération est une source fondamentale de la création de la richesse.

2-Lorsqu'il s'agit d'échanger des produits qui se rapprochent, autrement dit du même genre, mais de nature différente tels que des produits alimentaires de base ou des produits monétaires comme les devises, une seule condition sera respectée : la rapidité dans l'échange et l'interdiction du délai pour éviter de tomber dans l'interdit (le Riba). Cette règle conduit à effectuer des transactions spot d'échange de devises par exemple pour éviter toute injustice ou incertitude dans les fruits de l'échange.

3-En cas de différence totale des produits échangés, la liberté de l'offre et de la demande est la règle du jeu qui devrait conduire au prix équitable du marché en cas d'absence de concurrence déloyale ou imparfaite. Dans cas, il faut juste éviter le report des deux éléments de l'échange (le prix et le produit) en même temps pour ne pas tomber dans une opération d'échange de dette par une dette, illicite dans la Charia. En effet, reporter un seul élément de l'échange est possible : le paiement à terme du prix (vente à terme) avec livraison immédiate, ou paiement comptant du prix avec livraison différée ; mais pas un report des deux à la fois. Cette règle donne un sens particulier à la réciprocité lucrative

[231] Le Riba est souvent définit par tout surplus injustifié stipulé dans un contrat entre deux parties. Ce surplus peut être lié à la quantité échangée (Riba Al-Fadhl) ou lié au délai (Riba An-Nasa 'a).

en éliminant le transfert éventuel de risque lorsqu'il s'agit de reporter le paiement et la livraison en même temps comme dans le cas des contrats à terme, des futures et des swaps sur le marché financier.

Parallèlement, l'Islam dans sa conception générale de l'économie prône une économie solidaire et responsable, une économie de partage, qui couvre des pratiques très variées qui sont aujourd'hui d'actualité comme le commerce équitable, la finance éthique, le micro financement, le tourisme solidaire, l'agriculture durable, les réseaux d'échange de savoirs, les services de proximité, les régies de quartier, les différentes formes entrepreneuriales collectives.

Par ailleurs, l'économie solidaire est souvent associée à l'économie sociale, qui renvoie à des réalités plus précises et mieux délimitées, mais dont l'identité se dilue également dès qu'elle est intégrée à l'économie solidaire[232].

À travers les textes des différentes sources islamiques, nous pouvons distinguer 3 dimensions essentielles de la conception islamique de l'économie : tout d'abord il s'agit d'une économie solidaire, une économie de partage et une économie éthique. Ces dimensions conduisent toutes à la construction d'une réciprocité économique islamique assez particulière :

-Une économie solidaire : En effet l'économie islamique est basée sur deux secteurs complémentaires : le secteur lucratif et secteur non lucratif. Ce couplage entre les secteurs est marqué par la recherche d'une utilité sociale, qui n'exclut pas pour autant la recherche d'un profit individuel ni d'une utilité collective. La démarche lucrative va de pair avec la démarche non lucrative comme par exemple dans le système d'assurance Takaful qui regroupe les deux aspects lucratifs et non lucratifs, les activités bancaires qui comprennent des fonds Zakat et des pénalités de retard adressées aux débiteurs en demeure et versées à des œuvres caritatives, les sociétés de microfinance qui ont des

---

232 L'économie solidaire : une nouvelle manière de repenser l'économie : http://encyclopedie-dd.org/encyclopedie/terre/5-5-l-economie-solidaire/l-economie-solidaire-une-maniere.html

buts à caractère social, les Sukuks liés à des projets sociaux, etc. Le refus de la pratique bancaire à base d'intérêt incarne en elle-même une réciprocité lucrative et éthique.

-Une économie de partage : l'économie islamique est une véritable économie de partage pour une triple raison. La première est liée à la règle fondamentale qui conduit l'activité économique tout entière à savoir le partage des profits et des pertes (règle des 3P). Cette règle trouve son fondement dans une citation prophétique « Al-Ghounmou Bil-Ghourm » et « Al-Kharajou Bi Addamane » ce qui veut dire : le gain va de pair avec le risque et la rémunération va de pair avec la garantie. Autrement dit, nul bénéfice sans sacrifice et aucune rémunération sans garantie et prise de risque.

-La seconde est liée à la prédominance des contrats à caractère participatif tels que la Moucharaka (association dans le capital), la Moudharaba (association entre le capital financier et le travail ou capital humain), la Mouzaraa (société de métayage), la Mougharassa (société de plantation), la Moussakat (société d'irrigation) dont le rendement dépend du résultat de l'activité. Enfin, la troisième raison touche à l'interdiction des activités qui incarnent l'intérêt (Riba), l'incertitude (Gharar), la spéculation (Maysir). Ce sont les trois prohibitions qui s'opposent à la règle de base à savoir le partage du risque et qui écartent toute sorte de réciprocité économique.

-Une économie éthique : La dimension éthique est une caractéristique principale de l'économie islamique dont les sources fondamentales sont intimement liées à la morale et à la religion. C'est une économie strictement connectée à l'éthique sur tous les niveaux : celui de la production et la création de la richesse où chacun est tenu de respecter des conditions d'ordre éthique(halal), celui de la consommation qui doit se conformer à des règles de modération et de juste milieu évitant toute sorte de gaspillage ou d'avarie, et aussi celui de l'échange et de l'optimisation des utilités qui est régi par les règles d'équité et de partage des pertes et des profits. Enfin, celui de la répartition de la richesse où on doit respecter le maximum de justice, d'égalité et d'équilibre dans la société.

-L'islam est un mode de vie complet et la moralité est l'une de ses pierres angulaires. La moralité est considérée comme étant l'une des sources fondamentales de la force d'une nation, tout comme l'immoralité est l'une des principales causes du déclin d'une nation. L'islam a établi certains droits fondamentaux universels pour l'humanité, droits qui doivent être respectés en toutes circonstances. Pour faire respecter ces droits, l'islam fournit non seulement des garanties légales, mais aussi un système moral très efficace. Par conséquent, tout ce qui mène au bien-être des individus et/ou de la société et qui ne va pas à l'encontre des lois divines est moralement bon ; et tout qui cause du tort aux individus et/ou à la société est moralement mauvais. Vu son importance dans une société saine, l'islam encourage la moralité et tout ce qui y mène et s'oppose à la corruption et à tout ce qui y mène. Le principe directeur du comportement du musulman est l'action vertueuse[233].

Dieu dit, dans le Coran : « Certes, le plus noble d'entre vous, auprès de Dieu, est celui qui a la meilleure conduite. » [234]

Le prophète a aussi confirmé cette dimension en disant : « J'ai été envoyé pour parachever les hautes valeurs morales » ou « nobles caractères »[235].

---

[233] La moralité et l'éthique en islam : www.islamreligion.com/fr/articles/1943/la-moralite-et-l-ethique-en-islam/

[234] (Coran 49 :13)

[235] Rapporté par Al-Bokhari

Conclusion :

Nous avons essayé dans cet article d'analyser les principaux fondements spirituels, éthiques et socio-économiques du principe de la réciprocité en islam en mettant l'accent sur les caractéristiques qui distinguent ce principe universel de son usage conventionnel.

L'islam qui se veut une religion de la justice économique et sociale fournit un sens assez particulier à cette notion de réciprocité qui se trouve aussi bien dans son système d'échange non marchand (à but non lucratif) que marchand (à but purement lucratif). Cette combinaison entre l'éthique et l'économique, entre l'individuel et le commun, entre le spirituel et le matériel, est une particularité que l'on retrouve dans les fondements des sources islamiques. A ce titre, nous avons distingué 4 sortes de réciprocité au sens islamique : la réciprocité verticale en termes de relation entre l'Homme et son créateur et ses effets sur les relations socio-économiques entre les êtres humains, la réciprocité horizontale qui détermine la nature des comportements des gens et le rôle que joue l'éthique et la morale dans le but de construire une société stable et équilibrée, la réciprocité non lucrative qui traduit une relation sociale basée sur la fraternité, la solidarité et la mutualité et enfin, la réciprocité lucrative à travers l'édifice d'un système de règles équitables de l'échange.

La combinaison entre l'éthique et l'économique, entre l'individuel et le commun, entre le spirituel et le matériel, est une particularité que l'on retrouve dans les fondements des sources islamiques et qui permet de donner un sens spécifique au principe de la réciprocité conventionnelle qui jusqu'à présent se limitait à la sphère non lucrative et se confond souvent avec le principe du don.

Si le souci majeur de l'humanité aujourd'hui est L'élaboration d'une économie post capitaliste qui est aussi l'un des enjeux majeurs de la théorie de la réciprocité, l'approche islamique telle qu'elle a été analysée dans cet essai, peut constituer une valeur ajoutée à ce projet.

Chapitre 6

Le *takaful* : un système particulier de solidarité économique et sociale en islam

Introduction

La solidarité est une notion vaste, riche et multidimensionnelle, dans le sens où elle relève à la fois de plusieurs champs de la vie humaine – la morale, la religion, le social, l'économique, le politique, le culturel, le juridique – et constitue un besoin universel, éternel et nécessaire à la pérennité des sociétés humaines, quel que soit leur degré de développement ou de souffrance.

Cette complexité renvoie inévitablement à des formes diverses qui peuvent être attribuées à cette notion de solidarité : on peut ainsi parler de solidarité naturelle, telle que familiale, ou de solidarité nationale ou communautaire, de solidarité universelle ou universaliste, de solidarité ethnique ou religieuse ou aussi de solidarité humaine ou humaniste sans aucune distinction d'ordre ethnique, religieux ou racial.

Elle renvoie également à des approches différentes et des conceptions différentes, telles que la solidarité normative, liée à des normes religieuses ou morales, à des valeurs ou des considérations éthiques, ou aussi la solidarité positive, celle dont on constate largement l'usage.

Cette complexité renvoie enfin à des théories diverses, dont les plus marquantes sont la théorie libérale, qui porte une vision utilitariste ou économique, et la théorie sociologique – développée par Émile Durkheim – qui distingue entre une solidarité mécanique, caractéristique des sociétés traditionnelles qui partagent les mêmes sentiments, obéissent aux mêmes croyances, et une solidarité organique caractéristique des sociétés modernes, où les individus sont différenciés par la spécialisation des fonctions sociales et où leurs rapports se fondent sur leur complémentarité et leur coopération. Ils sont donc reliés par une solidarité organique, car chacun a besoin des autres, comme les organes dans un corps dépendent l'un de l'autre.

Toutes ces formes, ces approches et ces théories tant diverses que complémentaires font de la solidarité une notion humaine et humaniste, riche de sens et de conséquences à la fois à l'échelle des individus, des groupes ou des sociétés. Une notion qui incarne une valeur morale, un postulat religieux, et qui traduit en même temps un fait social, un comportement et un état d'esprit propre au caractère humain au fil de l'histoire de l'humanité.

Cependant, si les fondements de la solidarité sont multiples, les fondements religieux sont les plus solides et les plus tangibles, car ils relient la solidarité à d'autres notions interdépendantes telles que la fraternité, la réciprocité, la coopération, la bienfaisance, le don et la charité.

Sur le plan conceptuel, certains savants contemporains236 qualifient le philosophe arabe Ibn Khaldoun237 de précurseur de cette notion de solidarité, car, grâce à son concept de *assabiya* (solidarité de groupe ou sociale), il a pu démontrer l'influence des facteurs géographiques, ethniques, socio-économiques sur le déclin ou le développement des civilisations.

Ce concept, propre historiquement à Ibn Khaldoun, désigne le vrai sens de la solidarité sociale en mettant l'accent sur l'unité, la conscience groupale et la cohésion sociale. Il constitue, selon lui, le lien fondamental de la société humaine et la force principale de mise en mouvement de l'histoire. Certes, en fondant ce concept, depuis bientôt

236 Les savants européens du XIXe siècle reconnaissent l'importance des Prolégomènes, et considèrent Ibn Khaldoun comme l'un des plus grands philosophes du Moyen Âge : Georges MARÇAIS affirme que « l'œuvre d'Ibn Khaldoun est un des ouvrages les plus substantiels et les plus intéressants qu'ait produit l'esprit humain ». Selon Gabriel MARTINEZ-GROS, il « est le seul grand philosophe de l'histoire et du pouvoir qui ne soit pas européen ». Consulter : https://fr.wikipedia.org/wiki/Ibn_Khaldoun.

237 Voir Ibn KHALDOUN, *Al-Muqadd'ima* (*Introduction à l'histoire universelle ou Prolégomènes, écrit en 1377*). Librairie orientaliste Paul Geuthner, Paris, 1938, 574 pages, volume 3.

des siècles, Ibn Khaldoun s'est fondé sur l'édifice islamique, en l'occurrence les textes coraniques et la tradition prophétique, mais aussi sur la pratique sociale de la société islamique à travers les siècles.

Dans ce cadre, l'islam semble être une des religions révélées à avoir institutionnalisé les principes de solidarité et se veut donc une religion de la solidarité, de la fraternité et de réciprocité tant au niveau théorique et doctrinal – à travers son socle législatif – qu'au niveau pratique et fonctionnel – à travers les différents mécanismes et systèmes mis en place en faveur de la promotion de la solidarité.

Le but de cette contribution est de méditer sur un concept particulier de cet édifice islamique à savoir le *Takaful*, qui concrétise cette notion universelle de solidarité et qui constitue une transition remarquable d'un simple sentiment de sympathie – qui porte les êtres humains à l'entraide et d'une valeur morale liée à la charité et à la bienfaisance des gens – vers un système socio-économique combinant trois aspects essentiels de la solidarité : une obligation juridique, une vertu sociale et un devoir religieux.

Nous analyserons d'abord les fondements du *Takaful*, ses origines, ses multiples dimensions, nous aborderons ensuite les mécanismes économiques et sociaux de ce système, avant de nous arrêter sur une illustration pratique et moderne du *Takaful* en l'occurrence dans le domaine économique et financier : le modèle d'assurance islamique *Takaful*.

A. Les fondements du *Takaful*

Le *Takaful* provient du mot arabe *Kafala* qui signifie "se garantir l'un l'autre" ou "garantie conjointe" ou aussi "solidarité". C'est un concept qui traduit à la fois le sentiment et le devoir de responsabilité collective et de dépendance réciproque au sein de la société ou d'un groupe de personnes qui sont moralement obligées les unes par rapport aux autres.

Le *Takaful* est ainsi un système complet qui comprend l'aspect matériel et moral de la vie humaine. Il englobe aussi bien l'économique que le social et touche le niveau individuel et collectif, il associe parfois les deux aspects, lucratif et non lucratif, la bienfaisance, la responsabilité et l'obligation.

Le système de *Takaful* est fondé sur la coopération mutuelle, la responsabilité l'obligation et le devoir d'entraide, la protection et l'assistance entre des groupes ou des membres de la même société. C'est une forme de solidarité mutuelle incitée par la *charia*.

Ainsi ce système particulier est-il fondé sur un certain nombre de principes indissociables à savoir : la fraternité, le partage, la mutualité et la bienfaisance.

1. Le principe de fraternité

La fraternité est le socle fondamental de la solidarité islamique. Elle repose sur l'amour, le partage et l'altruisme. L'instauration de la première société à Médine en l'an 633 A.J. par le prophète Mohamed (*saws*) a commencé par ce principe de fraternité qui était l'une des quatre premières actions établies par le prophète à l'époque, à savoir la construction de la mosquée – lieu de purification spirituelle–, la signature du pacte patriotique entre les différentes ethnies et habitants de Médine – *la Sahifa* – , la mise en place et l'organisation du marché – le *Souk* –, et la fraternité – *Muakh'at* – entre les deux grandes composantes à l'époque de la société islamique, à savoir les *muhâjirûn* –ceux qui ont émigré de la Mecque vers Médine – et les *ansârs* – les citoyens de souche de Médine.

L'établissement de la fraternité entre les *ansârs* et les *muhâjirûn* est un exemple déterminant du rôle central que joue le système *Takaful* dans la tradition islamique, ce qui a été révélé par le coran :

« Il [appartient également] à ceux qui, avant eux, se sont installés dans le pays et dans la foi, qui aiment ceux qui émigrent vers eux, et ne ressentent dans leurs cœurs aucune envie pour ce que [ces immigrés] ont reçu, et qui [les] préfèrent à eux-mêmes, même s'il y a pénurie chez eux. Quiconque se prémunit contre sa propre avarice, ceux-là sont ceux qui réussissent (59 : 9).»

Cette révélation coranique n'a fait que décrire une réalité vécue à l'époque lorsque les habitants de Médine – les *ansars* – avaient fait un acte de générosité rare dans l'histoire de l'humanité en acceptant de partager leurs richesses avec les *muhâjirûn* et en mettant à leur disposition une partie de leurs maisons et en leur permettant de cultiver leurs terres au travers d'un système de partage des récoltes.

Cette fraternité, loin d'être superficielle ou légère, était au contraire était une véritable fraternité qui conduisait à un partage réel de toute sorte de biens et de patrimoines des uns avec les autres. Elle est étayée par un ensemble de prescriptions et dispositions prophétiques comme l'indiquent les citations suivantes :

– « Les croyants ne sont que des frères. Établissez la concorde entre vos frères, et craignez Allah, afin qu'on vous fasse Miséricorde (49 : 10) » ;

– « Les croyants, dans leur amour mutuel et leur compassion les uns envers les autres, sont comparables à un corps humain ; si une partie ressent de la douleur, c'est tout le corps qui souffre d'insomnie et de fièvre »[238] ;

– « Les croyants, dans les liens qui les unissent, sont comme un solide bâtiment où chaque partie en supporte une autre »[239] ;

[238] Rapporté par Al-Boukhari et Muslim
[239] Rapporté par Al-Boukhari et Muslim

- « L'un d'entre vous n'atteindra un degré de Foi complète que lorsqu'il aimera pour son frère ce qu'il aime pour lui-même. »[240]

- « Ô ! Hommes craignez votre Seigneur qui vous a créés à partir d'une seule âme (4 :1) ;

- « Ô ! Hommes, votre Seigneur est un, vous descendez tous d'Adam, et Adam a été créé de terre ; le plus noble d'entre vous et le plus pieux ; un Arabe ne se distingue d'un non arabe que par la piété »[241]

La fraternité islamique instaurée par le messager de l'Islam (*saws*) fut ensuite structurée tout au long de l'histoire de l'Islam dans un système mutualiste connu sous le nom de *Takaful* social qui signifie responsabilité solidaire ou aussi solidarité responsable de tous envers tous. Les textes qui recommandent ce système de *Takaful* ou solidarité sociale sont multiples. On peut citer par exemple :

« Entraidez-vous dans l'accomplissement des bonnes œuvres et de la piété et ne vous entraidez pas dans le péché et la transgression (5 :2) » ;

« La bonté pieuse ne consiste pas à tourner vos visages vers le Levant ou le Couchant. Mais la bonté pieuse est de croire en Allah, au Jour dernier, aux Anges, au Livre et aux prophètes, de donner de son bien, quel qu'Amour qu'on en ait, aux proches, aux orphelins, aux nécessiteux, aux voyageurs indigents et à ceux qui demandent l'aide et pour délier les jougs, d'accomplir la *Salât* et d'acquitter la *Zakat (2 :177).* »

Ce système est basé sur un ensemble de comportements et d'actions structurées et non structurées, obligatoires et facultatives,

240 Rapporté par Al-Boukhari et Muslim

241 Rapporté par l'Imam Ahmad.

comme nous allons l'analyser par la suite, qui permettent la mise en œuvre pratique de cette solidarité sociale appelée Takaful.

2. Le principe du partage

Le principe de la fraternité conduit à celui du partage. Le cas du partage de la richesse des Ansars avec les muhajirun est une illustration pratique du Takaful ou de la solidarité islamique.

L'origine de ce principe de partage se trouve dans un hadith du prophète de l'islam dans lequel il dit à propos d'une tribu nommée les Ascharites[242] :

« Quand les vivres – nourritures – des Ascharites ou ceux de leurs enfants manquent – deviennent rares – à Médine, ils réunissent tout ce qu'ils ont dans un seul tissu – vêtement –, puis partagent cela entre eux équitablement, ils sont de moi et je suis d'eux »[243].

Cette citation prophétique incite les croyants à partager entre eux, en cas de nécessité, les vivres et les nourritures pour subvenir à leurs besoins et pour éviter que quiconque parmi eux ne tombe dans la pénurie et l'indigence. Pour cela, le prophète prenait comme exemple une tribu renommée dans l'histoire de la péninsule arabe, dite les Ascharites, qui était connue par ce système de partage et de Takaful. À travers ce comportement de partage, l'islam pousse les individus vers la perfection – Ihsan – en vue de promouvoir une société généreuse ayant à cœur la solidarité sociale, qui maximisera le potentiel de ses membres et les aidera à devenir socialement responsables. La société généreuse éradiquera l'individualisme et l'égoïsme et la recherche stricte de l'intérêt personnel, et réduira également l'intervention de l'État en tant que régulateur et redistributeur de richesse, et conduira certes à la création d'une « société vertueuse » dominée par la bonne morale et la piété.

---

[242] Il s'agit de la tribu du compagnon du prophète Abû Musa al-Ash'arî.
[243] Al Bokhari :2486

Le *Takaful* est ainsi un système d'assistance non-étatique qui place les individus dans des relations mutuelles et qui conduit à un état de cohésion sociale parfaite.

Plusieurs textes du Coran et de la tradition du Prophète expliquent certaines valeurs et certaines qualités comme le partage, l'attention aux autres, et les recommandent aux croyants. Par exemple, il est dit :

« Entraidez-vous dans l'accomplissement des bonnes œuvres et de la piété et ne vous entraidez pas dans le péché et la transgression (5 :2) ».

Dans un autre verset (59 : 9), il est noté qu'Allah a fait des éloges à la communauté des *Ansars*, la communauté de Médine, au cours de l'Hégire (la migration du Prophète [*saws*] et de ses compagnons depuis Médine vers la Mecque), en raison de l'esprit altruiste qu'ils ont engagé par leurs sacrifices faits pour le bien-être des *Muhajirun*, le peuple de la Mecque : « Il [appartient également] à ceux qui, avant eux, se sont installés dans le pays et dans la foi, qui aiment ceux qui émigrent vers eux, et ne ressentent dans leurs cœurs aucune envie pour ce que [ces immigrés] ont reçu, et qui [les] préfèrent à eux-mêmes, même s'il y a pénurie chez eux. Quiconque se prémunit contre sa propre avarice, ceux-là sont ceux qui réussissent ».

Au niveau sociétal, le *Takaful* conduit à la maximisation du bien-être économique des individus ainsi qu'à la promotion du bien-être social[244].

3. Le principe de la mutualité

Une société généreuse et vertueuse ne peut être fondée que sur la mutualité et la réciprocité. La société généreuse est le produit des

---

[244] Voir : Nouh Harmouzi et Linda Whetstone : Les fondements islamiques d'une société libre, The Institute of Economic Affairs ; London 2016 : https://iea.org.uk/wp-content/uploads/2018/04/lesfondementsislamiques.pdf.

relations qu'établissent en réseau l'ensemble des individus capables de faire partager mutuellement ou collectivement leur passion pour atteindre les objectifs auxquels ils aspirent pour vivre correctement et s'épanouir ensemble et à atteindre leur *falah*, « bonheur ».

Ce paradigme de mutualité ne renie pas l'importance de l'individu en tant que personne, mais reconnaît que les individus sont interdépendants et qu'ils ne recherchent pas uniquement leur intérêt personnel. Les individus viennent au secours les uns des autres en cherchant leur *falah* personnel. Aussi en avançant vers leur *falah* aident-ils les autres à avancer vers le leur. Cela implique que les relations horizontales à travers la société sont fondées sur la justice, la bienveillance et la coopération. Une telle société, inspirée par ces principes, peut être qualifiée du point de vue islamique de « société généreuse » en créant cette dynamique d'interdépendance mutuelle et réciproque qui conduit à un état de cohésion sociale et produit une sorte de « capital social » capable de promouvoir le bien-être de la communauté.

Au niveau sociétal, ce capital social conduit à son tour à la maximisation du bien-être économique des individus ainsi qu'à la promotion du bien-être social et favoriserait la génération d'un système de mutualité et de non-assistance étatique qui prendra la relève de l'intervention massive de l'État dans les sphères socio-économiques telles que l'éducation, la santé et les services communs.

Les textes de base qui fondent ce principe de mutualité sont explicites aussi bien dans le Coran que dans la tradition prophétique :

« Aidez-vous les uns les autres à l'accomplissement du bien et de la piété et ne vous entraidez pas à commettre le péché et l'agression (2 : 5) » ;

« Allah aide son serviteur tant que celui-ci aide son frère[245] ».

---

[245] Rapporté par Muslim (2299).

Le fameux propos du prophète (*saws*) au sujet de la tribu des Ascharites précédemment cité constitue à cet égard un fondement capital du principe de mutualité.

Sur le plan empirique, plusieurs mécanismes ont été mis en place par les jurisconsultes musulmans qui traduisent ce principe fondamental de mutualité. Il s'agit en l'occurrence des concepts et instruments suivants :

- Le concept de *Nahd* ou *Tanahoud* qui signifie partage et mutualité : la citation prophétique précédente à propos des Ascharites constitue une référence de base de ce concept de *Nahd.* Certaines pratiques contemporaines du système d'assurance Takaful sont fondées sur ce concept de Tanaoud[246].

- Le concept de *Tabarroue* qui signifie don et bienfaisance ou don avec compensation qui s'étale du simple acte de donation au système de prêt généreux sans intérêt. Selon les sources de jurisprudence islamique, le don et compensation ne sont pas antinomiques. :

« D'habitude, on fait un don – un cadeau – à quelqu'un qui (a) est plus fort que nous pour nous protéger, (b) est moins fort que nous pour nous servir, (c) est notre égal pour qu'il fasse de même avec nous ou (d), s'il y a un dysfonctionnement dans l'échange, on a le droit de

[246] Le contrat *Nahd* ou *Tanahoud* est un contrat qui organise la relation des souscripteurs avec leur fonds commun. Il est dit "contrat de don", car l'objectif des souscripteurs qui cotisent au fonds d'assurance n'est pas de faire du commerce ou de chercher le gain, mais de mutualiser les risques et d'être solidaires au moment de faire face aux catastrophes. C'était une pratique courante du temps du prophète. Elle consiste à mutualiser la charge de la nourriture du groupe qui part en campagne ou en voyage de commerce. Ceux qui en ont les moyens prennent assez de provisions pour eux et pour les compagnons. Puis ils mettent toute la nourriture en commun et se la partagent à égalité.

reprendre notre don, surtout en présence d'un contrat – un engagement [247] ».

Dans son ouvrage *Tahrir Al kalam*, le juriste malikite Al Hattab[248] a consacré un chapitre entier pour parler des engagements de plein gré ou libres : s'engager par un serment solennel à faire un don, une aumône, un Waqf, un emprunt, à offrir l'hébergement, la caution, le service ou autre chose à quelqu'un. Il soutient que cet engagement doit être honoré, sauf dans les cas suivants : la faillite, le décès ou la maladie grave, et ce, dans le cas où le bénéficiaire est déterminé.

– Les engagements dits *Omra* et *Roqba* : le premier – engagement *Omra* – signifie : promettre de donner un bien à quelqu'un, liée par la durée de la vie du donateur ou du bénéficiaire comme dire : « Cette maison est à toi tant que tu vivras » ou encore : « Cette maison est à toi tant que je vivrai ». Les jurisconsultes musulmans s'accordent en général sur son admissibilité charaïque, mais divergent quant à son caractère définitif ou révocable. Le second – engagement *Roqba* – signifie : promesse d'un don lié à la mort du bénéficiaire ou à celle du donateur, en disant par exemple : « Je te donne cette maison. Si tu meurs avant moi, je la reprends et si je meurs avant toi, elle t'appartiendra définitivement ».

- Le système du *Waqf* : Le *Waqf* est, dans le droit islamique, une donation faite à perpétuité par un particulier à une œuvre d'utilité publique, pieuse ou charitable, ou à un ou plusieurs individus. Le bien donné en usufruit est dès lors placé sous séquestre et devient inaliénable[249]. Ce système est fondé sur la citation prophétique : « Quand l'homme meurt, son œuvre meurt avec lui, sauf trois choses :

---

247 AL-BABARTI (m. 786), *Al-'inaya sharh al-hidaya*, (dar al-fikr, sans date ni lieu) (manuscri en langue arabe.), vol. 7, p. 421

248 AL HATTAB, juriste musulman de la doctrine hanafite : *Tahrîr al-Kalâm Fî Masâ'il al-iltizâm* (manuscrit en langue arabe).

249 https://fr.wikipedia.org/wiki/Waqf

une aumône durable, un savoir utile aux autres, un enfant vertueux qui prie pour lui[250] ».

- Le système *Aquila* ou *Dya* ou *Moualat* est une pratique de *Takaful* très ancienne qui existait dans les tribus arabes bien avant l'avènement de l'islam qui l'adopta par la suite : dans le cas où une personne d'une tribu tue involontairement un membre d'une autre tribu, la tribu à laquelle appartient la personne accusée doit indemniser la tribu de la victime. Cette pratique s'appelle le prix du sang ou *Dya*. Cependant, cette pratique s'est développée au IXe siècle lors des premières expéditions maritimes musulmanes au cours desquelles, dans le but de s'assurer contre les dangers de navigation, les commerçants contribuaient mutuellement à un fonds monétaire qui permettait d'indemniser l'un d'entre eux en cas de pertes de marchandises[251].

4. Le principe de la bienfaisance

Le dernier principe sur lequel repose le système *Takaful* est celui de la bienfaisance. Autrement dit, la pratique et la propagation du Bien, le bon agir, l'action caritative, l'œuvre au service d'autrui. Il s'agit principalement d'actes spontanés, qui manifestent l'affection et l'attention envers les pauvres et les nécessiteux. Cet acte couvre en réalité un champ très vaste de comportements allant du simple don – *Sadaqa* – au prêt généreux sans contrepartie – *Qardh Hasan*. Il peut prendre ainsi de très nombreuses formes : don d'argent, aide physique, préoccupation des autres par le dialogue.

En effet l'islam recommande aux musulmans d'agir en permanence en faisant le bien, non seulement par le don de soi, mais aussi par le don de ses biens. Contrairement à la *Zakat* qui est un droit obligatoire où tout musulman prélève sur le surplus de ses propres biens

---

250 Rapporté par Muslim

251 Le conseil des services financiers islamiques, Association internationale des contrôleurs d'assurances (2006), « Questions sur la réglementation et le contrôle du Takaful (assurance islamique) », août, p 5.

une infime partie qu'il redistribue aux bénéficiaires désignés par Dieu (9 : 60), la bienfaisance ou *Sadaqa*[252] est un acte volontaire, tout à fait délibéré. Tous deux font appel à la générosité et à la sincérité de l'individu.

La bienfaisance – *Sadaqa* – traduit une qualité qui se travaille par la foi et qui demande à l'individu de l'attention, de l'écoute face aux désespoirs des autres, un acte de sincérité qui nécessite de l'individu une surveillance persistante de ses intentions, car tous les engagements qu'il prend ne seront acceptés par Dieu que si leurs mobiles ont pour but de lui plaire :

« Oh ! Les croyants, n'annulez pas vos aumônes par un rappel ou un tort, comme celui qui dépense son bien par ostentation devant les gens et ne croit pas en Dieu ni au jour dernier (2 : 264) ; ..Ce que vous avez dépensé en aumônes est à votre avantage. Ne donnez que poussés par le désir de la Face de Dieu52 : 272) » ;

« Allah ne vous regarde pas par votre visage ou par vos richesses, mais Il vous regarde par la sincérité de votre cœur et la nature de vos actes[253] ».

La bienfaisance – *Sadaqa* – est aussi un acte qui met à l'épreuve la foi du croyant et sert à combattre en lui toute sorte de comportements d'avare, car l'être humain a par nature tendance à se comporter ainsi : « Si vous étiez maîtres des trésors de la Miséricorde de mon Seigneur, vous les conserveriez de peur de les dépenser, l'homme est très avare (17 : 100) » ;

« Ceux qui se seront préservés de leur propre avarice, voilà ceux qui seront heureux (64 : 16) ».

---

[252] https://www.vert-islam.com/download/Spiritual/LaSadaqa.pdf.
[253] Rapporté par Muslim.

La bienfaisance – *Sadaqa* – est également une source de croissance des biens des gens généreux, elle multiplie leur richesse. L'excès de générosité ne mène guère à la pauvreté. Bien au contraire, il est la cause même de la croissance et de la multiplication des biens :

« Ceux qui dépensent leurs biens dans le sentier d'Allah ressemblent à un grain d'où naissent sept épis, à cent grains l'épis. Car Allah multiplie la récompense à qui Il veut et la Grâce d'Allah est immense, et Il est omniscient (2 : 261 ».

Le Prophète (*saws*) aussi confirme cette règle divine en disant : « Aucun jour ne se lève sur les serviteurs de Dieu sans que deux anges ne descendent (du ciel). Le premier dit : " Grand Dieu ! Accorde une compensation à celui qui dépense ", tandis que l'autre dit : " Grand Dieu ! Inflige une perte à celui qui refuse de dépenser" ».[254]

Enfin, la bienfaisance – *Sadaqa* – est un moyen de purification des actes et d'expiation des péchés et des fautes commis couramment par les individus :

« Si vous donnez vos aumônes d'une manière visible, c'est bien. Si vous le cachez pour les donner aux pauvres c'est préférable pour vous. Elles effacent en partie vos mauvaises actions. Dieu est bien informé de ce que vous faites (2 : 271) »

La citation du prophète (*saws*) va dans le même sens : « La charité éteint la faute, comme l'eau éteint le feu[255]. »

B. Les mécanismes économiques et sociaux du *Takaful*

Ce système *Takaful* fondé sur des principes d'ordre éthique et moral tels que la fraternité, le partage, la mutualité et la bienfaisance,

[254] Rapporté par Bukhari et Muslim.
[255] Rapporté par Tabarani.

ne peut fonctionner qu'à travers des mécanismes opérationnels et institutionnels efficients qui peuvent ainsi garantir sa pérennité.

Ces mécanismes constituent en quelque sorte des piliers du secteur non lucratif sur lequel est basé le système économique et social global de l'Islam. Nous distinguons en particulier les éléments essentiels suivants :

1. Le mécanisme de la **Zakat**

C'est un véritable régime de solidarité sociale à triple dimension : d'abord spirituelle, car il émane de la propre volonté de l'être humain liée à sa foi et sa conviction personnelle ; ensuite financière, car il touche toute sorte de revenus et de richesses à condition de dépasser un certain seuil et réunissant certaines conditions particulières fixées par les textes ; enfin sociale, car il couvre toutes les catégories socioprofessionnelles fragiles et nécessiteuses, en particulier les pauvres, les indigents, les endettés et les voyageurs dépourvus, en plus d'une catégorie accessoire – au sens comptable – que sont les agents de collecte et de redistribution de cette aumône[256]

Cette sorte d'impôt social est appliqué par l'État, qui le distribue aux nécessiteux durables ou passagers. Les sources textuelles instituant la *zakat* sont contenues dans le verset coranique suivant :

« Les *Sadaqat* – aumônes légales obligatoires – ne reviennent qu'aux pauvres, aux indigents, aux fonctionnaires qui en sont chargés, à ceux dont les cœurs ont besoin d'être ralliés, au rachat des esclaves, aux endettés, à la cause de Dieu et au voyageur dépourvu. C'est une obligation de la part de Dieu. Dieu est omniscient et sage (9 : 60) »

Le rôle de la *Zakat* est de profondeur sociale, car c'est un mécanisme de distribution des revenus entre deux communautés : d'une part, des couches aisées déterminées par le critère de la possession de

[256] https://oumma.com/la-zakat-ou-regime-de-protection-sociale-en-islam

biens marchands ou de la possession d'un quota monétaire qui excède leurs besoins usuels, et d'autre part, celle des pauvres, des indigents et de toutes les catégories sociales vulnérables. La *Zakat* assure ainsi l'équilibre social, corrige de l'exclusion des activités productives non négligeables et renforce la lutte contre la pauvreté et la marginalisation financière et sociale.

D'un point de vue économique, le système de la *Zakat* est loin d'être un simple mécanisme de redistribution des richesses. C'est un système unique dans toute l'histoire de l'humanité qui a pu résoudre parfaitement la source du problème économique et des inégalités sociales, et ce, pour deux raisons : la première est qu'il s'agit d'un impôt social juste, équitable et acceptable par les redevables de toutes les sociétés humaines, vu son faible taux – 2,5 % seulement – et la deuxième est qu'il touche toute sorte de revenus et de richesses possédées effectivement par son détenteur, dépassant un seuil largement tolérable – aujourd'hui l'équivalent de 3000 € – immobilisé pendant une année, ainsi que tout bien générant un rendement du même montant tout au long de la même période.

Des études récentes portant sur les causes du déséquilibre économique dans le monde ont abouti à des conclusions confirmant l'importance du rôle de la politique fiscale et des répercussions d'un taux d'imposition inéquitable et insupportable dans l'accentuation de ces déséquilibres. Ainsi les travaux menés par l'économiste français Maurice Allais, prix Nobel d'économie 1986[257], ont conduit à ces conclusions.

Selon lui, le déséquilibre que connaissent les économies modernes est dû à deux facteurs essentiels : un taux d'intérêt fort, pénalisant à la fois la consommation et l'investissement, et un taux d'imposition disproportionné et insupportable pour les contribuables et les acteurs économiques ; ce qui est la cause inévitable de l'évasion et

---

[257] Maurice ALLAIS, *Les conditions monétaires de l'économie du marché*, Éd. Montchrestien 1986.

de la fraude fiscale. Pour lui, la seule solution consiste à éradiquer cette injustice financière et fiscale en abaissant le taux d'intérêt à zéro d'une part – ce qui rejoint la thèse islamique interdisant le taux d'intérêt appelé *Riba* comme étant le seul mécanisme d'allocation des ressources et de rémunération des facteurs de production –, et d'autre part en ramenant le taux d'imposition souvent excessif à environ seulement 2 %, ce qui rejoint aussi le principe islamique de la *Zakat* avec son taux unique et universel de 2,5 %.

2. Le mécanisme du **Waqf** *– fondation pieuse*

Si la *Zakat* relève du domaine obligatoire pour tout individu solvable, le *Waqf* est une donation facultative faite à perpétuité par un particulier à une œuvre d'utilité publique, pieuse ou charitable, ou à un ou plusieurs individus. Le bien donné en usufruit est dès lors placé sous séquestre et devient inaliénable.

L'institution du *Waqf* – pluriel *Awqaf* – constitue un instrument spécifique de l'économie islamique dont la mission principale consiste à remédier à des problématiques sociales complexes. Cette institution dispose de ses propres ressources et revenus alloués à 100 % à des causes sociales[258] à la différence de la donation, le *Waqf* consiste à bloquer un capital de sorte à le mettre à l'abri de la vente, de la donation, de l'héritage et d'autres manipulations et contrats, afin que le revenu de son exploitation puisse être dépensé dans des œuvres de charité conformément à la volonté de l'initiateur du *Waqf*[259].

C'est un legs pieux, par lequel le généreux donateur fait une aumône perpétuelle, courante – *Sadaqa jâriya*. Dans l'histoire de la civilisation islamique, l'objet du *Waqf* a été le plus souvent des biens immeubles : terres cultivables, bâtiments, mais aussi des fonds monétaires destinés à construire et entretenir des mosquées, des

---

[258] https://www.lescahiersdelislam.fr/L-institution-des-waqf-et-la-finance-islamique_a391.html.

[259] https://islamqa.info/fr/answers/10646/la-difference-entre-le-waqf-et-la-donation.

hôpitaux, des bibliothèques, des universités, des puits, des routes, des barrages et toute sorte d'œuvres ou biens à utilité parentale ou publique.

C'est ainsi qu'ont été construits, en 1470, l'hôpital et la faculté de médecine Dar al-Sahifa' au Caire. Deux siècles plus tôt, en 1288, Ibn al-Nafîs – célèbre pour avoir découvert le système de la circulation sanguine – légua en *Waqf* sa maison et sa bibliothèque à l'hôpital Mansûrî, établissement où il a longtemps enseigné. Nombre de travaux scientifiques de Ibn Sînâ (Avicenne, 980-1037) ou de Ibn Rushd (Averroès, 1126-1198) ont été rendus possibles grâce à ces legs pieux[260].

Si le Coran n'a pas cité textuellement le concept du *Waqf*, se contentant d'inviter tout croyant à consacrer une partie de ses biens à des œuvres pieuses (« car tout ce que vous aurez donné, Dieu le saura (2 : 86). Le *Waqf* trouve néanmoins ses origines dans la tradition prophétique. Il tire ses fondements de nombreux *hadiths* exhortant les musulmans au don et à la bienfaisance. À côté des valeurs ancrées dans la société musulmane telles que la spiritualité, le partage, l'esprit du groupe et la solidarité viennent consolider la mise en œuvre de la pratique du *Waqf*.

Un des compagnons a ainsi demandé au Prophète quelle manière de disposer de sa terre serait agréable à Dieu : « Immobilise-la de façon à ce qu'elle ne puisse être ni vendue, ni donnée, ni transmise en héritage, et distribue les revenus aux pauvres », lui a-t-il été répondu.

Le *Waqf* n'a pas été consacré uniquement aux musulmans. Il a bénéficié également aux non-musulmans : ainsi le calife Omar II (680-720) l'autorise-t-il en effet pour ses sujets juifs et chrétiens[261].

---

260 https://www.saphirnews.com/Le-waqf-une-donation-perpetuelle-d-utilite-publique_a13915.html.
261 ibidem

Le *Waqf* constitue ainsi une institution centrale dans l'évolution de la société musulmane. C'est une institution originale et spécifique qui a largement contribué au développement de tous les domaines de la vie religieuse, économique, sociale et même politique.

Dans la tradition islamique ont cohabité deux formes principales de *Waqf* :

- le *Waqf* de famille (*Waqf ahlî* ou Micro-*Waqf*) qui sert à protéger une multitude de biens de la famille contre tous étrangers à ladite famille. « Il sert de moyen pour rendre valable un acte utilisé essentiellement comme mesure de protection du patrimoine familiale ». Ce patrimoine que constitue le *Waqf* de famille a pu préserver une solidarité, une unification des familles par l'obligation pour les femmes de n'avoir de mari que de l'intérieur de la même famille (endogamie), c'est alors, et de cette manière que « ce patrimoine constitue l'un des éléments essentiels de la cohésion, de la puissance, de la prospérité du groupement.[262]

- le *Waqf* à utilité publique – *Waqf khayrî* ou Macro-*Waqf*– : ce sont des particuliers qui déclarent « bien de mainmorte » tout ou partie de leurs propriétés en les destinant à un usage au profit d'une institution publique d'intérêt général (*Waqf khayrî*). Par ce biais, des personnes privées s'impliquent dans la conception et la réalisation de l'intérêt commun. Le *Waqf* public est une illustration pratique de la solidarité sociale en Islam, car la jouissance des biens immobilisés peut bénéficier à diverses œuvres de bienfaisance et aura par conséquent un impact direct sur le bien-être social des populations concernées dans plusieurs domaines comme la santé, l'éducation, l'emploi ou l'infrastructure.

Parallèlement à ces deux principales formes de *Waqf*, peut exister une forme mixte – *Waqf mushtarak* – combinant entre le *Waqf*

[262] Joseph LUCCIONI (1982*), Les fondations pieuses « habous » au Maroc depuis les origines jusqu'à 1956 »,* imprimerie royale. Rabat. Sans date, p. 14.

privé et le *Waqf* public ; c'est-à-dire des *Waqf* avec des bénéficiaires individuels et des œuvres charitables ou publiques.

Il est important de relever que toutes les formes de *Waqf* ont une vocation à caractère charitable à long terme. En effet, au décès du dernier bénéficiaire du *Waqf*, comme il n'y a plus de bénéficiaire individuel vivant, les profits sont distribués à une œuvre charitable.[263]

3. Le mécanisme des Nafaqat – dépense en faveur des parents et des proches

La notion de *Nafaqa* – dépense – joue un rôle important dans la religion islamique et fait d'elle le pivot central de la vie économique et sociale. À travers les dépenses, l'Islam incite les croyants à l'entraide et à la coopération, à la conjugaison de leurs efforts respectifs afin d'entreprendre ensemble les bonnes œuvres. Les dépenses doivent être orientées vers un but social en vue de promouvoir une société pieuse et généreuse et éviter toute sorte d'excès et de gaspillage.

Le fait que le croyant accepte et attende, lors du jugement, un intérêt sur ses dépenses envers la communauté ou dans le sentier de Dieu rend ces dépenses supportables et élimine le sentiment de dépenser inutilement. Car « quiconque prête à Dieu un prêt d'honneur, alors Dieu le lui multiplie, et il y a pour lui un noble salaire (57 : 11)».

Nulle religion n'accorde de l'importance aux dépenses comme le fait l'Islam qui exhorte les individus à effectuer des dépenses constamment jour et nuit, d'une façon affichée ou cachée : « Ceux qui, de nuit et de jour, en secret et ouvertement, dépensent leurs biens dans les bonnes œuvres, s'en verront rétribués par Dieu (1 : 274) ».

Les prescriptions charaïques en la matière sont multiples ; elles visent à orienter les dépenses de l'individu vers des œuvres prioritaires

---

263 https://fr.wikipedia.org/wiki/Waqf.

à caractère purement social qui permettent de renforcer la cohésion sociale et maximisent le bien-être social.

Dans cette perspective, les textes coraniques et prophétiques ont consacré une place importante à la consolidation des devoirs de l'individu envers ses parents, son conjoint, ses enfants ainsi que ses proches et les autres membres de son entourage y compris le voisin et le voyageur dépourvu et tous ceux qui lui demandent de l'aide et de l'assistance :

- Les droits des parents constituent un devoir de premier ordre concernant les obligations financières et les dépenses à caractère obligatoire de l'individu dans une société solidaire et religieusement responsable. Il doit faire preuve de bonté à leur égard en les prenant en charge, en veillant à satisfaire tous leurs besoins vitaux :

« N'adorez que lui et ayez de la bonté envers vos pères et mères. Et si l'un d'eux – ou tous deux – atteint la vieillesse auprès de toi, alors ne lui dis point : " Fi !" Ne les brusque pas, mais adresse-leur des paroles respectueuses. Et par miséricorde, abaisse pour eux l'aile de l'humilité, et dis : "Ô mon Seigneur, fais-leur à tous deux miséricordes comme ils m'ont élevé tout petit (17 :23/24 ».

- Le Prophète dit aussi : « La satisfaction d'Allah est acquise par la satisfaction des parents et sa colère suit la colère des parents[264] ». Ces prescriptions ne font pas de distinction entre parents musulmans et non-musulmans. Le musulman est tenu de faire du bien envers ses parents indépendamment de leur religion comme le stipulent les textes du Coran de la tradition prophétique : « Et nous avons enjoint à l'homme de bien traiter ses pères et mère, et si ceux-ci te forcent à m'associer, ce dont tu n'as aucun savoir, alors ne leur obéis pas. Vers moi est votre retour, et alors je vous informerai de ce que vous faisiez (29 : 8) ».

---

[264] Rapporté par Ibn Hibbân : 429.

- Les droits de l'épouse : la charge financière – *Nafaqa* – envers l'épouse est aussi un devoir fondamental de l'époux prescrit dans les textes, à la fois pendant la vie conjugale et aussi après la séparation par le divorce. Cette dépense commence même avant le mariage avec le droit de la dot qui est un droit obligatoire de l'épouse sur son époux, et une condition pour la validité du contrat de mariage : « Faites don à vos épouses de leur dot en toute largesse. Si elles choisissent de vous en laisser une partie, disposez-en alors librement (4 :4) ». Le mari est responsable également de sa prise en charge, ainsi que celle de ses enfants. L'époux doit procurer à son épouse les biens dont elle a besoin dans la mesure de ses capacités : « Celui qui est aisé, qu'il dépense de sa fortune ! Quant à celui dont les biens sont restreints, qu'il dépense selon ce qu'Allah lui a accordé. Allah n'impose à une personne que selon ce qu'il lui a donné (65 : 7) ».

- Les droits des enfants : le père reste responsable de ses enfants tout au long de leur enfance et jusqu'à l'âge de maturité et d'autonomie financière. Il doit veiller à préserver leur vie, s'occuper d'eux et de leurs affaires, assurer leurs besoins en nourriture, boisson, vêtement et logement et leur donner une bonne instruction : Le Prophète dit dans ce sens : « Il suffit comme péché pour l'homme de ne pas s'occuper de ceux dont il a la charge[265] ».

- Les droits des autres membres de la famille : ce sont les proches, ceux auxquels on est lié par des liens de sang. L'Islam a vivement recommandé de les assister matériellement en satisfaisant leurs besoins, si on en est financièrement capable, et de résoudre leurs problèmes grâce aux aumônes obligatoires ou volontaires. L'Islam a sévèrement mis en garde les musulmans contre le non-respect des liens de parenté et considère ce manquement comme faisant partie des grands péchés.

4. Le mécanisme des Sadaqat

Le mot *Sadaqa* – au pluriel « *Sadaqat* » –, terme qui apparaît très fréquemment dans les textes, signifie charité, œuvre généreuse et

[265] Rapporté par Ibn Hibbân : 4240.

au sens large le don de soi envers l'autre. C'est une des vertus largement recommandées par l'Islam qui peut prendre de très nombreuses formes : une aide financière, une aide physique, une préoccupation ou une assistance de toute sorte.

Contrairement à la *Zakat* qui est un devoir à caractère obligatoire, la *Sadaqa* est un acte volontaire, tout à fait délibéré qui fait appel à la générosité et à la sincérité de l'individu.

Les *Sadaqat* ont plusieurs formes en islam et constituent le pilier fondamental de certaines institutions comme le *Waqf*, le *Takaful* social, le *Qardh Hasan* – prêt généreux– , etc. La *Sadaqa* revêt des formes multiples et s'adresse à tous les individus afin que ceux-ci donnent selon leurs moyens matériels, mais aussi intellectuels et spirituels : la *Sadaqa* évidente et accessible pour la plupart des gens est celle des biens matériels, de l'argent, de la nourriture, mais il y a aussi la *Sadaqa* du comportement : donner en exemple un bon comportement est une *Sadaqa*, être. Humble et simple fait aussi partie de cela, la *Sadaqa* vis-à-vis de son époux tient de la *Sadaqa* du comportement, mais aussi de la *Sadaqa* de la parole : dire la vérité ordonner le bien, dire du bien des autres, enseigner, transmettre du savoir, etc.

Parmi ces différentes formes de *Sadaqa*, la plus importante est celle de *Sadaqa jâriya* – aumône courante – qui est toute aumône accomplie dont les bienfaits continuent même après la mort :

« Lorsqu'une personne décède, ses actions prennent fin, à l'exception de trois : une aumône continue, un savoir qu'elle a transmis et dont profitent les gens et des descendants pieux qui prient pour elle[266] »

Une citation prophétique donne un sens très large au concept de Sadaqa :

---

[266] Rapporté par Muslim.

« Le fait que tu fasses un sourire en face de ton frère est une aumône ; le fait que tu ordonnes le bien et que tu interdises le mal est une aumône ; que tu guides une personne dans un endroit où elle est perdue est pour toi une aumône ; que tu enlèves du chemin ce qui gêne, une épine, un os est pour toi une aumône ; que tu verses de ton seau vers le seau de ton frère est pour toi une aumône ; et guider le malvoyant est pour toi une aumône[267]. »

5. *Le mécanisme des* **Kaffarat**

Le terme *Kaffara* ou expiation est une façon de compenser une perte occasionnée réparer une faute commise ou un dommage subi et ouvrir la porte du pardon divin. I désigne l'action d'effacer une faute commise en procédant à une aumône, un jeûne ou autre, selon des modalités spécifiques. Les *Kaffarat* sont donc des actes concis qui permettent d'effacer les péchés commis.

Ainsi la violation des engagements –vœux– est réparée en donnant à manger à dix pauvres (5 : 89) :

« Allah ne vous sanctionne pas pour la frivolité dans vos serments, mais il vous sanctionne pour les serments que vous avez l'intention d'exécuter. L'expiation en sera de nourrir dix pauvres, de ce dont vous nourrissez normalement vos familles, ou de les habiller, ou de libérer un esclave. Quiconque n'en trouve pas les moyens devra jeûner trois jours. Voilà l'expiation pour vos serments, lorsque vous avez juré. Et tenez à vos serments. Ainsi Allah vous explique ses versets, afin que vous soyez reconnaissants ! »

Le fait de jurer de ne plus s'approcher de sa femme est réglé de la même manière pour soixante pauvres :

« Mais celui qui n'en trouve pas les moyens doit jeûner alors deux mois consécutifs avant de n'avoir aucun contact [conjugal] avec

[267] Rapporté par Ibn Hibban 2685

sa femme. Mais s'il ne peut le faire non plus, alors qu'il nourrit soixante pauvres. Cela, pour que vous croyiez en Allah et en son messager. Voilà les limites imposées par Allah. Et les mécréants auront un châtiment douloureux (58 : 4). »

La compensation pour incapacité de jeûner au mois de Ramadan est réglée en donnant à manger à une personne qui en a besoin pour chaque jour manqué, d'une part, et à travers la *Zakat* de fin de ramadan, obligatoire pour tout jeûneur, d'autre part,

« Pendant un nombre déterminé de jours. Quiconque d'entre vous est malade ou en voyage, devra jeûner un nombre égal d'autres jours. Mais pour ceux qui ne pourraient le supporter qu'avec grande difficulté, il y a une compensation : nourrir un pauvre. Et si quelqu'un fait plus de son propre gré, c'est pour lui ; mais il est mieux pour vous de jeûner ; si vous saviez (2 : 184)»

Enfin, lors du pèlerinage, les bêtes égorgées sont destinées aux pauvres.

C. Illustration pratique du système *Takaful* dans le domaine de l'assurance :

Partant du même concept *Takaful* tel qu'il a été décrit auparavant, les jurisconsultes contemporains de la finance islamique ont développé un produit dédié au secteur de l'assurance basé sur l'entraide, la solidarité et la coopération mutuelle entre les groupes de participants pour se protéger contre de divers risques.

Ce concept est matérialisé par la création d'un fonds, appelé "Fonds *Takaful*" constitué par les contributions versées par les participants sous forme de "*Mouwasset*" ou consolation. Ce fonds sert à indemniser les pertes et dommages subis par les participants selon les termes et les conditions du contrat.

Nous allons présenter d'abord les fondements de ce modèle, ensuite nous étudierons ses principes de base, et nous terminerons en discutant ses particularités et ses différences avec le contrat d'assurance conventionnelle.

1. Les fondements du modèle

L'idée du *Takaful* renvoie à la solidarité et l'entraide constamment exhortée par les textes du Coran et de la Sunna :

« Aidez-vous les uns les autres à l'accomplissement du bien et de la piété et ne vous entraidez pas à commettre le péché et l'agression (5 :2) »

« Que la crainte saisisse ceux qui laisseraient après eux une descendance faible, et qui seraient inquiets à leur sujet ; qu'ils redoutent donc Dieu et qu'ils prononcent des paroles justes (4 :9) » ;

« Il vaut mieux que tu laisses tes héritiers riches plutôt que les laisser à la charge des autres, tendant la main aux gens[268] » ;

« Tu vois les croyants dans leur amour, leur affection, et dans leur miséricorde qu'ils se portent, comparables à un seul corps. Lorsqu'un membre est affecté, c'est l'ensemble du corps qui ressent la douleur et s'enfièvre[269] ».

Mais le texte de référence reste la citation célèbre du Prophète (*saws*) à propos de la tribu des Ascharites, qui constituait le premier fonds de solidarité sociale dans l'histoire de l'Islam :

« Quand les vivres (nourritures) des Ascharites ou ceux de leurs enfants manquent (deviennent rares) à Médine, ils réunissent tout

---

268 Rapporté par Al Bokhari 5/363.

269 Rapporté par Al-Bukhârî 2018.

ce qu'ils ont dans un seul tissu (vêtement), puis partagent cela entre eux équitablement, ils sont de moi et je suis d'eux[270] ? »

Toutes ces citations confirment le fondement essentiel du système Takaful à savoir la solidarité, la coopération, l'entraide et la consolation – *Mouwasset*. Ce sont les notions sur lesquelles se base le modèle d'assurance islamique qui a été développé et mis en place depuis environ quatre décennies et qui se propagent aujourd'hui un peu partout dans le monde.

2. Les principes de base de l'assurance islamique **Takaful**

L'assurance *Takaful* se résume donc en une garantie mutuelle, basée sur les principes de la finance islamique qui sont :

- le partage des risques entre les parties au contrat selon la règle fondamentale de la finance islamique à savoir que le gain va de pair avec le risque *–Al Ghounmou B Al Ghourm* – ou la rémunération va de pair avec la garantie *–Al kharajou B Addhaman*. Le partage du risque est l'aspect essentiel qui caractérise le modèle d'assurance islamique *Takaful* basé sur le principe de jeu à somme positive où toutes les parties trouvent leur compte et supportent ensemble le résultat du contrat, et non pas une sorte de jeu à somme nulle, comme c'est le cas de l'assurance commerciale.

- la conformité aux normes de la *charia* dans tous les contrats (interdiction de l'intérêt *Riba* notamment en matière de placement de l'excédent d'assurance interdiction du *Gharar* (incertitude et ambiguïté dans les contrats, interdiction des activités illicites et non éthiques – *Maysir ou Jahala.* Autrement dit, interdiction d'assurer des choses prohibées par la *charia*. Cette condition est mise en place et contrôlée par un comité de conformité *charia* indépendant des organes administratifs de la société d'assurance en question.

---

[270] Rapporté par Al-Bukhârî et Muslim

- le contrat d'assurance doit être basé, par principe, sur le don – *Tabarroue* –, ce qui distingue l'assurance *Takaful* de l'assurance commerciale. En effet, le modèle classique d'assurance *Takaful* comporte trois sortes de contrats simultanés : un contrat de donation qui gère la contribution de chaque souscripteur, un contrat de *Wakala* – mandat de gestion des opérations d'assurance – et un contrat de *Moudharaba* – mandat d'investissement ou de placement.

La combinaison entre ces trois contrats faits de l'assurance *Takaful* un modèle hybride à caractère à la fois lucratif, lié à la rémunération des mandats de gestion et de placement, et non lucratif, lié au contrat de donation qui traduit l'esprit de solidarité et de partage.

3. Particularités du Takaful et ses différences avec le contrat d'assurance conventionnelle

L'assurance *Takaful* se distingue fondamentalement de l'assurance conventionnelle du fait que les primes sont considérées comme des « contributions » à un fonds commun établi dans le but de répartir le risque de survenance d'un événement défavorable touchant un membre du groupe.

Mais les particularités les plus importantes de l'assurance islamique *Takaful* consistent essentiellement en :

- la solidarité et la coopération à travers le partage des risques entre les membres. Ainsi chacun d'entre eux est à la fois assureur et assuré : assureur en tant que membre participant du fonds *Takaful* qui touche une partie des dividendes du placement de l'excédent d'assurance, et assuré en tant que souscripteur bénéficiaire des indemnisations en cas de sinistre.

- l'obligation d'avoir deux comptes séparés, celui de la société en tant qu'opérateur de l'assurance et celui des assurés en tant qu'actionnaires du fonds. Les cotisations des souscripteurs ne sont pas la propriété de l'opérateur et sont gérées par conséquent dans un compte à part et placé dans un fonds séparé du compte de gestion des sinistres. Tandis que dans l'assurance conventionnelle elles sont propriété de l'assureur et gérées dans le même compte de la société.

- l'objectif de l'assurance islamique, qui est la coopération et la consolation, alors que l'assurance commerciale vise le profit. Dans le premier cas, il s'agit d'un objet essentiellement non lucratif, basé sur la donation ; tandis que dans le deuxième cas, il s'agit d'un objet commercial purement lucratif qui cherche à maximiser le profit des actionnaires.

- l'aspect éthique et la conformité à la morale qui est une caractéristique principale du système *Takaful*. En effet, aucun contrat ne sera validé s'il ne respecte pas les normes charaïques à la fois au niveau de l'objet, mais aussi au niveau du placement qui doivent être éthiques (licites). La licéité de l'objet est observée par le comité de conformité à la *charia* qui surveille le déroulement de l'opération.

- dans l'assurance islamique *Takaful*, les revenus de la société d'assurance proviennent à la fois de l'investissement de ses propres actifs et de sa part dans les rendements de l'investissement du fonds d'assurance, en sa qualité de *Moudhareb* ou de sa rémunération si elle agit comme mandataire rémunéré. Alors que dans l'assurance commerciale, les bénéfices proviennent à la fois des opérations d'investissement des actifs de la société, des intérêts touchés sur ses transactions et aussi de l'excédent des primes après déduction des frais et des indemnisations.

- dans l'assurance islamique, l'assuré a intérêt à éviter le risque, car l'absence de risque ou la réduction de la probabilité de son avènement lui est bénéfique. En effet, il récupère l'excédent du fonds des cotisations. Mais le souscripteur dans l'assurance commerciale n'a aucun intérêt à avoir un comportement prudent, car la prime payée ne peut être récupérée même s'il ne lui arrive aucun accident. Cela peut développer chez lui un comportement consumériste et non responsable.

Se basant sur ces principes, le modèle d'assurance islamique *Takaful* s'est élargi de la couverture des risques généraux des sinistres « non-vie » ou *Général Takaful* au développement des produits d'« assurance vie » ou *Family Takaful* qui garantit aux héritiers du souscripteur la sécurité d'une vie sans difficulté matérielle et lui évite la pauvreté à la fin de sa vie, dans sa vieillesse, car ce qu'il aura payé pendant sa vie lui sera remboursé au moment où il en aura le plus besoin.

En raison de ces spécificités, le marché du *Takaful* s'est rapidement développé et a enregistré un essor considérable tout au long des quatre dernières décennies un peu partout dans le monde. Les contributions brutes ont augmenté à un taux de croissance annuel composé de 33 % entre 2005 et 2010, puis de 18 % entre 2008 et 2013 et enfin de 6 % entre 2012 et 2017. Malgré un ralentissement de la croissance globale du marché mondial, Fitch Ratings indique que, sur de nombreux marchés locaux, le *Takaful* continue de croître plus rapidement que l'assurance conventionnelle. Les actifs mondiaux des opérateurs Takaful ont atteint 46 milliards de dollars en 2017 et devraient atteindre 72 milliards à l'horizon 2023[271].

Le Fonds monétaire international (FMI) attribue l'essor de l'assurance *Takaful*, non seulement à la demande croissante d'un grand nombre de populations musulmanes dans le monde, mais surtout au caractère attractif des services financiers islamiques pour les investisseurs non musulmans qui recherchent des placements « éthiques »[272]. On recense actuellement près de 324 sociétés

---

[271] https://www.huffpostmaghreb.com/entry/lassurance-takaful-dans-le-monde-et-en-algerie-en-2019_ mg_ 5c5 2baa2e4b0 ca92c6dd65ff.

[272] 272 https://www.huffpostmaghreb.com/entry/lassurance-takaful-dans-le-monde-et-en-algerie-en-2019_ mg_ 5c5 2baa2e4b0 ca92c6dd65ff.

d'assurance *Takaful* et Re-*Takaful* qui opèrent dans près de 100 pays dans le monde[273].

Conclusion

L'objet de cette contribution est d'étudier l'apport de l'Islam en matière de solidarité sociale à travers l'analyse pluridimensionnelle d'un concept spécifique : le *Takaful* , qui concrétise justement le sens et la dimension universelle de la loi de solidarité et qui constitue une transition remarquable de cette loi, d'un simple sentiment de sympathie qui porte les êtres humains à l'entraide, et d'une valeur morale liée à la charité et la bienfaisance des gens, vers un système socio-économique combinant trois aspects essentiels de la solidarité : une obligation juridique, une vertu sociale et un devoir religieux.

Nous avons essayé de dévoiler les principaux aspects – jusque-là largement inconnus – de ce système *Takaful* qui incarne une éthique particulière basée sur la fraternité, le partage, la consolation, la mutualité et la charité et qui englobe aussi bien l'économique que le social, et touche le niveau individuel et collectif, associe parfois les deux aspects, lucratif et non lucratif, la bienfaisance, la responsabilité et l'obligation.

Nous avons enfin présenté un modèle empirique du *Takaful* dans le domaine de l'assurance combinant en même temps le non lucratif avec le lucratif et qui semble être une réponse concrète dans un contexte

---

[273] D'après Thomson Reuters, le secteur de la finance islamique comprend de par le monde 1 38 institutions et fenêtres financières islamiques. Ce segment de la finance a enregistré une croissance de 11% de ses actifs en 2017, soit 2400 milliards USD d'actifs. Ce secteur a l potentiel de croître de manière significative d'ici 2023 pour atteindre 3 800 milliards d'actifs avec une croissance annuelle moyenne prévue de plus de 10 %. Sur le plan académique, la recherche et la formation sont aussi en plein essor avec 688 instances éducatives et 256 documents de recherche produits sur le sujet entre 2015-2017.

de crise, au besoin de se référer à des valeurs éthiques, un besoin qui s'affirme chaque jour de plus en plus.

L'attractivité des investissements socialement responsables s'en trouve aujourd'hui renforcée et la finance islamique s'impose ainsi de plus en plus comme une concurrente de la finance conventionnelle. C'est dans ce contexte que s'inscrit l'assurance islamique *Takaful*, comme élément important de la sphère financière islamique.

Chapitre 7

La liberté économique, entre théorie et pratique :

essai d'une approche éthique

La liberté est considérée depuis toujours comme l'un des concepts les plus éloquents de l'histoire humaine. Réclamée constamment par les individus, les peuples, toutes cultures et doctrines confondues, la liberté demeure une valeur universelle qui constitue un enjeu à la fois humain et sociétal. En matière économique, le sens commun de la liberté renvoie à un état d'absence de contraintes, de soumissions ou de barrières qui entravent le comportement des individus ou des acteurs économiques[274]. Elle peut être traitée sous plusieurs aspects : la liberté de produire, de commercer et de consommer des biens et services acquis, mais aussi la liberté d'entreprendre, de contracter, de posséder sans l'usage d'une contrainte d'aucune sorte. Elle se manifeste dans une ouverture des marchés, la protection des droits de propriété et la reconnaissance de l'initiative privée. Elle est donc indissociable d'une économie de marché libre et transparent.

Cependant, si en théorie la finalité la plus évidente d'un régime de liberté économique est de mener à la prospérité et au bien-être, dans la pratique, un système social et politique fondé sur la liberté économique sans frontières n'est pas toujours moralement défendable ni économiquement avantageux pour la vaste majorité des couches sociales, ce qui pose un problème de corrélation entre liberté économique et justice sociale, entre liberté économique et éthique, entre liberté économique et valeurs morales et religieuses ; et l'absence de cette corrélation a souvent conduit aux défaillances des systèmes économiques, aux déséquilibres, aux crises et aux fractures sociales désastreuses.

Dans cette optique, cette contribution a pour but de présenter le cadre théorique du concept de la liberté économique (1), d'analyser ses finalités essentielles (2), de discerner les dérives de la pratique dont le coût économique et social ne cesse de s'amplifier (3), et d'analyser

[274] https://perspective.usherbrooke.ca/bilan/servlet/BMDictionnaire?id dictionnaire=1609

l'impact d'une défaillance éthique sur le comportement économique des différents acteurs économiques avant de conclure (4) sur l'indissociable combinaison entre l'éthique, la religion et la liberté économique en vue d'une bonne allocation des ressources et une meilleure performance de l'activité économique.

A- Le cadre théorique de la liberté économique

En philosophie comme dans la religion, la liberté économique fait partie de l'ensemble des libertés individuelles, prérogative capitale de chaque personne, qui s'attache à l'ensemble des conditions sociales qui favorisent le plein épanouissement des personnes et des groupes. En économie comme dans tous les autres domaines, cette prérogative doit être encadrée par la responsabilité et le respect des autres, comme elle doit être orientée vers une bonne synergie entre le bien individuel et le bien commun. À défaut, le navire social fait forcément naufrage.

La notion de liberté s'inscrit au cœur même des préoccupations de la science, de la philosophie et en constitue une pierre angulaire. Elle est considérée à la fois comme le principe et la fin de toute réflexion philosophique. Le terme « philosopher » signifie en effet penser par soi-même, c'est-à-dire exercer librement son jugement, soumettre toute question au libre examen, refuser toute autorité étrangère à la raison. La philosophie atteste la liberté par l'exercice même de penser[275] cependant, la liberté de penser, d'agir, de posséder, d'exercer une activité, de consommer, etc. conduit à poser la question des limites de cette liberté : jusqu'où peut-elle s'étendre sans risquer d'entraver les libertés des autres ? Inversement, jusqu'à quel point les libertés des uns peuvent-elles s'exercer sans que soient compromises celles des autres ? Nous sommes en effet dépendants et solidaires les

[275] Élisabeth CLEMENT, *La liberté*, Hatier 2019, p.3.

uns des autres. Cela est vrai, au premier chef, du domaine économique qui est, par définition, celui des échanges[276].

À cette question d'ordre philosophique sur les contours de la liberté, la religion a son mot à dire. En matière économique, la liberté doit être commandée par la morale et orientée par la foi et ne doit pas être laissée aux désirs et aux intérêts individuels. Elle est ainsi régie par des principes moraux importants tels que la responsabilité, la solidarité, la réciprocité, la coopération et le partage. Ces principes sont en quelque sorte des garde-fous qui préservent l'exercice de la liberté économique de toute dérive qui pourrait entraver les libertés ou les droits des autres. Toutes les religions monothéistes sont unanimes sur ce point.

1. La religion catholique affirme plusieurs principes fondamentaux qui s'inscrivent dans la tradition évangélique : destination universelle des biens, attention prioritaire aux pauvres et aux souffrants, exigence de partage et de fraternité, droit à la liberté d'entreprendre, principe de subsidiarité. Ces principes constituent les piliers fondamentaux de la doctrine sociale de l'Église catholique qui distingue entre deux sortes de liberté en matière économique. Autrement dit, entre deux formes de l'économie de marché ou du capitalisme.

Saint Jean Paul II explique cette distinction de la manière suivante :

« Si sous le nom de capitalisme on désigne un système économique qui reconnaît le rôle fondamental et positif de l'entreprise, du marché, de la propriété privée et de la responsabilité qu'elle implique dans les moyens de production, de la libre créativité humaine dans le secteur économique, la réponse est sûrement positive, même s'il était peut-être plus approprié de parler d'économie d'entreprise ou d'économie de marché ou simplement d'économie libre. Mais si par capitalisme on entend un système où la liberté dans le domaine

---

[276] *Ibid.* p.25.

économique n'est pas encadrée par un contexte juridique ferme qui la met au service de la liberté humaine intégrale (…) dont l'axe est d'ordre éthique et religieux, alors la réponse est nettement négative[277]. »

Ainsi la tradition catholique a-t-elle toujours eu une attitude critique face à l'argent et se trouve-t-elle en opposition au néolibéralisme qui est surtout un capitalisme financier.

2. La pensée juive, de son côté, éclaircie par le récit biblique et par le droit hébraïque, considère que la notion de liberté économique assimilée à celle de la subsistance est une partie intégrante de la liberté humaine effective, à côté de la liberté politique, celle des corps et la liberté psychique qui s'établit au regard des pulsions et des désirs[278].

Si le judaïsme en tant que religion ne propose en réalité aucun système spécifique ou théorie économique, il exprime en revanche une certaine éthique donnant quelques indices qui orientent le comportement à adopter dans le domaine économique. Cette éthique est fondée principalement sur la valorisation du travail et l'accumulation de la richesse qui sont en principe tributaires du degré de liberté économique dans la société. Et, puisque tous les biens appartiennent en dernier ressort à Dieu, il sera nécessaire de respecter certaines valeurs comme la charité, la responsabilité et la justice.

Cependant, l'accumulation de l'argent reste la pierre angulaire de cette éthique juive en matière d'économie et de finance et, comme l'affirme Karl Marx en 1843 dans *La question juive*, l'argent est consubstantiel au judaïsme et c'est lui qui forme le ventre fécond du capitalisme[279] qui donnera lieu par la suite au libéralisme du « laissez-

---

[277] Saint JEAN PAUL II, *Centesimus Annus*, Paris, Éd. du Cerf, 1991, p. 85-86.

[278] Raphaël DRAÏ, « La liberté dans la pensée juive, Raisons politiques » 2002/4 (n° 8), p. 61.

[279] « Sur la Question juive », un article de Karl MARX écrit en 1843 et publié en 1844 à Paris sous le titre allemand *Zur Judenfrage* dans la revue Deutsch–Französischen Jahrbücher. Il s'agit d'une des premières tentatives de Marx pour examiner ce qui sera

faire, laissez-passer » et au néolibéralisme du « minimum strict d'État » voire « zéro État ». Toutefois, certains reproches ont été adressés à cette éthique économique juive qui va jusqu'à interdire le commerce et le prêt a intérêt à l'intérieur du groupe (la communauté des Juifs), et le tolérer, voire l'encourager, à l'égard de l'étranger avec lequel ils cohabitent, ce qui laisse entendre qu'il s'agit d'une éthique qui est fondée sur une sorte de « double morale ».

3. L'islam adopte dans ce domaine une approche de juste milieu en prônant une liberté économique limitée, encadrée par des normes morales bien définies, une liberté socialement responsable. Cette limitation est de deux sortes : d'une part une sorte d'autolimitation qui émane des profondeurs de la personne et qui puise son crédit dans le contenu spirituel et intellectuel de la personnalité islamique –l'islam en appelle ainsi à la conscience des opérateurs économiques pour éviter les comportements susceptibles de nuire aux règles et aux principes moraux qu'il prône ; et d'autre part une limitation objective qui exprime une force extérieure délimitant et réglant la conduite sociale à travers le cadre règlementaire et institutionnel qu'il fixe. De ce fait, la moralité islamique va de pair avec les prérogatives juridiques pour faire du comportement économique un produit socialement responsable et économiquement efficient.

On constate donc que, quelle que soit la religion, le message en matière de liberté économique est quasi identique : liberté et responsabilité sont étroitement liées. La liberté sans responsabilité n'a aucun sens, et la responsabilité est inconcevable sans liberté.

Cette corrélation est susceptible d'agir sur la conduite économique de différentes manières : les prescriptions religieuses relatives au comportement quotidien peuvent exercer une influence directe sur l'activité économique ; le discours religieux peut contribuer

---

décrit plus tard comme le matérialisme historique. Consulter : https://fr.wikipedia.org/wiki/Sur_la_Question_juive.

à légitimer certaines institutions sociales et politiques ; enfin, la sanction religieuse peut canaliser les motivations et les intérêts humains vers certains types de finalités.

Comme le souligne Max Weber, une éthique ancrée dans la religion entraîne pour le sujet « certains bénéfices psychologiques de caractère non économique, extrêmement efficaces pour le maintien de l'attitude qu'elle prescrit... Dans la mesure où ces bénéfices produisent un effet, la direction dans laquelle celui-ci se fait sentir, et qui diverge souvent de la doctrine des théologiens, fait que cette éthique exerce une influence indépendante sur la conduite et par-là même sur l'économie[280] ».

L'attitude économique des hommes peut être commandée par leur système de croyances, tout comme le système de croyances est lui-même souvent influencé par le système économique.

4. La pensée économique : Si le message religieux est plutôt restrictif en ce qui concerne la liberté économique, les doctrines économiques prônent une position très divergente. Entre la pensée capitaliste, toutes tendances confondues, et la pensée socialiste, en état de mort lente depuis la chute du mur de Berlin en 1989 et la fin des régimes socialistes, le concept de liberté économique n'a pas toujours le même sens et manque souvent de boussole. Les économistes d'obédience socialiste s'opposent ouvertement à toute sorte de libertés économiques, réduisant le rôle d'une économie dirigée intégralement par l'État, tandis que les économistes libéraux affichent une position radicale en faveur d'une liberté économique sans frontières allant jusqu'à l'abolition de tout rôle joué par l'État (la thèse néolibérale du strict minimum d'État ou de zéro État).

---

[280] Freddy RAPHAËL, « Les Juifs et la vie économique selon Max Weber », *Revue Pardès* 2013/2 (n° 54).

En effet, depuis le début de l'histoire de la pensée économique, le principe de liberté économique est l'objet d'une polémique à outrance. Le courant mercantiliste qui émerge à la fin du Moyen Âge, au milieu du XVe siècle, plaide pour une liberté économique dans un cadre protectionniste et notamment une grande liberté au commerce et la mise en place d'un système de libre-échange pour le favoriser.

Chez les physiocrates, qui forment un courant issu à la fois du libéralisme économique et du despotisme éclairé, né en France à la fin des années 1750, les concepts de liberté économique, de propriété et de sûreté sont traités en termes de droit naturel que l'État doit respecter et protéger en les consacrant dans le droit positif. Le rôle du pouvoir est de garantir l'application du droit naturel.

La doctrine classique est à l'origine de la fameuse idée « laissez faire, laissez passer » fondée sur la formule « laissez faire les hommes, laissez passer les marchandises » qui sera à la fois le point d'ancrage du principal courant de la pensée économique moderne, le libéralisme, tout en étant l'objet de ses principales controverses. Les principaux penseurs économiques classiques, d'Adam Smith à John Stuart Mill en passant par Malthus, Ricardo et Jean Baptiste Say, ont tous été de fervents promoteurs du principe de la liberté économique opposés à tout interventionnisme étatique. Ils considèrent aussi qu'une défense plus fondamentale de la liberté économique (libre-échange, liberté d'entreprendre, libre choix de consommation, de travail, etc.) devrait être fondée sur des raisons morales.

Adam Smith suppose ainsi, dès 1776, dans son fameux écrit « Recherches sur la nature et les causes de la richesse des nations », que tout se passe comme si une « main invisible » organisait les échanges et harmonisait les intérêts individuels et collectifs. Tout en ne cherchant que son intérêt personnel, chaque individu (*l'homo œconomicus*) travaille souvent d'une manière bien plus efficace pour l'intérêt de la société que s'il avait réellement pour but d'y travailler[281].

Avec le courant néoclassique, la liberté économique est fondée sur la théorie de l'équilibre général. Cette théorie essaie de démontrer que le libre jeu des acteurs économiques, grâce à la coordination supposée parfaite de leurs actions par le seul biais du marché, aboutit à une situation d'optimum économique. Si en cas de besoin une intervention de l'État s'avère nécessaire, elle doit être limitée et son seul rôle doit être de favoriser les conditions favorables à l'équilibre.

Avec la théorie classique et néoclassique, le libéralisme économique est devenu un système dominant. Ce système se caractérise par le caractère sacré de la liberté économique qui se traduit par un droit sacré de propriété individuelle, par l'ordre économique réalisé par le marché, de façon automatique et sans aucune intervention de la volonté humaine, et par le jeu de la loi de l'offre et de la demande.

L'économiste britannique JM. Keynes conteste ultérieurement cette fatalité du marché en démontrant que l'équilibre général néoclassique n'avait rien d'automatique, que le seul jeu de la loi de l'offre et de la demande ne pouvait réaliser qu'un équilibre de sous-emploi des ressources en capital comme en travail. Avec un tel état des choses, l'intervention de l'État apparaissait indispensable pour relancer la demande globale afin de parvenir au plein emploi[282]. En effet, selon Keynes, pour construire la société bonne, la liberté doit être conjuguée avec l'efficacité économique et la justice sociale.

Avec la réussite des politiques keynésiennes mises en place après la Seconde Guerre mondiale, les théoriciens du libéralisme économique furent contraints de redéfinir leur doctrine du libéralisme classique en vue de passer au stade suprême d'une nouvelle doctrine

---

[281] *Richesse des nations*, IV.2

[282] Hugues PUEL : « Le néolibéralisme, modèle économique dominant », Revue d'éthique et de théologie morale, Éd. du Cerf, 2005/1 (n° 233), p. 29-51.

néolibérale qui ne prône pas simplement l'indépendance du marché, mais l'extension du modèle économique à l'ensemble des sphères de l'interaction sociale. Les défenseurs du néolibéralisme présentent généralement leur conception des libertés économiques individuelles et du désengagement de l'État comme des corollaires nécessaires des libertés politiques auxquelles aspirent la majorité des gens, tout comme ils aspirent à la justice sociale[283]. Trouvant son origine dans l'utilitarisme de Bentham et surtout dans les théories de Hayek et par la suite de Milton Friedman, le néolibéralisme s'impose depuis les années 70 du siècle dernier comme étant le système économique et politique dominant la planète à travers un programme standard de politiques économiques dites "politiques néolibérales".

Ces politiques se réfèrent généralement au fameux "consensus de Washington" défini par l'économiste américain John Williamson à la fin des années 1980 qui repose sur 10 principes :

1) discipline budgétaire forte, donc peu de déficits ;
2) dépenses publiques avec un bon rendement ou une capacité réelle à réduire les inégalités engendrées par le marché ;
3) diminution des taux marginaux d'imposition ;
4) libéralisation des taux d'intérêt ;
5) taux de change compétitifs ;
6) libéralisation du commerce extérieur (abaissement des barrières) ;
7) ouverture aux investissements étrangers ;
8) privatisation des entreprises publiques ;
9) dérèglementation des marchés intérieurs ;
10) protection accrue de la propriété privée (capitaux, brevets, droit d'investir, de vendre et d'acheter).

Ce programme constitue le dernier produit de la pensée néolibérale considéré comme étant la formule idéale pour toutes les sociétés. Il

---

[283] https://esprit.presse.fr/article/michael-foessel/neoliberalisme-versus-liberalisme-14660

semble ainsi valoriser la liberté économique comme une valeur fondamentale, agit au détriment de certains acteurs sociaux, mais aux dépens des autres formes de libertés, notamment la liberté des peuples et des gouvernements de choisir leur politique propre et adéquate à leur situation et à leur culture. Loin d'être en avance, les libertés économiques, dans la pensée néolibérale, sont au contraire en retard sur les autres libertés. Il est archaïque que la propriété soit encore le seul fondement de la gouvernance des entreprises.

Comme le remarque Jean-Fabien Spitz, la société néolibérale « se joue entre des partenaires de plus en plus inégaux ». La liberté économique - celle d'entreprendre, de gérer les entreprises, d'embaucher et de licencier - est réservée aux seuls propriétaires, c'est-à-dire les actionnaires. Les salariés et les consommateurs en sont exclus. S'ils étaient partie prenante dans les conseils d'administration, il en irait tout autrement[284]. La critique essentielle adressée au néolibéralisme n'est donc pas qu'il est trop libéral ou qu'il ne libéralise pas excessivement les pratiques économiques et sociales ; c'est, au contraire, qu'il ne l'est pas assez puisqu'il limite ces libertés aux seuls possédants. Il fonde la liberté sur la seule propriété, alors qu'elle devrait être fondée sur la responsabilité de tous ceux qui, d'une manière ou d'une autre, participent à la production de biens ou de services.

Au final, ce rapide brossage théorique du concept de la liberté économique à travers la philosophie, la religion et la pensée économique confirme une fois de plus l'éloquence et la richesse épistémologique de ce concept. En effet, depuis le mercantilisme jusqu'au néolibéralisme, la liberté économique demeure une valeur centrale et universelle dont dépendraient toutes les autres formes de libertés individuelles ou collectives et sur laquelle sera fondé tout système économique et social. Il est donc judicieux d'analyser les finalités essentielles de cette valeur principielle avant de se pencher sur

---

[284] https://www.lemonde.fr/idees/article/2017/01/13/le-neoliberalisme-n-est-pas-assez-liberal_5062239_3232.html

les dérives de la pratique et l'apport d'une approche éthique dans le sens d'une solution à ces dérives.

B. Les finalités fondamentales de la liberté économique

Le terme « finalités » signifie les objectifs ultimes que l'on cherche à atteindre en instaurant la liberté dans la sphère économique ; autrement dit les buts essentiels pour lesquels un cadre règlementaire basé sur le principe de liberté a été établi en vue de les atteindre, afin d'assurer l'intérêt des personnes et de la collectivité.

Nous pouvons envisager cinq types de finalités liées à la notion de liberté économique : la circulation et la rotation de la richesse au sein d'une société, la facilitation des échanges, la protection des biens, la transparence et la clarté de la propriété ainsi que l'équité et la justice dans la distribution de la richesse.

1. La circulation de la richesse

Elle est la première finalité poursuivie par tout système économique et social viable qui cherche la prospérité et la croissance et le bien-être de ses membres. Sans un cadre règlementaire libre et transparent, cette prospérité ne peut être obtenue. En effet, la richesse se crée quand la monnaie circule entre les individus et constitue un moteur important du circuit économique. Autrement dit, un état de concurrence pure et parfaite selon laquelle aucun monopole ou accaparation des biens ne figure sur le marché. C'est la signification fondamentale de la liberté économique, car l'absence de libre circulation des biens (et des personnes) conduit inévitablement à la récession économique et à la décroissance. Les études empiriques consacrées à ce sujet confirment une forte corrélation entre la libre circulation des biens et des personnes et la croissance qu'ont connue les économies des pays émergents pendant les dernières décennies.

En effet, depuis la crise financière de 2008, la notion de marché libre a été fortement critiquée. Pourtant, un fait indéniable demeure : plus grande est la liberté économique qu'un gouvernement laisse à sa population, mieux celle-ci se portera, non seulement sur le plan du bien-être matériel de base, mais aussi sur le plan des indicateurs sociaux et individuels du bien-être humain – la santé, l'éducation et le bonheur, par exemple. Cela est vrai que l'on compare des pays et régions entre eux ou que l'on suive leur évolution dans le temps[285].

L'indice de liberté économique – *index of economic freedom*[286] – mesure la liberté économique dans le monde sur la base de 12 facteurs quantitatifs regroupés en quatre grandes catégories : l'état de droit (le droit de propriété, l'intégrité du gouvernement, l'efficacité judiciaire) ; la prépondérance du gouvernement (les dépenses publiques, la pression fiscale, la santé fiscale) ; l'efficacité réglementaire (la liberté des affaires, la liberté de travail, la liberté monétaire) ; les marchés ouverts (la liberté commerciale, la liberté d'investissement, la liberté financière). En dépit de la polémique et de la confrontation qui perdure entre les défenseurs du libre-échange et les partisans du protectionnisme, les retombées positives sur les pays et les agents économiques du système de libre-échange sont incontestables.

La libre circulation des biens et de la richesse est donc source de croissance et de prospérité, à condition qu'elle se déroule dans un cadre de relations proportionnellement équitables et bénéfiques pour toutes les parties concernées, une condition qui n'est toujours pas facile à respecter. La plupart des accords de libre-échange qui régissent les relations commerciales internationales ont abouti à façonner la totalité ou une majeure partie de la réglementation de l'économie, voire de

[285] https://www.iedm.org/files/note0215_fr.pdf

[286] L'indice de liberté économique est un indicateur fondé sur un ensemble de douze critères économiques, créé par la Fondation Héritage et le Wall Street Journal. Son objectif affiché est de mesurer la liberté économique dans les différents pays du monde. Créé en 1995, l'indice est conçu selon une approche inspirée d'Adam SMITH, *Recherches sur la nature et les causes de la richesse des nations*, à savoir que « l'existence d'institutions élémentaires préservant la liberté des individus à se consacrer à leurs propres intérêts économiques garantit une prospérité plus importante de toute la société dans son ensemble ».

toute la société, pour se conformer à celle du pays ou de la région partenaire. L'enjeu est donc beaucoup plus important que la simple libéralisation des échanges commerciaux. Cette transformation peut avoir un coût social important qu'il s'agit d'évaluer.

2. La facilitation des échanges.

La deuxième finalité consiste à faciliter les échanges entre les individus, les pays et les régions, car à travers l'échange se construit la richesse des nations et s'accomplit le développement des économies. L'objet initial de la science économique n'est-il pas la promotion de l'échange, facteur principal de la création de la richesse ? La recherche d'une efficience économique passe notamment par la facilitation des échanges que suppose le sens le plus large de la liberté économique. Cette facilitation des échanges est devenue désormais une exigence économique mondiale et revêt une importance toute particulière pour tous les pays et notamment les pays en développement qui souffrent d'un déficit de liberté économique incontestable.

L'idée principale de la facilitation des échanges est d'améliorer la compétitivité économique d'un pays, de favoriser son intégration dans le marché international et de renforcer sa capacité à attirer les investissements étrangers directs.

Il s'agit d'un ensemble précis de mesures qui visent à rationaliser et simplifier les procédures techniques et juridiques applicables aux produits qui entrent ou sortent d'un pays afin d'être échangés sur les marchés internationaux. Le but premier de ces mesures est de rendre le commerce transfrontalier (importations et exportations) plus rapide, moins cher et plus prévisible, tout en garantissant sa sécurité. La facilitation des échanges repose sur la transparence, la simplification, l'harmonisation et la normalisation qui deviennent des prérogatives inéluctables du développement du commerce international.

Dans ce sens, l'OMC a conclu un accord sur la facilitation des échanges (AFE) qui fixe des règles multilatérales ayant vocation à remédier à certaines difficultés procédurales dans le but de faciliter les démarches commerciales. Cet accord est entré en vigueur en 2017 et constitue pour les pays une opportunité majeure de profiter des avantages d'une accélération des procédures aux frontières et de leur plus grande efficacité. Le but de cet accord est d'améliorer l'efficacité du commerce dans le monde et d'encourager la croissance économique en simplifiant les formalités aux frontières, en améliorant la transparence et en tirant parti des nouvelles technologies. Certaines estimations affirment que cet accord pourrait réduire les coûts du commerce international de 15 % en moyenne, et plus encore dans les pays en développement[287].

La facilitation des échanges est devenue ainsi une source importante de revenus, tant pour les États que pour les milieux d'affaires. Pour les États, les avantages se présenteront sous la forme de recettes fiscales accrues, d'une meilleure utilisation des ressources et d'une meilleure conformité aux règlements de la part des opérateurs commerciaux. Grâce à un fonctionnement plus efficace et plus transparent des services publics, l'administration pourra maintenir un niveau de sécurité élevé et un contrôle gouvernemental efficace, tout en réduisant les risques de corruption[288].

3. La protection des biens et la préservation de la richesse.

La réalisation de cette finalité est liée à trois facteurs indissociables :

- une gestion raisonnable et durable des ressources évitant toute sorte d'inexploitation ou de surexploitation,
- une bonne allocation des ressources reposant sur une économie libre et performante

---

[287] https://www.imf.org/external/np/exr/ib/2001/fra/110801f.htm
[288] https://www.oecd.org/fr/reformereg/facilitation/35750215.pdf

- une croissance économique stable et forte.

L'analyse économique moderne a montré une corrélation forte entre la liberté économique et la gestion durable qui est sans doute un facteur indispensable du développement durable. En effet, une économie de marché libre nécessite une gestion rationnelle des ressources qui permet à ces ressources de se renouveler et d'être conservées de manière pérenne, sans être menacées par une mauvaise exploitation ou une surexploitation. Les économistes sont d'accord sur l'impact de la surexploitation sur la préservation des richesses et la croissance économique qu'ils considèrent comme cause de stagnation, voire de recul économique.

Parallèlement, la liberté économique rationnelle conduit nécessairement à une bonne allocation des ressources et à une meilleure performance économique étant donné qu'elle suppose un bas niveau d'imposition, une diminution de la réglementation, la protection des droits de propriété, la liberté d'entreprise et un engagement en faveur du libre-échange.

Enfin, parmi les facteurs principaux qui conduisent à la croissance économique figure la liberté économique à travers une économie de marché décentralisée : elle vient en tête avant même l'innovation technologique, les investissements dans le capital physique et humain, la stabilité politique. Les pays où la liberté économique est la plus grande (impôts peu élevés, réglementation peu contraignante, politique monétaire saine, respect des droits de propriété, marchés décentralisés) sont aussi ceux qui présentent le plus haut niveau de croissance économique.

Dans son célèbre livre *Development as Freedom*[289] Amartya Sen développe une nouvelle théorie d'une économie morale basée sur

---

[289] Amartya SEN, *Development as Freedom*, Oxford University Press, 1999, 366 pages. Édité en français par les Éditions Odile Jacob sous le titre *Un nouveau modèle économique : Développement, justice, liberté*, 2000

une corrélation étroite entre le développement économique et la liberté. Selon lui, « le développement peut être considéré comme le processus par lequel les libertés réelles des personnes s'accroissent[290] ». C'est donc en fonction du degré de liberté économique que l'on pourra mesurer le développement.

4. La transparence de la propriété.

Si la propriété en tant que système n'a cessé d'occuper une place centrale dans la réflexion économique des deux siècles derniers, la question de la transparence de cette propriété connaît un regain d'intérêt considérable partout dans le monde. Elle devient ainsi un élément essentiel pour une bonne gouvernance et un développement efficace.

En effet, les avantages de la transparence en matière de propriété sont nombreux : elle peut contribuer à assainir le climat de l'investissement, à réduire les risques de réputation et les risques financiers, à prévenir la corruption et les flux financiers illicites, à améliorer l'état de droit, accroître la confiance et la redevabilité et renforcer la collecte des revenus[291].

La transparence de la propriété ne touche pas seulement au domaine public, elle devient un mot d'ordre, une exigence morale, une vertu et une vérité suprême dans pratiquement toutes les sphères de la vie.

La théorie économique a depuis longtemps cherché à résoudre l'énigme du développement économique à travers la dynamique des agrégats macroéconomiques. Parallèlement, le débat englobe aujourd'hui des concepts importants, en l'occurrence la transparence de la propriété qui est à l'origine du bien-être économique, social et

---

[290] *Ibidem.*
[291] https://eiti.org/fr/propriete-reelle

environnemental. Amartya Sen note que le développement réussi – le développement qui donne aux êtres humains la liberté de « vivre comme ils veulent vivre » – repose sur le respect d'une vaste gamme de droits (y compris le droit à la propriété), les libertés politiques, les garanties de transparence et le droit à la protection (Sen 1999). Il souligne aussi que, si « les libertés instrumentales contribuent directement ou indirectement à la liberté globale dont les êtres humains disposent pour vivre comme ils l'entendent, les garanties de transparence peuvent constituer une catégorie importante de liberté instrumentale. Ces garanties jouent un rôle instrumental évident pour empêcher la corruption, l'irresponsabilité financière et les transactions en sous-main[292] ».

Grâce à la transparence, les sociétés renforcent la contribution positive des gouvernements tout en aidant à résoudre les problèmes inhérents à la conduite des affaires de l'État. Elle est ainsi un instrument essentiel pour lutter contre la corruption et prévenir les flux financiers illicites dans un monde où la criminalité financière prend une envergure incontrôlable et devient un véritable fléau qui met en péril la santé économique et le tissu social du monde entier et menace le bien-être de la population ; les derniers chiffres montrent que ce fléau dépasse aujourd'hui l'endettement : on estime qu'il représente entre 1,4 et 3,5 billions de dollars par année à l'échelle mondiale[293].

5. La justice dans la distribution de la richesse.

Théoriquement la liberté et la justice semblent incompatibles. Cependant, une économie de marché fondée sur une véritable liberté économique dans un cadre de libre-échange est censée garantir une certaine justice dans la distribution de la richesse entre les membres de la société. C'est la finalité sous-jacente d'une bonne gouvernance qui

[292] Amartya SEN, *Development as freedom*, 1999 , p.38 et 40.
[293] ACCA et EY, « Economic crime in a digital age », janvier 2020: file:///Users/mohamednouri/Downloads/JasonPiper.EconomicCrime.pdf.

suppose requérir la responsabilité sociale, l'éthique et l'efficience économique.

Keynes est l'un des grands économistes libéraux qui ont explicité qu'une conciliation entre liberté économique et justice sociale est possible. Elle est même une condition sine qua non d'une société bonne. Celle-ci est caractérisée par trois objectifs : efficacité économique, justice sociale et liberté individuelle[294]. La liberté économique est considérée comme un gage d'efficacité et un générateur de justice.

Les théories de justice distributive ont essayé de présenter des modèles visant à réduire les inégalités de revenus, en se basant précisément sur la règle du mérite, étant admis qu'il y a des inégalités naturelles de talents et de contributions parmi les individus, au détriment d'une distribution fondée plutôt sur les besoins. Le résultat est que trop de liberté donne trop d'inégalités en raison de l'absence de justice et d'équité dans les statuts et les opportunités. Dans cette approche, la justice sociale devient une construction morale et politique qui vise à l'égalité des droits et conçoit la nécessité d'une solidarité collective entre les personnes d'une société donnée.

Dans son ouvrage « Théorie de la justice » de 1971, le libéral John Rawls écrit qu'une société est juste si elle respecte trois principes, dans l'ordre : garantie des libertés de base égales pour tous, égalité des chances, maintien des seules inégalités qui profitent aux plus défavorisés. Selon Rawls, l'évaluation de la justice se fait par référence à la notion de « biens premiers », concept qui regroupe un ensemble de valeurs économiques et socioéconomiques : les libertés, les revenus, les richesses, le pouvoir, les bases sociales du respect de soi et les chances d'accès à ces avantages.

---

[294] Michel HERLAND, « Concilier liberté économique et justice sociale : Les solutions de Keynes », Cahiers d'Économie Politique, 1998, 30-31 p. 281-310.

Amartya Sen adresse une critique sévère à la théorie de Rawls ainsi qu'à toutes les théories de la justice en général. Il considère qu'elles sont toutes injustes étant donné qu'elles n'arrivent pas à concilier justice et libertés dans le système économique et politique qu'elles prônent. Pour lui ces théories n'ont pas pu franchir le problème des libertés formelles qu'elles ont essayé de défendre. Pour Sen, il faut aller plus loin pour concrétiser les libertés réelles[295].

C. Les dérives de la pratique

La théorie économique en matière de liberté n'est pas univoque. En effet, malgré la place qu'elle occupe en étant un pilier fondamental du système économique dominant, elle n'a toutefois ni fixé ses bornes ni clarifié ses normes. La pratique a connu véritablement des dérives irrémédiables. Nous pouvons énumérer quelques-unes de ces dérives qui sont largement reconnues et qui menacent les acquis de l'édifice économique à l'échelle planétaire.

Tout d'abord, la dérive totalitaire de la pensée unique imposée par le passage du libéralisme antiautoritaire à visage humaniste au néolibéralisme « libertarien » farouche, poussant la liberté à ses ultimes limites, ce qui a généré des crises successives et cycliques. Ensuite, la substitution de l'État-providence par le marché qui a conduit à sacrifier la liberté économique aux exigences du marché, aux dysfonctionnements des États nationaux, pour confier la régulation de l'économie aux seuls mécanismes du marché. Enfin, la financiarisation croissante de l'économie à travers l'instauration d'une économie basée sur le capital et la finance au détriment du travail qui subira une dévalorisation permanente, ce qui fait augmenter les inégalités et l'injustice sociale.

---

[295] Fakhri ISSAOUI, « Amartya Sen: relecture de l'État de la justice », African Sociological Review 15 (1) 2011, p. 86.

1. Du libéralisme au néolibéralisme : la liberté confisquée

Le libéralisme économique des 19ème et 20ème siècles est fondé sur une idée faisant de la liberté le but ultime de la société. Il met l'accent sur le caractère sacré de la propriété individuelle et sur l'ordre économique spontané réalisé par le jeu de la loi de l'offre et de la demande, de façon automatique et sans aucune intervention de la volonté humaine. Cependant, dans la pratique, ces postulats n'ont pas fonctionné comme il fallait et l'expérience libérale débouche sur une crise d'une très grande ampleur à l'échelle mondiale. Cette crise a marqué une rupture avec la conception libérale de la liberté économique et le rôle de l'État.

Ainsi ce fut le passage du libéralisme au néolibéralisme. Ce sont les deux points essentiels de désaccord entre les deux approches. Tandis que les libéraux estiment que la liberté politique prime la liberté économique, les fondateurs du courant néolibéral privilégient la liberté économique. L'État libéral, représentant de l'intérêt général, n'est plus avec les néolibéraux le garant de la liberté individuelle : ces derniers considèrent plutôt l'appareil étatique comme limitant la construction de la liberté individuelle. La multiplication des interventions de l'État, sous prétexte de corriger le marché, finit par lui substituer partout l'autorité d'un État responsable du bien-être des citoyens. Pour Friedman, le principal fondateur du néolibéralisme aux côtés de Hayek, la liberté première est donc la liberté économique. La mission première d'un État est d'assurer le respect des règles de jeu nécessaires au fonctionnement de l'économie. L'autre domaine privilégié de l'action étatique est la protection des droits de propriété privée, qui sont constitutifs de la liberté économique.

Le courant néolibéral a donné lieu à une série de politiques dites néolibérales à partir des années 80 du dernier siècle mises en œuvre surtout en Grande-Bretagne et aux États-Unis, puis dans les pays dits "en développement", sous l'égide de la Banque Mondiale et du

Fonds Monétaire International, en réaction aux politiques keynésiennes qui prévalaient auparavant.

Ces politiques néolibérales se caractérisent principalement par :
- une limitation du rôle de l'État en matière économique, sociale et juridique ;
- la privatisation des entreprises publiques ;
- une discipline budgétaire stricte qui permet l'équilibre des dépenses et des recettes ;
- une réorientation de la dépense publique vers des secteurs de forts retours économiques sur investissements ;
- une politique fiscale se basant sur l'élargissement de l'assiette fiscale et la diminution des taux ;
- une politique de stabilisation monétaire qui vise une inflation faible, une réduction des déficits du marché et un contrôle strict des réserves d'argent ;
- l'adoption d'un taux de change unique et compétitif ;
- une libéralisation du commerce extérieur ;
- l'élimination des barrières à l'investissement direct étranger.

Ces politiques ont suscité et suscitent encore de nombreux débats et polémiques, car dans la plupart des cas où elles ont été pratiquées, les résultats ont été décevants : accroissement des inégalités sociales et de la précarité, réduction de la souveraineté nationale des pays, frein au développement économique des pays les plus pauvres, transformation de l'homme en marchandise. Le libéralisme néoclassique se transforme en une sorte d'ultralibéralisme radical qui fait de la « marchandisation » une loi de l'histoire, du marché d'une réalité naturelle et de l'État un parasite dangereux du jeu des intérêts privés.

2. La substitution du marché à l'État-providence

À côté de la primauté de la liberté économique sur les autres formes de libertés, la « pensée unique » néolibérale repose sur la loi du marché. Comme le souligne Hayek, « le marché est un processus impersonnel qui permet de satisfaire les besoins humains plus abondamment que ne pourrait le faire aucune organisation délibérée ». L'État ne doit pas intervenir dans la vie économique, sinon la liberté sera réduite. Son rôle doit se limiter à protéger les citoyens à travers l'armée et la police, à agir contre les monopoles, à mettre fin au protectionnisme et à pallier les défaillances du marché dans des cas extrêmes ; il doit veiller à ouvrir les portes du marché et faire des lois qui seront respectées.

La conception néolibérale de l'État constitue un retour à la vision libérale classique depuis Adam Smith qui confie à l'État juste un rôle de gendarme ou « gardien de nuit ». Autrement dit un rôle réduit au strict minimum. En revanche, l'État-providence donne à l'État un rôle important dans la vie sociale et économique au nom d'impératifs sociaux : il doit intervenir pour assurer la prise en charge collective des fonctions de solidarité.

Le néolibéralisme marque de nouveau la rupture avec les conceptions néo-classique et keynésienne de cet État-providence et considère que la régulation, comme disait Smith, doit se faire par le marché et non pas par l'État. En effet, le marché serait doté de mécanismes de correction automatique des déséquilibres.

Dans la pratique, les mécanismes du marché n'ont pas pu résoudre les problèmes de l'économie néolibérale ni réduire les inégalités de revenu qui ont augmenté partout en Occident depuis les années 1980. Le 1 % d'individus les plus riches de tous les pays d'Europe et d'Amérique du Nord capte une part de plus en plus grande du revenu national total, alors que cette part stagne ou diminue pour les 90 % les moins nantis.

Le fait est d'ailleurs reconnu par Hayek et Friedman. Or, en théorie, cette augmentation réelle des inégalités de revenu que produit le néolibéralisme est habilement justifiée. Intuitivement, nous pourrions être portés à croire que celui qui possède plus de richesse qu'un autre a davantage de liberté puisque, dans un monde où l'argent offre des possibilités d'action, il est davantage libre de faire ce qu'il veut[296].

Les économistes néolibéraux tentent de justifier les défaillances du marché qui produisent ces inégalités sociales dues à des facteurs exogènes tels que les normes sociales, la financiarisation de l'économie, certaines institutions du marché du travail, la gouvernance des entreprises, le rôle de l'État dans l'économie et l'extraction de rentes, et le système fiscal. Ils considèrent même que les inégalités sont un produit nécessaire de la liberté.

En définitive, de la théorie néolibérale à la pratique qu'elle commande, on passe de la légitimation des inégalités à leur production institutionnelle effective.

3. La financiarisation croissante de l'économie

Le néolibéralisme a entrainé l'économie mondiale sur une pente de financiarisation de plus en plus dangereuse. Depuis le tournant du début des années 1980, on assiste à un phénomène de controverse, à savoir la déconnexion de la sphère financière de l'économie réelle : dans un grand nombre de pays, les profits augmentent, mais pas l'investissement. Pire même, l'investissement productif baisse, les investissements financiers explosent. Le taux de profit s'est considérablement rétabli, mais cela n'a pas conduit à une augmentation du taux d'accumulation et de création de richesse, ce qui explique la part croissante des activités financières (services de banque, d'assurance et de placements) dans le PIB des pays développés notamment.

---

[296] https://corpus.ulaval.ca/jspui/bitstream/20.500.11794/40190/1/36154.pdf

Il s'agit là d'une des dérives les plus importantes dans l'histoire du capitalisme mondial : une transformation radicale de l'économie et de la société contemporaines en les organisant autour d'une nouvelle cohérence articulée sur l'efficacité financière et sur une vision du temps linéaire spécifique à la finance. Cette financiarisation planétaire engendre de plus en plus de crises, d'instabilité liée aux bulles financières qui résultent d'une forte spéculation sur les marchés.

En conséquence, un phénomène paradoxal s'installe, celui de vouloir faire du « capitalisme sans capital » le moteur pivot de l'économie moderne.

Joseph Stiglitz (prix Nobel d'économie) a mis en lumière les risques que faisait courir la spéculation dérèglementée sur les marchés émergents. Sur certains marchés, le volume des transactions dépasse l'endettement : plus de 1900 milliards de dollars par jour sur le marché des changes (selon la Banque des règlements internationaux)[297]. L'influence de la finance sur les décisions des États et des entreprises est telle que l'on a pu parler de dictature des marchés.

Ce dérapage de financiarisation sans précédent a conduit à la grande crise financière déclenchée en 2008 et dont les répercussions néfastes sur toute l'économie mondiale persistent. La nouvelle crise engendrée par le Covid-19 a dévoilé quelques-unes de ces répercussions au niveau social en particulier dans les domaines de la santé et de la sécurité alimentaire, ce qui ressuscite de nouveau le débat sur la place que doit occuper l'État dans l'économie et la nécessité de revoir son rôle social.

La croyance aveugle en la capacité des marchés à s'autoréguler, largement vantée par les économistes néolibéraux, sous l'influence de l'école de Chicago (Milton Friedman), est devenue désormais absurde.

---

297 Antoine MERIEUX, « Financiarisation : la révolution silencieuse », revue Projet 2014/6 (n°343), p. 6-10.

La question qui se pose incessamment est comment libérer l'économie de cette financiarisation qui a causé une très forte instabilité du système monétaire et financier international, ainsi qu'une succession de crises bancaires, boursières et de change.

D. Nécessité d'une approche éthique de la liberté économique

Face à cette triple dérive due à un abus de la liberté dans la sphère économique, une approche éthique s'impose, et ce, pour trois raisons : d'abord la régulation de l'économie par le marché a montré ses limites. Les hypothèses libérales ainsi que les politiques néolibérales mises en place et leur choix en matière de croissance économique, source de développement, sont fortement remis en cause. Ce qui implique la recherche de pistes de développement alternatives. Or celles-ci ne peuvent tirer leur fondement qu'à partir de paradigmes nouveaux, de choix éthiques différents et de normes morales correspondantes.

Ensuite, les conséquences sociales et humaines – c'est-à-dire sur les sociétés et sur les personnes – du système néolibéral à l'échelle planétaire sont largement alarmantes. Plusieurs éléments confirment fortement ce constat, en l'occurrence l'accentuation des inégalités sociales, le déclin du rôle de l'État devant la logique du marché, les débordements dans l'exercice des libertés économiques qui ont permis l'hégémonie des monopoles et des multinationales. Tout ceci implique une nouvelle forme de liberté qui ne peut être fondée que sur la responsabilité sociale, l'éthique et la morale.

Enfin, plusieurs courants de pensée, issus des pays les plus divers et depuis bien longtemps, ont souligné que la recherche du développement économique ne devait pas négliger le respect des valeurs. Au contraire, les recherches théoriques et empiriques en la matière montrent une corrélation étroite entre la croissance économique et les valeurs sociétales éthiques. Cette vision des choses a pris de l'importance ces dernières décennies au point que l'on a pu parler de finance éthique, de commerce équitable et d'investissement socialement responsable. Cette tendance de « moralisation » de l'économie confirme l'intérêt d'une approche éthique de la liberté économique.

Dans cette perspective, nous traitons cette approche à travers deux contributions dont la finalité est la même, c'est-à-dire la conciliation entre l'économie, la finance et la morale : la première est celle de « la théorie de l'économie morale » de Amartya Sen, économiste et philosophe américain d'origine indienne, prix Nobel d'économie (1998) pour sa théorie du choix social dans laquelle il analyse les questions des inégalités, de la misère et de l'éthique dans l'économie ; la deuxième est un ouvrage intitulé *La finance islamique, une illustration de la finance éthique* de François Guéranger (Éditions Dunod, 2009). Avocat et ancien inspecteur de la banque de France, F. Guéranger tire, dans son ouvrage qui a paru au moment même où la crise financière s'est déclenchée en 2008, la sonnette d'alarme sur les dangers du dérapage de la finance internationale et son éloignement par rapport à l'éthique. Il présente ainsi le modèle de la finance islamique comme étant une illustration de la finance éthique.

1. La théorie de l'économie morale de Amartya Sen.

L'ouvrage de Sen, « L'économie est une science morale[298] », est la réunion de deux essais de l'auteur publiés respectivement en 1990 et 1996. Le premier est titré : « La liberté individuelle, une responsabilité sociale » et le second : « Responsabilité sociale et démocratie : l'impératif d'équité et le conservatisme financier ». Sen a été largement connu à travers ces deux articles fondateurs de sa nouvelle théorie de l'économie morale qui marque une rupture avec

298 Amartya SEN, *L'économie est une science morale*, Paris, Éd. La Découverte 2003, 125 pages. Original version : « On Ethics and Economics » University of California, Berkeley, Blackwell Publishing, first published 1987.

l'analyse économique traditionnelle qui était incapable de penser la diversité des comportements humains ; il était nécessaire de restaurer la dimension éthique dans le débat économique et social et d'y introduire des considérations culturelles, politiques, sociales et surtout éthiques.

Dans le premier essai, A. Sen défend la place de la liberté individuelle comme centrale dans tout processus de choix social, et introduit la notion de la « capabilité » (liberté positive) comme critère d'évaluation d'une société. La liberté selon Sen est une notion complexe qui ne se limite pas seulement à la capacité de faire, mais aussi à celle de pouvoir faire.

Cette conception constitue un apport essentiel de la contribution de Sen qui est une nouvelle approche de la notion de liberté qui n'est plus une et indivisible, mais double et liée : la liberté positive et la liberté négative. Cet apport vise à démontrer l'importance de la liberté individuelle en tant que valeur qui doit être défendue par la société comme une responsabilité sociale.

Pour Sen, la liberté positive ou « capabilité » est ce qu'une personne est capable d'accomplir ou pas, toutes choses prises en compte, tandis que la liberté négative met en avant l'absence d'entraves imposées par un autre à la liberté d'une personne.

C'est la raison pour laquelle la société doit défendre les libertés positives comme le droit de se nourrir par exemple, en assurant un emploi aux plus pauvres surtout en cas de famine. Bien évidemment, cette nouvelle conception de la liberté est en divergence totale avec la théorie conventionnelle, celle de Pareto par exemple, basée sur l'utilité, qui considère que l'homme est un animal économique qui cherche uniquement à maximiser son intérêt propre. Pour Sen, l'équation sociale n'est pas une équation de jeu à somme nulle dans laquelle le malheur des uns fait toujours le bonheur des autres ; au contraire, l'homme est aussi guidé par le souci des autres, ce qui porte l'intérêt à la possibilité de répartition équitable, même s'il y a conflits d'intérêts puisque l'homme ne serait pas guidé que par son égoïsme.

Dans le second essai, « Responsabilité sociale et démocratie », Sen part de cette idée de liberté positive ou « capabilité » pour développer sa thèse d'économie morale qui se base sur la responsabilité sociale et l'impératif d'équité. Selon lui, l'économie moderne s'est trouvée considérablement appauvrie par la distance qui a éloigné l'économie de l'éthique et il est nécessaire de rappeler que l'objectif de l'économie politique est la recherche du bonheur des individus.

L'articulation qu'a faite Sen entre liberté et responsabilité lui a permis de distinguer le comportement de l'individu utilitariste qui ne cherche que la maximisation de satisfaction personnelle de consommation du comportement de l'individu socialement responsable, en tant qu'acteur social raisonnable et citoyen responsable, qui s'interroge sur son devenir et aussi sur le devenir des autres. Cette approche de responsabilité sociale et solidaire concorde parfaitement avec la transmission équitable des capacités entre générations, dans le cadre du développement durable. Ainsi l'économie sera avant tout au service du bien-être de tous. Grâce à cela, Sen est conduit à la remise en cause des indicateurs économiques de la théorie positiviste ayant cours depuis de longues années et il est amené à introduire la notion d'IDH qu'il a inventée en 1990 avec le Pakistanais Mahbub Ul Haq : cet Indice de Développement humain est devenu un indice majeur, notamment pour le Programme des Nations Unies pour le Développement (PNUD).

Bref, la théorie de l'économie morale de Sen constitue certainement un apport remarquable dans l'histoire de la pensée économique moderne dans le sens où il marque une rupture avec le divorce forcé entre la science économique et la science de la morale qui fut imposé par le courant laïcisant qui a dominé le débat économique pendant les deux siècles derniers.

2. La finance islamique, une illustration de la finance éthique

Le second ouvrage est celui de François Guéranger, paru aux éditions Dunod en 2009, portant le même titre *La finance islamique, une illustration de la finance éthique* : il s'inscrit dans la même ligne de « moralisation de l'économie et de la finance » et arrive au moment où la crise financière des *subprimes* se déclenche aux États-Unis avant de se propager dans les principaux fiefs du capitalisme mondial. La finance islamique qui marie le monde de la finance avec les valeurs éthiques est devenue dès le début de ce siècle un phénomène remarquable et une donne internationale de grande ampleur.

En effet, la finance islamique, à travers ses principes éthiques régissant toute la sphère financière, y compris les banques, les compagnies d'assurances, les fonds d'investissement, les marchés financiers, attire l'attention mondiale sur la faiblesse intrinsèque du capitalisme mondial sous la direction du néolibéralisme connu pour son caractère immoral et inhumain. Ces principes sont les suivants :

1) interdiction de l'intérêt (*Riba*), source principale des perturbations des marchés et des déséquilibres économiques ;
2) interdiction du *Gharar* qui signifie toute sorte d'incertitudes, d'ambiguïtés dans les contrats et facteur de spéculation boursière ;
3) l'interdiction des activités et produits illicites jugés incompatibles avec l'éthique et la morale ;
4) le partage des risques qui vise la solidarité dans les affaires à travers le partage des pertes et des profits ;
5) la connexion de la finance avec l'économie réelle à travers l'exigence de la tangibilité des actifs. Ces cinq principes de base forment un système cohérent et fortement attaché à la morale.

Partant d'une définition conceptuelle, l'auteur distingue minutieusement entre la notion de morale et celle d'éthique. Selon lui, la morale est un « discours normatif et impératif » qui résulte de l'opposition du bien et du mal considérés comme valeurs absolues ou transcendantes : c'est l'ensemble de nos devoirs. La morale répond à la question : que dois-je faire ? À côté, l'éthique désigne « un discours normatif, mais non impératif », qui résulte de l'opposition du bon et du mauvais, considérés comme valeurs immanentes et relatives : c'est l'ensemble réfléchi des désirs d'un individu ou d'un groupe. Une éthique répond à la question : comment vivre ? Elle ne commande pas, elle recommande. Cette distinction est importante dans le sens où elle relie entre les devoirs et les normes, entre le « que faire ? » et le « comment faire ? », en vue de donner au comportement humain un sens social et une finalité humaine.

Rappelant le cadre historique de la relation entre la science économique et la morale, l'auteur considère que l'économie et la finance ont longtemps eu partie liée avec la morale avant de s'en dégager. Il cite dans ce cadre de nombreuses règles qui régissent la vie économique et illustrent cette liaison comme, à titre d'exemple, les clauses à caractère abusif dans les contrats, la bonne foi et la sincérité des contractants, la clarté et l'asymétrie d'information, les délits d'initié, de manipulation et de fausse information. Toutes ces règles font partie de la sphère morale et constituent des clauses qui ont toujours leur place dans le domaine des transactions financières.

La finance éthique se développe aujourd'hui, quel qu'en soit le nom : finance éthique, commerce équitable, finance participative, finance solidaire, investissement socialement responsable ou autres. La finance islamique trouve toute sa place dans ce mouvement.

En effet, dans la conception islamique de l'économie et de la finance, tout part de la religion qui oriente à la fois la morale, le droit et l'économie. Toute l'activité économique, étant soumise à la question du *halal* et du *haram*, du licite et de l'illicite, dépend donc des valeurs morales et sociales que doit respecter l'individu dans ses différentes activités. L'individu devra utiliser l'argent gagné de façon socialement productive en évitant cependant l'excès de gain, l'exploitation, le gaspillage, la corruption et le monopole. On aperçoit bien l'enchaînement qui commence avec la religion, se poursuit avec la morale, continue avec le droit pour aboutir à l'économie et finalement à la finance.

La principale prohibition sur laquelle est fondée cette finance islamique est le *Riba*, autrement dit l'intérêt qui est conçu comme étant du gain sans effort ou sans responsabilité ; le prêt d'argent avec intérêt relève de cette prohibition : il s'agit d'une rémunération du seul fait que l'on a mis à la disposition d'un tiers une certaine somme d'argent, ainsi on est rémunéré en l'absence de tout travail productif, sans contrepartie. Le *riba* vise l'enrichissement sans cause, « un profit ou gain illicite découlant d'une inéquivalence dans la contre-valeur des prestations réciproques au cours de l'échange de deux ou plusieurs biens de la même espèce, du même genre et régis par la même cause efficiente ».

La deuxième prohibition concerne le *Gharar*, qui signifie l'ambiguïté dans les transactions ou toute incertitude résultant d'une information volontairement ou involontairement insuffisante. L'incertitude est souvent liée à la spéculation, qui consiste à tenter de prévoir le résultat futur d'un événement. Dans cette rubrique, tous les contrats entachés de *Gharar* sont strictement interdits. On trouve par exemple les contrats d'assurance commerciale, les jeux de hasard, les contrats boursiers comme les options, les *futures* ou les *swaps* qui incarnent tous des formes de *maisar* et de *qimar*, qui signifient spéculation et pari.

Le *maisar* et le *qimar* correspondent à la notion de jeu. Le concept de *maisar* va au-delà des jeux de casino auxquels on peut penser spontanément : il recouvre tout enrichissement injustifié moralement d'une partie au détriment d'une autre. C'est ainsi que sont interdites les pratiques commerciales contenant un élément d'incertitude qui les assimile à un jeu de hasard (*qimar*) : vente de choses non encore existantes, vente de ce qu'on ne possède pas, vente aux enchères avec quelques conditions, paris, loterie, tous contrats aléatoires qui procurent un revenu sans travailler (*maisar*).

D'une manière générale, sont en principe interdites les ventes liées, la vente à un prix donné avec un rachat à terme à un autre prix, la vente avec réserve et la vente de l'un de deux objets à choisir ultérieurement pour un prix donné. La vente de choses futures et les opérations qui contiennent une incertitude sur les caractéristiques de l'objet du contrat sont interdites. Il n'est pas possible de vendre des articles dont l'existence ou les caractéristiques ne sont pas certaines du fait de la possibilité de survenue d'un événement inattendu : l'existence d'un risque sur la réalisation de l'objet du contrat conduit donc à la prohibition de ce contrat.

L'islam est une religion censée encadrer la vie privée et publique du fidèle, sa pratique culturelle et son mode de vie ; son emploi du temps est ainsi fixé tout au long de la journée et de l'année par l'intermédiaire d'un code de conduite réglementant l'habitat, l'alimentation, mais aussi tous les actes juridiques. Il n'est pas étonnant que, d'une part, la vie économique soit concernée et que, d'autre part, les principes économiques soient normatifs.

La liberté économique suppose une information largement diffusée de manière à ce que le prix reflète la valeur des choses et que les agents économiques puissent allouer leurs ressources rationnellement. L'efficience suppose aussi une production au moindre coût. Les normes islamiques établies par les jurisconsultes se positionnent dans ce cadre de réflexion : liberté de contracter, liberté des prix et de la diffusion de l'information ; la liberté de contracter est la règle. Pour autant, cette liberté est encadrée par des normes qui interdisent certaines pratiques aussi bien au nom de la morale et de la religion qu'en vertu de l'efficience économique. La liberté des prix : les prix doivent être déterminés par la rencontre de l'offre (*ijab*) et de la demande sans interférence de la part d'un régulateur, sauf en cas de dysfonctionnement manifeste du marché comme une organisation de la pénurie (*ihtikar*) ou une hausse artificielle des prix résultant de la demande d'agents économiques qui n'ont pas l'intention d'acheter (*najash*). Si une différence (*ghubn*) apparaît entre le prix constaté et celui sur lequel les experts s'accordent, on estime que le prix n'est pas équitable. La diffusion de l'information : l'islam est conscient de l'importance de l'information pour le bon fonctionnement du marché : la diffusion d'informations inexactes est donc un acte répréhensible, de même que, à l'inverse, la rétention d'une information essentielle (*ghish*). Cela explique que la partie qui souffre d'une asymétrie d'information (*jahalah*) est en droit d'annuler le contrat.

Ainsi, pour l'auteur, le système économique islamique est un système moralisant : « C'est le seul système au monde où droit et morale se rencontrent et s'interpénètrent ». Toutes les règles de droit devant être liées au Coran, la formation du droit islamique sous l'impulsion des juristes exégètes (*Fouqahas*) n'a pas consisté à créer un droit laïc détaché de la *charia* mais, au contraire, à rattacher toutes les solutions nouvelles au corpus juridique existant de manière à en assurer la solidité. C'est dans ce cadre très structuré que peuvent s'exprimer les grands principes économiques islamiques (liberté économique, liberté d'entreprendre…) et les règles fondamentales de la finance islamique.

Le point essentiel du droit islamique des affaires est en définitive l'équilibre (*iwad*) entre les contreparties dans une opération donnée. Cela se matérialise dans deux règles fondamentales de la jurisprudence islamique des transactions : le gain va de pair avec le risque (*al-ghorm bil ghonm*) et toute rémunération va de pair avec la garantie (*al-kharaj bil daman*). Toutes les opérations de finance islamique doivent démontrer cet équilibre entre les parties sous peine de faire apparaître un *riba*, c'est-à-dire un enrichissement injustifié de l'une des parties, ou encore un *gharar*, c'est-à-dire une incertitude conduisant à privilégier une partie par rapport à l'autre.

Conclusion

Nous pouvons conclure cette approche par une synthèse s'articulant autour de trois idées essentielles qui méritent d'être revisitées et approfondies : la nécessité d'un nouveau recadrage théorique du concept de la liberté économique, le besoin de libérer la liberté économique des paradigmes néolibéraux dominants et l'apport de la morale et de la religion en général dans l'enrichissement et l'élargissement de ce concept.

–La première idée est relative à la nécessité d'un nouveau recadrage théorique du concept de la liberté économique, car, jusque-là, la pensée économique toutes doctrines confondues s'est contentée d'aborder ce concept dans une logique purement « économiciste », limitée par les impératifs du marché et les conditions de l'optimisation des utilités en l'occurrence individuelles. Il est temps de recadrer ce concept dans un cadre multidimensionnel où l'économie sera considérée en tant qu'une science sociale et une des composantes capitales des sciences humaines, en dehors de toute analyse monopolisée par le monothéisme du marché. Dans cette perspective, la liberté économique conjuguée avec les autres formes de liberté humaine trouvera son épanouissement total et indispensable qui se répercutera sans doute positivement sur les différents aspects de la vie des individus et des groupes.

–La deuxième idée est liée au besoin de libérer la liberté économique des paradigmes néolibéraux qui entravent le sens commun et fondamental de la liberté à savoir l'absence de contraintes, d'obstacles ou de barrières qui gênent le comportement des individus ou des acteurs économiques. En tête de ces obstacles, le paradigme libertarien du rôle de l'État et sa réduction au strict minimum quasi inexistant dans la gestion de la sphère économique. La crise actuelle du Covid-19 a clairement montré les défaillances de ce paradigme et ses conséquences affreuses sur la vie humaine des gens, ce qui a suscité des critiques sévères vis-à-vis des politiques néolibérales dominantes pour revenir à un rôle économique et social de l'État-providence qui garantit les besoins primordiaux de santé et d'alimentation des populations, y compris dans les pays développés.

–La troisième et dernière idée est liée à l'importance de la morale et de la religion en général dans l'enrichissement de ce concept.

L'approche adoptée dans cette contribution a montré l'importance et l'urgence même de la moralisation de l'économie pour faire face aux dangers des dérives de la pratique de la liberté dans le domaine économique et financier. La nécessité de revisiter la notion de liberté économique dans un cadre normatif orienté par les considérations religieuses et les paradigmes moraux est devenue une exigence sans aucune équivoque de la sortie de la crise qui sévit dans le monde entier et une condition incontournable de la construction de l'économie de l'avenir. Une liberté sans bornes morales a conduit et conduira toujours l'humanité au désastre.

Conclusion générale

Le coût de l'immoralité :

Les chapitres précédents ont a été consacré à démontrer une tendance récente dans la science économique moderne qui voulait concilier cette science avec celle de la morale après une sorte de divorce forcé pendant plus de deux siècles environ. Ainsi l'économie morale est devenue une approche qui suscite beaucoup d'intérêt à la fois des économistes, mais aussi d'autres disciplines comme la sociologie, l'histoire, l'anthropologie et les sciences politiques.

Nous avons essayé d'illustrer le besoin réciproque entre l'économique et l'éthique ou la morale qui ne signifie pas une éthisation ou une moralisation superficielle de l'économie, mais plutôt une intégration des considérations morales dans l'analyse économique et par conséquent dans les schémas de modèles de développement.

Nous avons également présenté les grandes lignes de l'économie islamique qui est par son essence une illustration de l'économie morale à travers son socle jurisprudentiel, ses principes et ses fondements éthiques, mais aussi à travers les travaux de ses concepteurs contemporains qui ont élucidé cette démarche.

L'économie morale constitue à cet effet une alternative pertinente à l'économie immorale produit du néolibéralisme farouche qui domine forcément la majorité des économies du monde. Comme l'a souligné l'économiste français H. Bartoli, « L'immoralité atteint de tels sommets dans l'univers économique et social que les plus chauds partisans du néolibéralisme se montrent parfois disposés, pour faire taire la critique, à accepter que des mesures soient prises en vue de rendre le système en possession d'état socialement et politiquement acceptable »[299].

Le cout de l'immoralité économique peut être appréhendé à travers des indices divers tels que : l'accentuation des taux de pauvreté à l'échelle planétaire, la persistance du problème de la faim surtout dans les régions vulnérables, l'accroissement de la marginalité économique et sociale, la progression de la violence, de l'insécurité et de la criminalité, l'aggravation de la pollution, l'intensité des conflits et des guerres, la pérennité des dettes publiques, du chômage, des inégalités et des injustices, etc.

La crise des crédits hypothécaires (subprimes) née aux États-Unis et qui s'est transformée en 2008 en crise financière et économique mondiale est encore dans la mémoire collective comme témoin de l'immoralité et de la cupidité des opérateurs financiers, d'autant plus que ses responsables n'ont pas été inquiétés.

Cette crise était un symptôme de l'immoralité fondamentale du capitalisme, parce que des banquiers avides avaient pris trop de risques afin de maximiser leurs profits.

Tous ces problèmes et les dangers qu'ils engendrent expliquent en quelque sorte l'effondrement des valeurs du "libéralisme", au sens noble qu'avait ce terme au siècle des Lumières. La réflexion éthique renaît cependant aujourd'hui, mais de manière encore éclatée.

---

299 Henri Bartoli : Ethique et économie : médiation du politique, Economie Ethique N°6- UNESCO 2003 : https://unesdoc.unesco.org/ark:/48223/pf0000132145

Bibliographie

1. Adam Smith, Recherches sur la nature et les causes de la richesse des nations 1776, Chapitre 9

2. Amartya SEN, *L'économie est une science morale*, Paris, Éd. La Découverte 2003

3. Amartya SEN, *Development as Freedom*, Oxford University Press, 1999

4. André Comte-Sponville : Le capitalisme est-il moral ? Editions Albin Michel- Paris- 2004

5. Antoine MERIEUX, « Financiarisation : la révolution silencieuse », revue Projet 2014/6 (n°343),

6. Abderrazak BELABES : Épistémologie des principes de la finance islamique » in *Les Cahiers de la Finance islamique* n° 2, décembre 2010.

7. Ali TOUSSI, *Qu'est-ce qu'une économie islamique ?* Éditions Albouraq 2002

8. Abdelkader SID AHMED, «Économie islamique, principes et réalités : l'expérience récente des pays arabes. Une première évaluation », revue Tiers Monde, n° 122, volume 31, année 1990,

9. Abderrahim LAMCHICHI « Le concept de solidarité en islam » in *La solidarité, un sentiment républicain ?* (Ouvrage collectif publié par le CURAPP sous la direction de Jacques Chevallier), PUF, 1992

10. Abderraouf Boulaabi : Islam et pouvoir : Les finalités de la Charia et la légitimité du pouvoir ; L'Harmattan 2006

11. ABOU HAMDAN Malek : PRODUITS DÉRIVÉS, RISQUES DE MARCHÉ ET « GHARAR » : RECHERCHE D'UNE ALTERNATIVE ISLAMIQUE Thèse de Doctorat / septembre 2013 Paris 2 ASSAS

12. Ali QUORRADAGUI, Les assurances islamiques (Takaful), éditions Gedis, Paris – 2011

13. Antoine MERIEUX, « Financiarisation : la révolution silencieuse », revue Projet 2014/6 (n°343).

14. Banque Islamique de Développement : Les Sciences de la Chari'a pour les Economistes : Actes de séminaire organisé à Niamey, République du Niger, du 20 au 29 avril 1998 conjointement par l'Institut Islamique de Recherches et de Formation (IIRF), relevant de la Banque Islamique de Développement (BID), Djeddah, Royaume d'Arabie Saoudite et l'Université Islamique du Niger, Niamey, République du Niger.

15. Christophe Roucou : Une économie juste : est-ce possible ? Quelles conditions ? Un point de vue catholique ; dans : Conférence internationale "Ethique et religions pour une économie juste" 23-24 janvier 2014 Fondation Singer-Polignac, Paris
16. Dean Ahmad I. (1995), L'économie politique de la société islamique classique, Colloque « Islam et libéralisme », Institut Euro 92, avril 1995.
17. Elyès Jouini et Olivier Pastré, la finance islamique : une solution à la crise ? Editions Economica 2009, Paris

18. Emile DURKHEIM, Textes : 1. Eléments d'une théorie sociale, Les éditions de Minuit, p. 272 (paru initialement dans Revue Philosophique, 1887).

19. Élisabeth CLEMENT, *La liberté*, Hatier 2019

20. Fakhri ISSAOUI, « Amartya Sen : relecture de l'État de la justice », African Sociological Review 15 (1) 2011

21. Francois Gueranger, la finance islamique : une illustration de la finance éthique, Éditions Dunod, 2009. Paris

22. François Thiebault : le bouddhisme dans la société mondiale : thèse de doctorat ; Université du Québec, 2013.

23. Freddy RAPHAËL, « Les Juifs et la vie économique selon Max Weber »- *Revue Prades* 2013/2 (n° 54).

24. Gilles Lipovetsky : l'Ere du vide, essai sur l'individualisme contemporain. Paris : Gallimard, 1983, coll. « les Essais ».

25. Geneviève CAUSSE-BROQUET, *La finance islamique,* Éditions Revue Banque 2009

26. Gilles Lipovetsky : l'Ere du vide, essai sur l'individualisme contemporain. Paris : Gallimard, 1983, coll. « les Essais ».

27. Heath, Joseph (2001). La société efficace : pourquoi le Canada est aussi proche de l'utopie que possible (1 éd.). Presse Viking

28. Henri Bartoli : Ethique et économie : médiation du politique, Economie Ethique N°6- UNESCO 2003.

29. Hugues PUEL : « Le néolibéralisme, modèle économique dominant », Revue d'éthique et de théologie morale, Éd. du Cerf, 2005/1 (n° 233),

30. J. Rawls : Théorie de la justice - trad. par Catherine Audard, Paris, Seuil, 1987.

31. Jacques Austry : L'islam face au développement économique, collection économie et humanisme, Les éditions ouvrières, Paris 2006

32. Jean-Baptiste KAO : La philosophie sociale et politique du confucianisme ° Paris, aux Éditions franciscaines, 1938

33. J.M. Keynes : la théorie générale de l'emploi, de l'intérêt et de la monnaie. 1936. Traduit de l'anglais par Jean de Largentaye (1942).

34. Joseph LUCCIONI (1982*), Les fondations pieuses « habous » au Maroc depuis les origines jusqu'à 1956 »,* imprimerie royale. Rabat. Sans date

35. Mame BAMBA DIAGNE : L'économie islamique : une approche coranique : Etudes en Economie islamique Vol. 7, No. 1, juin 2013 (99-119) IRTI (BID)

36. Marcel Mauss (1895-1924) : Essai sur le don : Forme et raison de l'échange dans les sociétés archaïques In Sociologie et Anthropologie, PUF, Collection Quadrige, 1973,

37. Marshall HODGSON, l'islam dans l'histoire mondiale, 1977, vol. 3

38. Maurice ALLAIS : *Les conditions monétaires de l'économie de marché*- Éd. Montchrestien *(1986)*,

39. Michael Wygoda : La justice sociale dans les textes du judaïsme - Prades 2013

40. Michel HERLAND, « Concilier, liberté économique et justice sociale : Les solutions de Keynes », Cahiers d'Économie Politique, 1998,

41. Mohammad Umer CHAPRA : Qu'est-ce que l'économie islamique ? Série de conférences d'éminents érudits N°10- IRTI- BID 1996.

42. Mohammad Umer CHAPRA : Islam and the Economic Challenge- The International institute of Islamic Thought 1992/

43. Mohammad Umar CHAPRA. : La vision islamique du développement) traduit de l'anglais par Dr M.BOUJLEL- IRTI- BID- Djeddah 1985,

44. Mohammad Umer CHAPRA : Vers un système monétaire juste, Publications de l'IRTI (BID) Djeddah-1997

45. Mohammed Bâqer al-Sadr : NOTRE ECONOMIE- Titre original (en arabe) : Iqtiçâdonâ traduit de l'arabe et édité par Abbas AHMAD al-Bostani- Publication de la cité du savoir- Paris 2013

46. Melka AMRI, *Les spécificités des contrats de financement dans les banques islamiques,* Université Toulouse 1, Master 2, droit international et comparé 2009

47. Michel Herland : Concilier liberté économique et justice sociale : Les solutions de Keynes- Cahiers d'Économie Politique - N : 30-31, 1998- pp. 281-310.

48. Nouh Harmouzi et Linda Whetstone : Les fondements islamiques d'une société libre, The Institute of Economic Affairs ; London 2016.

49. Patricia LE MAITRE et Johanna ETNER, « L'impact du taux d'intérêt sur l'évolution simultanée du chômage et de l'épargne », *Revue économique,* année 1999, vol. 50, n° 5,

50. Patrick Juignet : Néolibéralisme - De l'idéologie néolibérale à la pratique du gouvernement Publication : 23 mars 2018, mis à jour : 30 septembre 2021

51. Rapport Brundtland, publié par la Commission mondiale sur l'environnement et le développement des Nations Unies en 1987.

52. Raphaël DRAÏ, « La liberté dans la pensée juive, Raisons politiques » 2002/4 (n° 8),

53. Yvon Quiniou : la question morale dans le marxisme : Autres Temps no 68 - Année 2000

54. Wissem AJILI, *La gestion de la dette publique selon les approches économique, institutionnelle et financière*, thèse de doctorat Université de Paris IX, 2007

Structures éditoriales du groupe L'Harmattan

L'Harmattan Italie
Via degli Artisti, 15
10124 Torino
harmattan.italia@gmail.com

L'Harmattan Hongrie
Kossuth L. u. 14-16.
1053 Budapest
harmattan@harmattan.hu

L'Harmattan Sénégal
10 VDN en face Mermoz
BP 45034 Dakar-Fann
senharmattan@gmail.com

L'Harmattan Cameroun
TSINGA/FECAFOOT
BP 11486 Yaoundé
inkoukam@gmail.com

L'Harmattan Burkina Faso
Achille Somé – tengnule@hotmail.fr

L'Harmattan Guinée
Almamya, rue KA 028 OKB Agency
BP 3470 Conakry
harmattanguinee@yahoo.fr

L'Harmattan RDC
185, avenue Nyangwe
Commune de Lingwala – Kinshasa
matangilamusadila@yahoo.fr

L'Harmattan Congo
219, avenue Nelson Mandela
BP 2874 Brazzaville
harmattan.congo@yahoo.fr

L'Harmattan Mali
ACI 2000 - Immeuble Mgr Jean Marie Cisse
Bureau 10
BP 145 Bamako-Mali
mali@harmattan.fr

L'Harmattan Togo
Djidjole – Lomé
Maison Amela
face EPP BATOME
ddamela@aol.com

L'Harmattan Côte d'Ivoire
Résidence Karl – Cité des Arts
Abidjan-Cocody
03 BP 1588 Abidjan
espace_harmattan.ci@hotmail.fr

Nos librairies en France

Librairie internationale
16, rue des Écoles
75005 Paris
librairie.internationale@harmattan.fr
01 40 46 79 11
www.librairieharmattan.com

Librairie des savoirs
21, rue des Écoles
75005 Paris
librairie.sh@harmattan.fr
01 46 34 13 71
www.librairieharmattansh.com

Librairie Le Lucernaire
53, rue Notre-Dame-des-Champs
75006 Paris
librairie@lucernaire.fr
01 42 22 67 13

www.ingramcontent.com/pod-product-compliance
Lightning Source LLC
LaVergne TN
LVHW011259061026
849535LV00005B/1323